薪酬体系设计实操全案

SYSTEM DESIGN

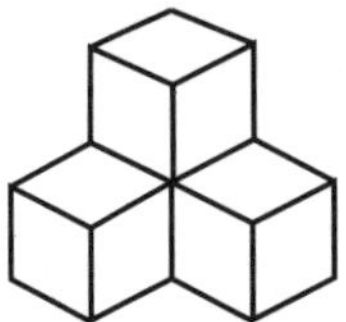

常雪松 张磊 编著

SALARY

中国铁道出版社有限公司
CHINA RAILWAY PUBLISHING HOUSE CO., LTD.

图书在版编目(CIP)数据

薪酬体系设计实操全案/常雪松,张磊编著.—北京:中国铁道出版社有限公司,2021.9(2022.12重印)
ISBN 978-7-113-28001-7

Ⅰ.①薪… Ⅱ.①常… ②张… Ⅲ.①企业管理-工资管理
Ⅳ.①F272.923

中国版本图书馆CIP数据核字(2021)第106001号

书　　名:薪酬体系设计实操全案
XINCHOU TIXI SHEJI SHICAO QUAN'AN
作　　者:常雪松　张　磊

责任编辑:王　佩　张文静　　**编辑部电话:**(010)51873022　　**邮箱:**505733396@qq.com
封面设计:宿　萌
责任校对:焦桂荣
责任印制:赵星辰

出版发行:中国铁道出版社有限公司(100054,北京市西城区右安门西街8号)
印　　刷:北京铭成印刷有限公司
版　　次:2021年9月第1版　2022年12月第4次印刷
开　　本:710 mm×1 000 mm 1/16　**印张:**17.75　**字数:**276千
书　　号:ISBN 978-7-113-28001-7
定　　价:69.80元

推荐序

薪酬管理是公司日常运行管理中的重要组成部分，也是激励员工并实现公司目标的管理方式。薪酬一方面是公司的经营成本，另一方面是员工的收入来源，它在公司与员工之间架起了一座桥梁。薪酬管理在人力资源管理中是一把“双刃剑”，它决定着公司内的利益分配机制，如果分配得当，则员工干劲十足、士气高昂，工作积极性与主动性极高，流失率低，吸纳社会各路人才，这其中最好的例子就是华为；如果分配不当，则员工士气低迷、内部矛盾纷争不断，内耗加剧，组织缺乏活力，发展受阻。所以构建良好的薪酬体系对公司发展是十分重要的，也是我一直思考与关注的问题。

我与常雪松老师是在我进修学习时相识的，当时恰逢公司进行薪酬改革，我以同学的身份向常老师咨询了有关薪酬优化的内容。常老师在分析过程中充分考虑了公司发展阶段、目前战略发展需要、人工成本变化等实际情况，对改革方案提出具有针对性的建议，同时将员工在薪酬改革过程中可能出现的问题向我一一介绍，并提供了切实可行的解决方法，极大地提高了薪酬改革方案的实用性与可行性。在常老师的指导帮助下，公司的薪酬改革方案顺利推进并圆满完成。

常老师乐于读书与学习，我对此十分敬佩。自从听闻其正在写一本关于薪酬体系方面的书籍，我便十分期待，现能有机会抢先拜读书稿为此书写序，深感荣幸。此书是常老师与其伙伴基于自身咨询经验所著，非常适合管理者以及有意从事人力资源管理工作的读者阅读。书中所介绍的薪酬体系构建方法科学系统、思维严谨、讲解细致，充分考虑实际工作中的种种注意点，极具实践意义和参考价值；所提供的工具与案例，均为经过市场检验的产物，值得读者深入研究与细读。随着信息化的不断推进与发展，Excel 已经成为我们日常办公的重要帮手，此书在讲解理论知识、实践技巧的基础上，还对薪酬体系建设过程中的 Excel 应用进行了详细讲解与示范，极大地方便了读者对书中知识的应用与实践，在市面上同类型的书籍中实属罕见。

读过书稿后，我对薪酬体系有了更加全面、深刻的认识，也使自己在薪酬体系和薪酬管理方面萌生了些许想法，在我看来这是一本非常符合当下中国实际和人力资源管理需要的好书，所以在此由衷推荐大家能够阅读此书，也感谢常老师与其伙伴编写此书，将个人的知识、智慧与读者共享。

心昱国际教育总经理　张永智

序言

早年，在我学习人力资源管理的过程中，发现不同公司的薪酬体系存在着一定差异，这种差异不仅体现在基本词汇的定义上，在系统逻辑上的差异也较大，这种差异性给当时的我带来很大困惑。伴随着自己履历的增长与经验的增加，我开始领悟这种差异性背后的本质原因，但如何运用所学的理论知识将这些差异系统地串联起来呢？如何在不同的场景下，运用所学的标准框架知识去“透视”不同公司的薪酬体系呢？

探索，是人的一种本能。有了困惑就要去解决，为了更好地掌握人力资源的知识和实践，我去了专门从事人力资源管理咨询的公司，相信一个教导企业如何学习人力资源的公司，肯定有着行业内最顶尖的智慧。听着行业内最顶尖人力资源管理专家的演讲，跟着经验极其丰富的专家做项目，我的困惑得到了一定程度的解决。

探索，是一种乐趣。为了解决我自己更大的困惑，遂与合伙人共同成立了一家自己的咨询公司，北青博雅（北京）管理咨询有限公司，并依托北京大学、中国人民大学、中央财经大学、北京外国语大学校友的力量，专门从事企业管理咨询工作，解决与企业管理相关的问题，经过数年经验的积累，终于让我的困惑得到解答。

在长期的管理咨询过程中，我发现许多 HR 会向我提出这样的问题，为什么自己买了好多书学习，觉得书上写的也很有道理，可是到最后还是不会设计薪酬体系呢？

为了解决大家的困惑，我选择以图书的方式，将我在此方面的知识与经验的积淀和大家一起分享。我联合中国人民大学企业管理硕士毕业的张磊先生与我共同完成，张磊先生在国有企业薪酬体系设计有着丰富的经验，且在薪酬公式运用方面达到了精通的程度。我们将从全面薪酬体系设计出发，共同写作一本书，把市场上和实践中的相关内容都一一剖析开来。

本书特色：

(1)底层驱动

"职级""薪级""岗级"这些词汇，在不同的情景下，应用五花八门，这些词到底该怎么用？薪级划分到底有几种方法？这些基础知识到底该怎么用？我们对薪酬设计的基本常识进行了定义，可以帮助读者更好地理解这些概念，因为词汇在被定义后才会更加清晰和好用，读者可以在本书的附录中找到这些内容。

(2)本质剖析

在薪酬体系设计过程中，有些 HR 并未过多地关注企业战略及目标，本书与其他相关书籍不一样的地方，在于将企业战略目标展现出来，并让 HR 明白为什么要关注企业战略目标，企业战略目标与薪酬体系设计的关联在哪里？我们希望 HR 要花时间理解消化一下企业战略、业务流程、组织结构等核心内容，从而为薪酬体系设计奠定良好基础，这部分内容在本书的第一章进行了讲解。

(3)全局视角

本书从基础定义至薪酬体系设计的本质出发，从全局的角度透析薪酬体系设计，让 HR 可以以全局视角理解薪酬体系设计。我们不仅将标准薪酬体系设计的步骤完整清晰地展现给了大家，同时提供了薪酬体系设计进阶的有关内容，展现出销售部门的薪酬设计和高级管理者的薪酬设计，使薪酬体系更加全面与完善，这部分内容在本书的第二章与第三章中进行了详细说明。

(4)案例丰富

本书提供了不同行业及现有大型企业的薪酬设计案例，如互联网行业、房地产行业、金融行业、制造生产行业、网红行业的薪酬设计；同时也提供了华为公司、阿里巴巴、腾讯公司等企业的薪酬体系设计作为案例研究，加深读者对薪酬体系设计的认识与理解，具体案例内容在书中的第四章。

(5)制度范本

本书提供了不同行业的薪酬制度范本，并在相关制度的基础上配套提供了完整的薪酬表单，便于相关企业参考使用。如互联网公司薪酬制度范本、金融公司薪酬制度范本、集团公司总部薪酬制度范本、通用薪酬制度范本，这些内容读者可在第五章中阅读。

(6)工具应用

本书在分享与讲解相关理论知识、实践案例的基础上，还为读者提供了薪酬设计过程中涉及的大量工具，并给出了具体的操作步骤。如组织结构设计所用软件与操作方法，市场薪酬调研的数据处理与曲线绘制、回归拟合校验、薪级中位值测算、薪级上下限计算、薪级叠幅计算、薪档档差计算、薪档金额计算的相关公式，具体内容请见本书第五章。

本书揭示了薪酬体系设计的本质面貌，我们期待读者在读完本书后，在专业方面有一个大的提升，并且可以具备设计不同公司薪酬体系的能力。同时我们欢迎各位读者对本书的内容进行指正，如有修改与调整建议请发送至邮箱1411442011@qq. com，我们将不胜感激。

编者

目录

第一章　薪酬体系设计奠基石

第二章　薪酬体系设计七定八步法

第四章 不同行业薪酬设计案例

第五章 薪酬制度范本及设计工具

附　录　薪酬设计的基本常识及常见问题

第一章
薪酬体系设计奠基石

薪酬体系设计不是一个独立而单一的工作，它需要建立在对企业战略、业务流程、组织架构等企业管理核心内容的理解基础上来完成，所以 HR 在进行薪酬体系设计前，需要多花些时间消化与理解这些内容，只有在充分认知这些内容的基础上，才能做出符合公司发展需要的薪酬体系。

第一节　薪酬体系设计的前期思考

本节学习要点

本节我们开始进入薪酬体系的构建与设计，正如在进行每一项管理活动之前都需要经过深思熟虑一样，在正式开始薪酬体系设计前，我们还有一些准备事项需要在前期进行思考，从而让整个薪酬体系的搭建与设计能够更加系统、长远地支持公司发展，真正发挥薪酬体系的作用，而不是针对某一个细小问题制定的决策，变成"头痛医头、脚痛医脚"的专项方案，限制了薪酬体系的管理范围与管理作用。如果薪酬体系无法与现有的其他管理制度相匹配，反而还会产生更多的问题。本节中我们一起来看一看在薪酬体系设计前，所需要进行的前期思考有哪些内容，从而为薪酬体系设计奠定良好基础。

1. 构建薪酬体系的目的

为什么一定要构建公司的薪酬体系？在构建薪酬体系之前，对于起点问题一定要思考仔细、清晰，如果对构建目的比较模糊，缺少构建体系的核心思想与中心逻辑，就会导致在薪酬体系设计过程中举棋不定、来回摇摆，各薪酬体系要素之间无法良好配合，反而产生矛盾与问题，进而影响整个薪酬体系的完整性与作用。

通常情况下，无论是大公司还是小公司，在构建/优化薪酬体系时都要预期达到一定目的。有的公司是通过构建薪酬体系来激发员工活力；有的公司是构建公平薪酬氛围；还有的公司是因为多年经营积累，出台了不少薪酬相关的政策条款，抑或主要是为了整合与规范原有薪酬体系，解决原有制度中的问题。不同的构建目的自然会使构建工作的重心不同，在工作进度、工作项目安排上会有差异。

以激发员工活力为目的的薪酬体系构建，会在建设过程中将关注点集中于员工激励。比如，如何设置合理的固浮比以保证员工有充分的积极性去创造更高、更好的工作业绩水平；对业务人员的激励方式是采用奖金总包还是采用提成方式以促进其开展业务；如何设置年终奖励以激励后台职能部门人员；如何奖励对公司发展有重大贡献的员工等。

以构建公平薪酬氛围为目的的薪酬体系构建，会更加关注岗位价值评估模型的构建。如何能够准确、真实地反映出各个序列、各个岗位在公司内的价值位置；如何设置各个职级的固浮比以使岗位人员的权责关系相对应；如何正确衡量各序列人员对公司发展的价值贡献从而进行奖金分配等。

以整合与规范原有薪酬体系为目的的薪酬体系构建，更可能将工作重心放在对原有制度、文件、激励方案的整理，对其中文字内容、奖惩逻辑、激励方式等进行归纳与梳理，对曾经出现的矛盾、问题等进行整理、讨论与处理并形成新的管理规则，最终将以前的多个制度文件进行合并、精简与优化，重新颁布新的统一的薪酬管理制度，而对薪酬体系其他方面的优化则不作为重点。

由此我们可以看到不同的构建目的对薪酬体系的重要影响，因此我们在正式开始构建薪酬体系前一定要明晰所要实现的管理目的。

2. 构建薪酬体系的作用

构建薪酬体系除了能够实现上述特定的管理目的外，在整个管理体系以及公司运营中还能发挥以下作用。

(1)加强公司管理的规范性

许多小微公司在创立之初一般缺少规范的制度管理，对员工的工资标准、提成计算方式都是口头约定，规范一些的则写入劳动合同中，而奖金则是年底由公司老板根据经营情况进行分配，具有一定的不确定性，而这种不确定性对员工积极性的影响是十分巨大的。因为员工没有相对稳定的期望收入，在不安中其工作积极性会大打折扣，而构建起规则明确、算法透明、执行规范的薪酬体系与薪酬制度将会很大程度地改变这种状态。

(2)增加公司与员工之间的信任关系

通过规范性的管理行为能够增强员工对公司的信任程度，增加员工对公司的信心，从而愿意主动做出更多的付出与努力。

(3)更加有效地控制人力成本

建立起规范的薪酬体系能够明确与规范大部分的薪酬项目，对新招聘人员的薪酬范围以及年度人员调薪的范围进行更准确的预测，从而更好地把控人力成本预算。

(4)提升公司薪酬管理沟通效率

在公司拥有规范的薪酬体系之后，绝大多数情况可以根据制度执行，改变以前一事一议、一人一议的管理情况，大幅度减少了薪酬管理中的沟通时间，提升薪酬管理的工作效率。

3.企业现行薪酬体系诊断

无论企业现在是否有薪酬体系，在开展薪酬体系构建工作之前，建议先对企业的现状进行诊断，以在未来的构建过程中能够避免现存问题，或能够更有效地满足员工的合理诉求，从而减少新的薪酬体系在推行时面临的各方阻力，也增强新的薪酬体系的实行效果。

在进行薪酬体系诊断时，可以由企业人力资源部通过匿名问卷或者访谈的方式，对现有员工关于企业薪酬水平、薪酬结构、薪酬构成、奖金规则、福利项目等内容的认识与感受进行了解，衡量现有企业员工对现有薪酬体系或薪酬发放的满意度情况和主要问题焦点，同时也能收集员工对本次薪酬体系建设的一些建议与期望，能够为体系搭建时提供给企业高管进行决策，从而使薪酬体系搭建能够综合考虑各方因素。在此阶段中人力资源部需要注意，在员工提出问题时应真诚回答，切记不要遮遮掩掩，因为这样会使员工对本次薪酬体系产生怀疑与不安情绪，从而影响企业内的工作氛围与心理状态。

在展开内部调研的基础上，还应对现有薪酬体系进行自我检查与反馈。一方面对现行薪酬体系的各种制度文件进行汇总与整理，从中检查是否存在自相矛盾的地方；另一方面对现行薪酬体系在以往运行过程中曾经发生的问题进行讨论、汇总与整理，总结出较为严重的问题，从而在新的薪酬体系建设过程中尽可能规避以上两方面内容。

第二节　企业战略地图与战略解析

本节学习要点

企业战略作为企业发展的核心纲领文件，指引着企业的经营方向、业务范围，从而保证企业在激烈的市场竞争中得以生存与发展，企业内所开展的一切活动均应服务于企业战略，薪酬体系的设计亦同此理。在进行薪酬体系设计前，我们需要对自身所在企业的战略进行深入学习与解析，理解并掌握企业战略的具体内容，并以此为基础构建企业的薪酬体系。本节中我们从企业战略地图、企业定位以及战略目标三个维度，对企业战略进行全面的解析。

战略是一个企业的灵魂，是一家企业市场核心竞争力的来源，其源自价值链。企业战略是一切内部管理的源头，是企业流程、组织结构、部门设置等的重要依据。所以 HR 在开展体系建设时需要跳出自己的专业领域，将自己的视野与格局上升至企业的战略高度，从整个企业的业务发展作为思考出发点。如果对企业战略理解不清，就无法理顺企业的业务流程与企业内各部门相互衔接的工作流程，无法充分认识各部门、各岗位在企业业务价值流程中发挥的作用，进而对在职员工的岗位职责内容与价值无法理解透彻，也就自然无法构建起对企业战略发挥支撑作用、对现有员工产生激励作用的薪酬体系。HR 若想构建高激励性的薪酬体系和绩效管理体系，对战略与业务流程的关系、战略与组织结构的关系、业务流程与组织结构的关系的学习是必须的。只有理解了薪酬体系搭建本质的内涵之后，再去搭建薪酬体系，才能做到事半功倍，同时也可以制定出更加符合企业发展的薪酬体系。

因此我们首先需要能够对企业现有战略进行解析，充分理解透彻企业战略，在此基础上再对整体薪酬体系的思维逻辑与框架进行构建，我们可以通过战略地图与企业定位等方法来完成战略解析这一过程。

1.企业战略

在这一部分内容中，我们将通过讲解战略和战略地图工具，让 HR 对战略有一个更加清晰的认知。在讲解过程中将运用通俗的语言帮助大家掌握战略的大框架，在此之后再去学习理解复杂的战略地图。

企业运营多是从战略规划开始的，而战略规划的内容又非常庞大，战略与薪酬体系设计有什么关系呢？

战略与薪酬体系的关系：许多企业的薪酬激励性差，成本高的原因之一就是没有将战略目标（销售额、利润）与员工的薪酬很好的挂钩，薪酬不是老板节省出来的，而是员工自己挣来的，这也是良好企业文化的润滑剂之一，我们根据战略分析，设定出合理的销售额目标，比如销售额的三级目标（基本目标、中间目标、卓越目标）。不要小看这一个指标，许多企业连最基本的销售额目标都不明确。销售额目标关联着企业高级管理者、关键人员的提成、奖金、分红。HR 从业者需要先学习战略目标的制定，根据战略目标设定不同的薪酬机制，比如达到了基本目标是什么样的奖励；超过了基本目标，又会对应什么样的奖励。

在理解了战略与薪酬体系的关系之后，我们开始企业战略以及战略框架的学习。

企业战略一般由使命、愿景、企业层战略、业务层战略、职能层战略组成。在制定企业战略时，一般先确定企业层的“发展战略”，这里的“发展战略”指企业是前进“发展”，还是倒退“发展”，即企业根据实际情况来决定未来的路该走向哪里，是继续融资投资，还是保持其稳定，抑或是停滞不前呢？

战略制定的过程，需要先进行内外部环境分析，根据内部的优势和劣势、外部的机会和威胁，最后选择企业的发展战略。依据企业的发展战略，制定具体的组织架构和战略执行指标，并根据企业战略，制定人力资源战略和薪酬水平战略。

战略规划的框架，指整个战略规划层次，从学术理论层次上来讲，分为使命愿景、企业层战略、业务层战略、职能层战略共四个层次，如图 1-1 所示。

大的战略方向依据的是企业家的使命和愿景，打个比方，愿景就是老板有一个赚钱的想法之后，或者说老板要去做一个生意，实现自己赚钱的目的，从而设定的“目标”。目标是初学者理解战略的一个简单词汇，或者说先将战略理解成目标也是可以的，因为目标达成了，就相当于完成了老板赚钱的愿景。

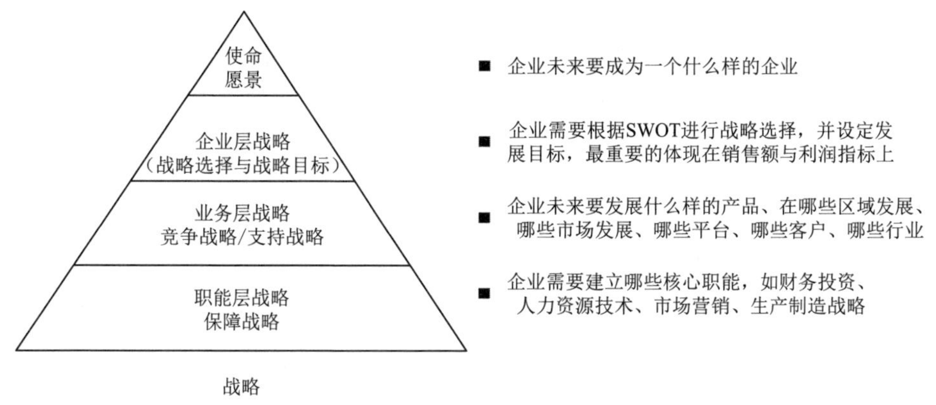

图 1-1　战略规划框架

战略第一层：使命和愿景。

从企业实际运营来讲，使命和愿景是整个企业文化的培养基础，也是企业家个人风格和魅力的体现，有些企业家说自己企业没有文化，那么企业文化是什么呢？我们曾经为一家电商企业做咨询时，这个企业家很有趣，为自己企业定的愿景，就是让员工可以在县城买一套房，每天早上大家喊一遍，这样大家就真的将“愿景”印到脑袋里去了，所谓心理学影响人也就是这个道理。那么，使命愿景与战略是配套的，也是企业文化的组成部分，企业文化以愿景为基础，以企业各类管理制度为载体，好的制度让员工向好的方向前进，坏的制度则让员工向坏的方向发展。

战略第二层：企业层战略。

企业层战略，即战略选择与战略目标的制定。比如一个做水果生意的老板，已经做了 6 年的水果生意了，共有 5 家门店，年销售额达到 1 000 万元。经过多年经营老板已经有了一定积蓄，这个时候老板在考虑是继续持有当前的 5 家门店，保持稳定发展呢？还是多开 2 家门店，进行扩张发展呢？还是关掉其中 2 家门店，进行市场收缩发展呢？如果生意扩大做，就是“发展战略”；如果保持当前的稳定现状，就是“稳定战略”；如果选择收缩，就是“紧缩战略”。这三种战略是基本战略选择，也叫企业层战略。对于大多数企业,特别是初创型企业,或者说我们做企业是要向前发展的,都会选择"发展型战略"。老板在事业上做出一个选择,老板做出的选择结果就是战略选择,这是整个战略规划中的企业层战略。

战略选择是如何做出来的呢?这个时候就要运用到常用的战略规划工具——SWOT分析,即通过分析外部市场和企业内部能力完成战略选择,其中外部市场指外部市场中的机会和威胁,内部能力指企业内部的优势与劣势,随后再根据内部与外部的综合分析,选择并最终确定企业层的战略类型。

企业层战略的基调定了以后,就需要制定战略目标,即企业的销售额目标和利润目标。为什么要在战略选择明确之后,进行战略目标的制定呢?因为选择的企业层战略不同,最终的战略目标则是不一样的,比如选择发展战略和紧缩战略,最后制定的战略目标肯定是不同的,战略目标也属于企业层战略。

战略第三层:业务层战略(竞争战略/支持战略)。

如果我们选择了发展战略,原有的战略目标是1 000万元,现有我们设定1 300万元的战略目标,如何达成1 300万元的目标呢?这个时候就进入了业务层战略,也叫竞争战略,实质是市场业务之间如何竞争与合作,因为1 300万元的目标定好之后,达成的手段实际上是在市场上与竞争者对抗,我们面临着市场中的客户需要采取什么策略呢?业务层战略一共有三种,分别为低成本战略、差异化战略、集中化战略。低成本战略,指能持续降低成本;差异化战略指为顾客创造价值,使客户更加喜欢本企业的产品;集中化战略,指将注意力集中于全部市场中的一小部分。那么企业该选择什么样的业务战略呢?这个就要根据企业的实际情况和企业家的格局来定了,比如我们可以低成本+差异化战略进行市场拓展。

战略第四层:职能层战略。

职能层战略,也叫保障战略,是部门间的资源运用,比如市场营销部门该如何做,技术研发部门战略如何做,生产制造部门战略如何做,人力资源部门战略如何做,财务投资部门战略如何做。

以上是对整个战略框架的解读,而战略分析工具,如SWOT、BSC等,均是分析战略指标所使用的工具。各位HR今后再看到类似带有"英文缩写"的战略分析工具，就明白是什么意思了。

接下来，我们学习战略地图。战略地图是由罗伯特·卡普兰和戴维·诺顿在对战略管理工具——平衡记分卡（BSC）的实行和实施过程中创造的，用于对战略进行具体、系统而全面描述的一种可视化工具，详细内容可以在其著作《战略地图：化无形资产为有形成果》中查看到。

BSC 是一种战略规划分解工具，是对战略规划理论中的业务层战略和职能层战略的分解。那么我们到底怎么使用呢？在进行战略规划制定时，公司确定使命与愿景后，可以直接使用 BSC 工具，或者根据公司的实际情况，直接根据公司的核心业务列出关键指标，最终形成战略规划表。

无论是 BSC 工具，还是其他方法，其核心是梳理公司的重要指标，只是表现方式不同。最终我们会利用这些指标，进行各部门绩效考核指标的制定，同时与部门和员工的薪酬挂钩。

战略地图在平衡记分卡的基础上发展而来，在其中增加了颗粒层与动态层两个内容，通过颗粒层对平衡记分卡的四项维度，即财务层面、客户层面、内部层面以及学习与成长层面，进一步细分为多种要素，并构建起他们之间相互的逻辑关系，同时通过动态层实现战略地图随着企业战略规划的调整进行相应变化。战略地图主要用于表达企业通过运用人力资本、信息资本和组织资本等无形资产，创新和建立战略优势和效率，进而使企业把特定价值带给市场和客户，从而实现股东价值，并以图形化的方式将其中逻辑进行表现。具体如图 1-2 所示。

那么如何绘制企业的战略地图呢？我们可以按照以下四个步骤完成。

第一步，确定企业总体财务目标。

通过确定股东价值差距，确定企业财务层面的信息内容，例如股东期望五年之后销售收入能够达到 5 亿元，但是现在企业的经营情况仅能够达到 1 亿元，距离股东的价值预期还差 4 亿元，而这个预期差就是企业的总体财务目标。

第二步，寻找企业客户目标。

基于总体目标，寻找客户层面的价值主张，如果企业需要实现上个示例中 4 亿元的销售额增长，就需要对现有的客户进行分析，调整企业的客户主张，从成本、产品、解决方案以及销售系统方面进行优化与改良。

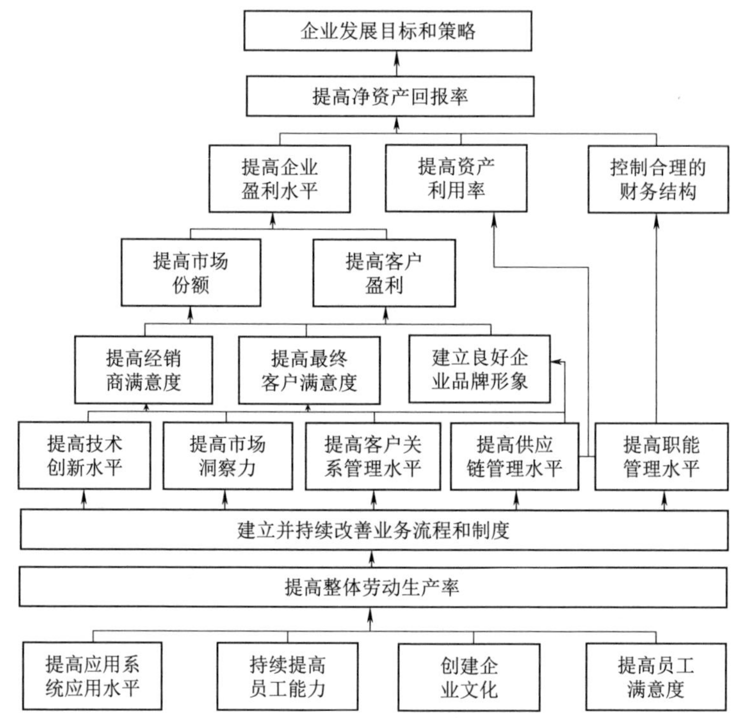

图 1-2 战略地图

第三步，分析企业流程目标。

从企业内部流程层面思考并寻找关键流程，可通过运营管理流程、客户管理流程、创新管理流程以及社会流程四个方面入手分析。

第四步，完成企业学习与成长目标。

在学习和成长层面，发掘企业提升现有战略准确度的内容，分析企业现有无形资产（人力资本、信息资本和组织资本）的现有情况，从中发现不足与差距并采取有针对性的解决方案或办法。

在完成以上四步的基础上，我们便可以对形成的战略地图项目结合企业实际情况，拟定企业的财务目标与非财务目标，具体可参考本书“第一章第二节：4. 战略目标制定”相应内容。对企业战略进行分解时，全体高管明确了企业总的战略发展方向这条“总指挥棒”，方可制定更合理的业绩目标，从而与提成、奖金、分红挂钩，实现企业总体目标的达成。战略分解的过程，其蕴含的思维方式、企业价值导向等是企业薪酬体系建设的最为底层的逻辑考虑，只有在此方面与企业战略保持一致，薪酬体系才能最大化地支持企业战略。同时，我们还可依托战略地图完成企业绩效考核的相关内容，最终形成薪酬、晋升、考核为一体的 HR 体系。

2. 业务流程【核心】

战略地图是一个大的框架，战略是基于什么做出来的呢？战略很大，却也需要来源依据，战略方向依据的是企业家的使命和愿景，战略执行层面则依据的是业务流程，战略执行是根据业务流程转化而来。流程和战略，是作用力与反作用力的关系，好的战略会引导好的流程，好的流程会促进战略的顺利实现。

流程从战略中来，战略的依据是从关键业务流程（价值链）中来的。我们先将流程定一个性，业务流程分为两个点，一个是与业务运营相关的各个核心步骤，就是从进货到客户售后服务的一个流程；另外一个，是每个部门与部门之间工作协作的流程，比较细的流程，比如招聘面试流程、辞退流程。本书主要指的核心业务流程步骤。而非部门与部门之间的流程，部门内部或者部门与部门之间的协作流程来源于大的流程。

从企业的营销业务到售后服务的完成，此流程为业务流程，即企业一切经营的基础，建立在流程基础上。企业业务流程的大流程如图 1-3 所示。

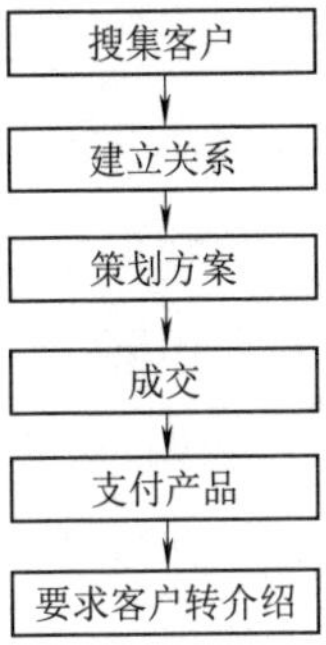

搜集客户
↓
建立关系
↓
策划方案
↓
成交
↓
支付产品
↓
要求客户转介绍

图 1-3　企业业务流程图

如全网营销的业务流程是产品策划→官网建设与销售→互联网品牌推广及精准推广→商城网销售→物流配送→客户售后服务，投诉处理、复购、换货等。好比一个人想开一个水果店，有了这么一个想法，这就是大的战略，这个时候呢，是没有业务流程的，而当这个人具体要去做，真正执行起开水果店这个行为的时候，流程就产生了，开水果店，那到底是先找水果供应商，还是先租房呢？都是可以的，这就是业务流程。

各位企业家或者人力资源从业者，可以根据公司的战略和业务，从人力资源的角度和薪酬体系设计角度，将关键业务流程设计出来。我们这里设计业务流程，主要是为了设计组织结构图，组织结构图不是拍脑袋来的，也不是想象而来的，而一定是根据业务流程过渡而来的，而好的组织架构是薪酬体系设计的坚实基础。

综上所述，战略是想法，是先锋；而流程，无论在什么时候，都是最核心本质的东西，组织架构基于战略，实际来源于业务流程。战略来源于想法，而战略落地时，依靠的是业务流程。我们在进行战略指标梳理时，依靠的仍然是业务流程中的每个点。这里解释一下，很多书中说的战略来源于价值链，我们可以将两者看成一个词，即价值链与关键业务流程是一个概念。

3. 企业定位

企业战略是企业未来发展与指导当下的纲领性文件，如果说企业战略是看向企业的未来，那么企业定位则是对企业现状的审视。企业定位是通过其产品和品牌在市场和消费者中所形成的独具个性、文化的形象，简而言之是企业在市场中所形成的印象以及所处于的位置，例如一提到阿里巴巴和京东，我们就能想到它们是互联网电商，华为是通信行业的强大企业等。企业定位的思考如企业在市场中的位置在哪里？企业的客户在哪里？企业所处的行业是什么？企业的竞争对手是谁？

对于薪酬设计而言，企业定位与企业战略是同样重要的，明白目前企业在市场和行业中的定位，有利于我们对自身所在企业确定薪酬策略时有所帮助与参考，如企业是行业内的领头标杆企业，则其薪酬策略更可能选择领先型策略，如是行业内的前10位企业，则薪酬策略可能选择跟随型策略或者混合策略。所以如果想要设计一个适合企业发展的薪酬体系，HR在充分理解企业战略的基础上，还需要对企业定位有一个较为清晰的认知。

4. 战略目标制定【核心】

如果说企业战略决定了企业的发展方向，那么战略目标的制定则是执行战略的一个非常有效的工具。企业通常会在每年年初或上一年年末对本年的战略目标进行制定，一般此项工作会交由企业的经营管理部门、组织绩效管理部门或者人力资源部门，战略目标确定了企业年度需要完成的整体任务以及关键指标的完成情况，为全年工作提出了整体要求，比如营业收入额、利润额、成本总额、人员规模等，各部门/各岗位根据企业整体目标在自身所负责的范围内进行分解，得到部门或个人的年度工作目标，例如业务部门负责完成企业多少万元的新签合同额、年度回款金额多少万元，人力资源部当年度招聘新员工多少人，财务部门控制企业成本在多少万元以内等。企业薪酬体系中的激励部分也在这个时间进行设计，在确定任务目标时确定部门奖金总包、销售提成比例等奖励项目的核算规则。如图 1-4、图 1-5 所示是根据某企业实际情况，结合战略地图转化而来的财务目标及非财务目标，供大家参考。

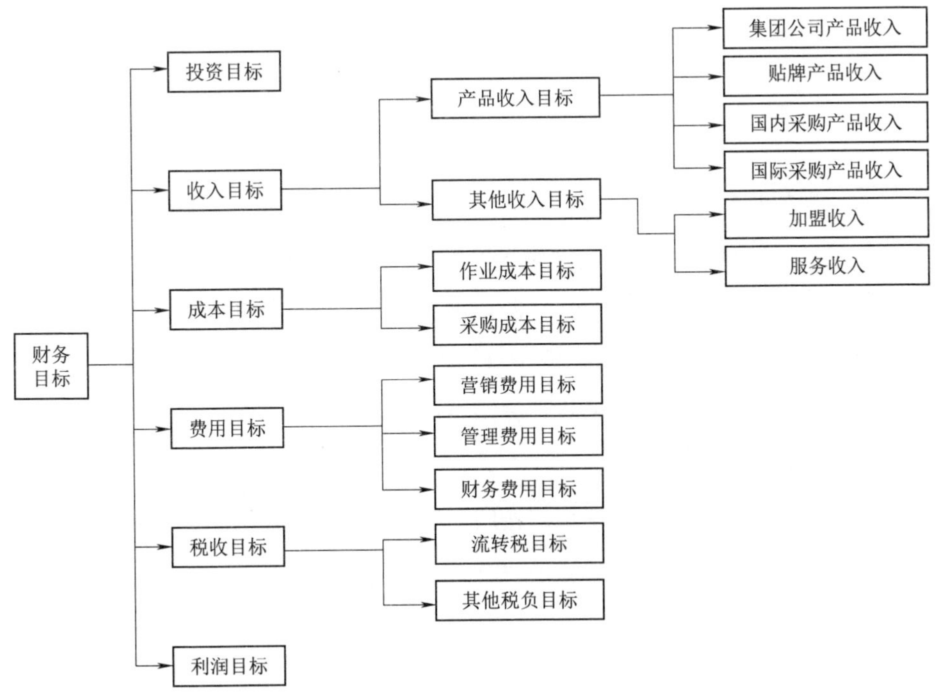

图 1-4　财务目标分解示例

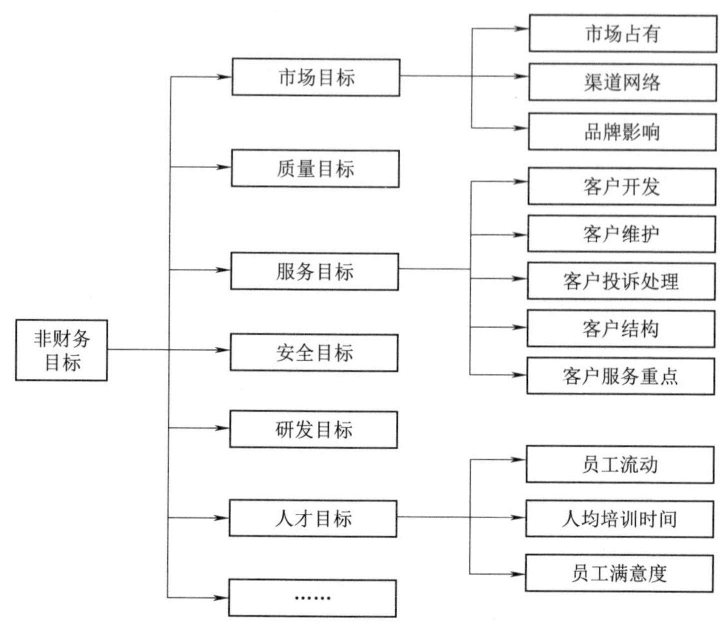

图 1-5　非财务目标分解示例

战略目标对企业发展与薪酬体系如此重要，那么如何确定企业的战略目标呢？以上财务目标及非财务目标全部都需要制定出来吗？答案是企业级目标 3～5 个即可，如销售额、利润、核心人才数量目标、产品质量目标，其他目标可作为执行目标进行制定，高管的浮动薪酬则与这些核心目标挂钩。与薪酬发放和绩效考核高度挂钩的战略目标——“销售额目标”的设计方法可以采用三级目标法。

(1)三级目标法

三级目标法通过将战略目标项目按照三级梯队的方式，分别设置基本目标、中间目标以及卓越目标三个级别的目标值，从而保证公司在市场中生存与发展。

基本目标是公司保本时的销售额，此销售额可以通过对公司当年度财务成本预算，结合公司必要收益率求得，是公司在市场中维持生存的基本目标。有的时候公司生产经营相对稳定，有的公司也将基本目标设定为有 80% 概率能够完成的业绩水平，即公司要求员工最低需要完成的业绩水平。通常对于基本目标的要求是必须完成，因为其关乎公司的生存与正常经营，所以对于基本目标的完成通常是以负激励的方式进行，即完成基本目标获得正常水平收入，额外奖励相对较少，对未完成目标的情况进行适当的惩罚，减少收益，从而使员工至少完成基本目标。

中间目标是公司生产力水平正常发展的前提下应该完成的销售额，也是公司年度发展规划的理想目标。中间目标的设置水平一般应高于基本目标且与基本目标存在一定差距，可通过对公司近年来的销售情况、未来市场发展预测、国家宏观政策环境等因素的分析，使用正推法得到相对具体的数值。中间目标下通常采用分段奖励的方式达到其对应的激励性，对于完成基本目标水平的部分给予正常收入，介于基本目标和中间目标之间的部分，通过绩效考核给予绩效奖励，而对于超过中间目标的部分则通过超额提成或特殊奖金的方式进行激励。

卓越目标是公司员工需要付出超常努力下才能实现的目标，通常情况下只有公司内极少数的冠军级员工才能偶尔实现自身目标，难度较高，有时候可能需要在方式、资源方面通过一定的创新才能实现。卓越目标设置一般相对较高，要远高于中间目标，当卓越目标达成时会为公司带来大量的营业收入和利润，且对公司发展有极大的推动作用，但是其达成过程也是十分艰辛，需要员工投入大量的时间、精力与心血，因而对于达成卓越目标员工的激励奖励通常设置较高，只有在这种情况下员工才有足够的动力与意愿去努力实现与达成卓越目标。对完成卓越目标的激励项目通常包括高于超额提成的激励奖励、公司的利润分红、荣誉称号等。

(2)正推法

正推法是公司基于过往的发展经验，结合对宏观环境变化、行业发展趋势以及自身发展需要的综合分析，推算得到公司当年度的经营战略目标。例如公司需要指定当年度的销售额目标，可通过对过去三年的销售额目标曲线图进行分析，结合对当年度新投资项目、新市场人员、新营销广告和渠道措施以及国家政策变化的分析，从而得到销售额目标值。具体如表 1-1 所示。

通过过往销售额图像与增长率预测，在 2019 年的基础销售额预测为 5 亿元，则结合各方面有关因素，最终当年度的公司年度销售额为 5.6 亿元(5 亿元＋6 000 万元＋3 000 万元－3 000 万元)。

表 1-1　战略目标制定示例表

影响因素	相关说明		
过往销售额	2016 年	2017 年	2018 年
	1.7 亿元	2.2 亿元	4 亿元
新项目	2 个新增项目，每个 3 000 万元		
新市场	新增市场 10 个，每个 300 万元		
新营销广告和渠道	无		
国家政策	压力增大，缩减 3 000 万元		

(3)逆推法

逆推法是公司因某种特殊目的，必须实现的某些目标，通过对其进行逆向分析与分解而得到当年度的具体目标。例如某公司在 2016 年时营业收入为 2 亿元，其预计在三年后必须实现营业收入翻一番的目标，根据这个三年后的目标进行逆推反算，按照每年增长率一定，则平均每年增长率约为 26%，则其 2017 年、2018 年、2019 年三年对应的营业收入目标值分别为 2.52 亿元、3.18 亿元、4 亿元。逆推法在公司拥有相对清晰的中长期规划时可以使用，从而保证公司中长期规划目标能够顺利达成与实现。

在现实操作过程中，高层需要参与公司战略目标制定，同时将自身的浮动奖金与公司战略目标挂钩，高层通过公司战略分解与战略目标的制定，将自身与公司的成长绑定在一起，从而更好地支持公司发展。

第三节　企业组织结构与设计

本节学习要点

组织结构是企业战略的主要呈现方式之一，其规定了企业内各项资源的协作方式，也规定了企业内各部门、各岗位的设置情况、职责范围以及具体的工作内容，是企业日常经营运行方式的说明书，明确出企业经营活动过程中的主要工作流程以及工作关系，是我们在薪酬体系中认定岗位价值关系的基础。因此掌握组织结构的设计是当下 HR 的必备技能，也是完成薪酬体系设计的必要工作，本节中我们就对组织结构的设计方法以及相关操作进行学习。

1. 组织结构设置方法论【核心】

组织结构设计能力是 HR 必须学习并掌握的精华内容，是 HR 成长与发展过程中的必经之路，也是成为一名优秀人力资源总监所必须掌握的能力。组织结构设计是薪酬体系搭建工作的基础，在完成组织结构设计后便可以开始公司的薪酬体系设计。

(1)组织结构的来源

组织结构图源自公司战略，而战略源于公司的业务流程，学习并完成公司组织结构图的设计方法，即理解公司的业务流程。我们进行组织结构绘制的主要目的是明确划分公司内部各部门之间的职责与对应的工作流，是理解一个公司最本质的方面。组织结构设计定义了公司内部的部门设置与岗位设置，同时也确定了公司内业务活动沟通交流、分工协调的方式。通过组织结构的层级关系也定义了公司内的“职位等级”，从董事长、总经理、总监、经理、主管、专员等，当组织结构设计清晰并将工作流划分清晰后，就为职级职等划分奠定了事实与基础。正是由于组织结构对于一家公司有着如此重要的作用与意义，所以才强调企业家和 HR 从业者应认真学习并掌握组织结构设计。

(2)组织结构的设计方法

组织结构设计通常采用“三层职能分解法”完成，分别在工作价值、工作任务和工作活动三个层面进行分解。

首先基于对企业发展战略以及价值链的梳理，横向价值链梳理，按照流程节点对工作内容进行归纳、总结、分类，整理完成一级职责分解工作并确定企业的一级部门设置以及其企业内价值定位。如战略发展部、研发部门、生产部门、营销部门、人力资源部门、财务部门，在一级部门确认完成后，基于部门的价值定位，结合工作流、信息流在企业的运行方式，进行职能的二级分解确定主要的工作任务与工作内容，并结合企业的实际人员规模、资源配置等方面内容，决定是否设置二级部门；在前两步顺利完成的基础上，便可以开始进行三级职能分解，即纵向工作职能分解，将工作任务、工作内容分解为具体的工作活动，并通过对工作活动有效的排列组合，形成具体的岗位设置。在完成岗位设置之后，需要将工作活动与企业内工作流、信息流进行复查，以防止关键节点缺失、遗漏，同时也需要对所有一级、二级、三级职能分解的内容进行互相检查，避免职责交叉、重叠、错位、遗漏等，在完成检查后我们便完成了部门的组织结构与职责、岗位以及岗位职责的设置，为岗位价值评估以及薪酬体系奠定了基础，如图 1-6 所示。

①职能部门：人力资源部、行政部、财务部、售后服务等。

②产品供应部门：生产部、采购部、产品配置部等部门。

③技术部门：技术开发部、技术研发部等部门。

④市场部门：推广部、品牌部、营销部、运营部、营销型客服部等部门。

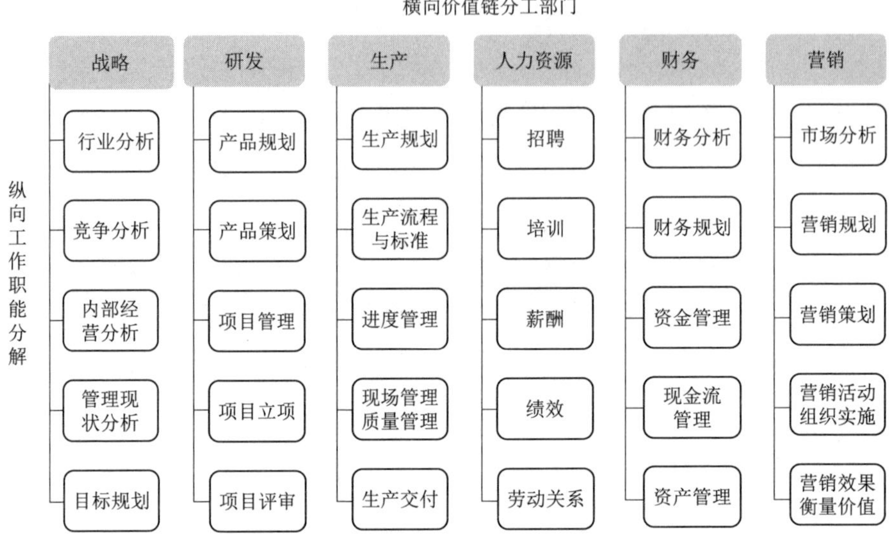

图 1-6　企业价值链分解示例

(3)组织结构的调整

组织结构图并不是一成不变的，它会随着企业业务的发展、优化、人力资源结构的调整、外部市场环境等因素的变化而发生变化。灵活地应对企业环境的变化、困难以及问题的组织结构才是好的组织结构。相关组织结构其他专业内容请阅读北青博雅出品的《公司股权架构图解手册》中组织结构设计部分。

组织结构图因表现内容不同，分为总图与子图，在一家企业完整的组织结构图应包括企业内的所有岗位，在本书“第二章第二节：内部岗位价值评估”中，我们将会学习到如何使用岗位价值评估设置职级、职等以及进行正反综合评价。

2.组织结构图的绘制及软件使用方法

(1)Microsoft Visio

企业组织结构梳理与设计完成后,HR 便需要依据组织结构开始绘制企业组织结构图,用于绘制正式组织结构图的软件是 Microsoft Office Visio,它是由微软公司开发的,专门用于绘制组织结构图与流程图的软件,常用的版本有 2016 版、2013 版,但是因 Visio 不在标准的 Microsoft Office 软件安装包内,所以在使用前需要在网络中搜索与下载。

打开 Visio,我们进入界面并单击"新建",选择适当的模板后便可以开始进行组织结构图的绘制。从左侧的功能栏中选择"矩形框",按下鼠标左键拖拽至页面中间,双击编辑名称后便完成了一个"单位"的制作。需要注意的是,在绘制组织结构图时,为充分考虑美观与规范,我们在制作"单位"时需要保证横向矩形框、纵向矩形框一致,不能有长有短。具体操作方法如图 1-7、图 1-8、图 1-9 所示。

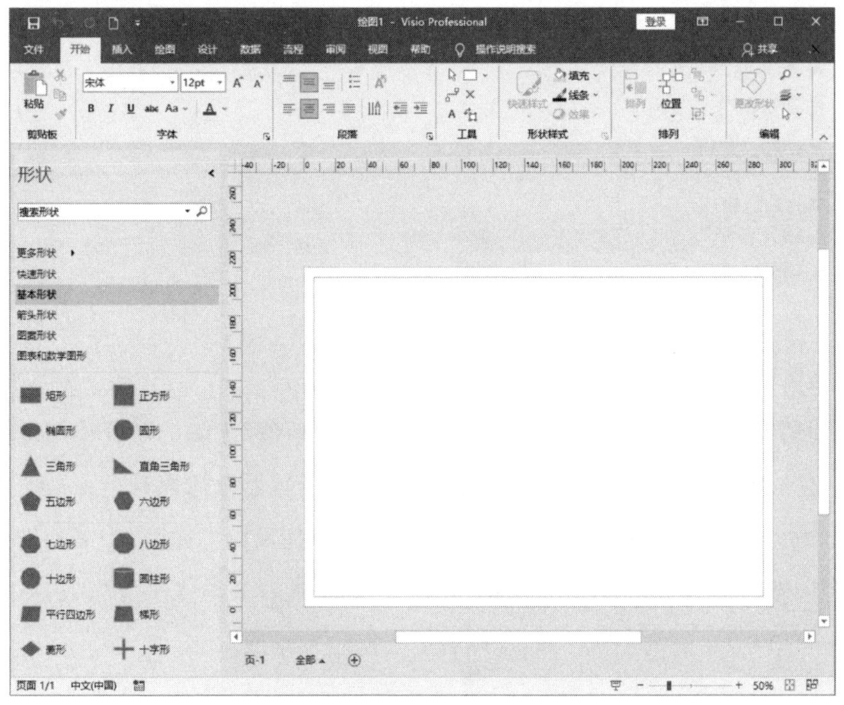

图 1-7　Visio 运用示例图(一)

在绘制好所有的“单位”之后，我们下一步是构建连接线，可以通过单击上方菜单栏中的“连接线”按钮，在需要构建联系的两个“单位”的起始“单位”选择节点，按下鼠标左键后拖拽至终点“单位”的对应节点，我们会看到屏幕中两个“单位”之间出现了一条连接的直线；还可以通过将一个“单位”拖拽到另一个“单位”的方式，Visio 会自动在两个单位之间选择最优的节点连接两个“单位”，建立连接线。

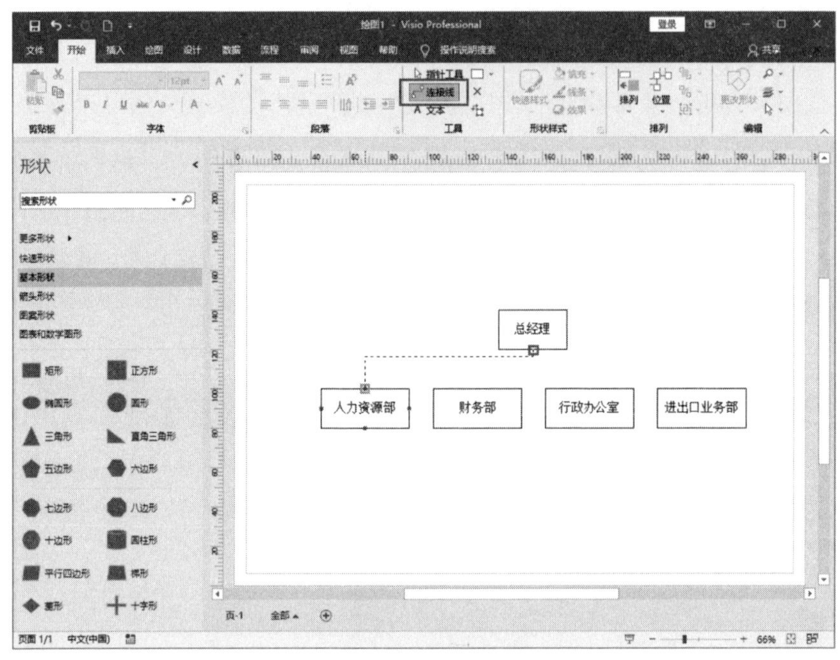

图 1-8　Visio 运用示例图（二）

完成所有单位的连接线的绘制后，下一步是将“单位”之间的位置排布进行对齐与调整，使绘制的组织结构图更加正式。我们可以通过用鼠标拖动矩阵框的方式手动调节，也可以使用 Visio 自带的对齐功能完成。按住鼠标左键，选中需要进行对齐的“单位”，然后在上方菜单栏中选择对齐，并选择顶端对齐与水平分布，这样就可以保证每个“单位”之间的距离一致，整体看上去也较为整齐。

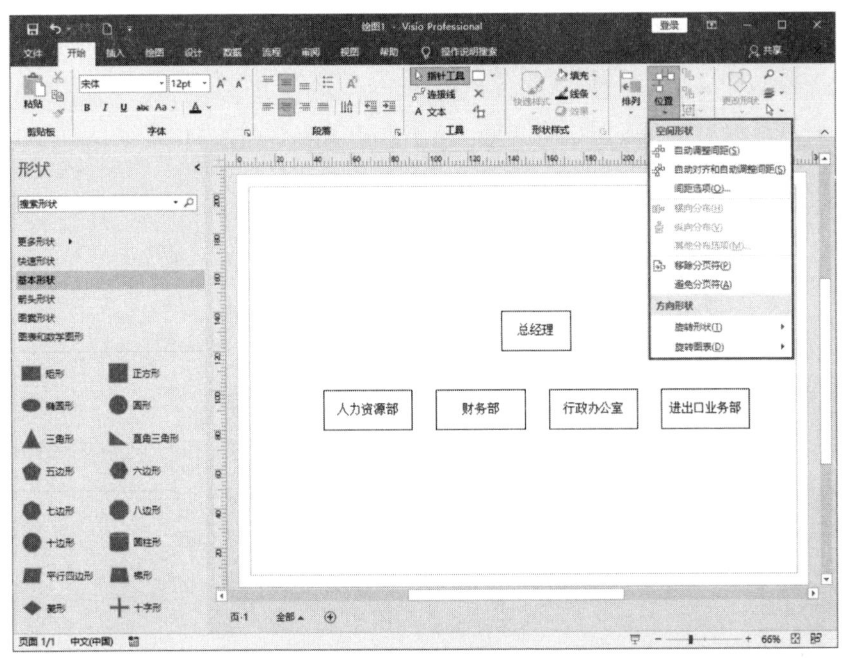

图 1-9　Visio 运用示例图(三)

完成以上步骤后,最后一步就是完成组织结构图的美化,主要包括调整页面背景、添加标题和公司 LOGO 等,此方面操作与 Microsoft Word 相似。如图 1-10 所示为使用 Visio 绘制的组织结构图样图。

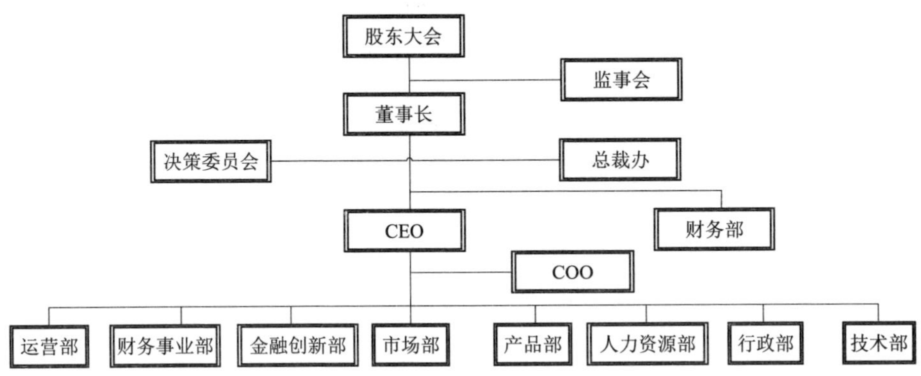

图 1-10　Visio 软件下的组织结构图示例

相比于其他 Microsoft Office 软件，Visio 的操作方式有所不同，刚开始使用时可能有些不适应，但是其整体操作相对容易，只需要在使用过程中耐心学习、多加练习即可掌握。市面上也有专门讲解 Visio 使用方法的书籍，种类较多，可以帮助读者掌握软件的使用方法。

（2）Mindjet

除了 Visio 以外，我们还可以使用软件 Mindjet 14 来绘制公司的组织结构图。Mindjet 原本是一种思维导图绘制软件，但同时也可以用于绘制组织结构图，因其操作简便、使用自由度高，在 HR 绘制组织结构图时效率会更高一些。

Mindjet 软件绘制过程中主要使用回车键（Enter 键）和插入键（Insert 键）。Enter键的主要功能是用于插入“平级”组织或单位，如图 1-11 所示。

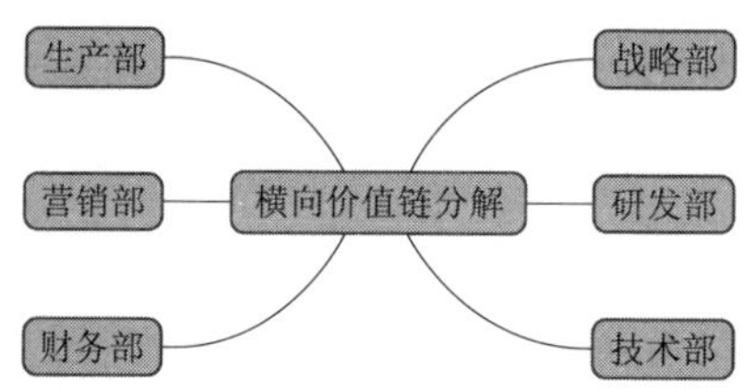

图 1-11　Mindjet 软件下的组织结构图

在加入主题之后，连续按下 Enter 键，即可以生成与最初主题（Main Topic）相同层级的主题，之后我们只需要将其调整为部门名称即可。

Insert 键的主要功能是在某个主题下插入子主题，效果如图 1-12 所示。

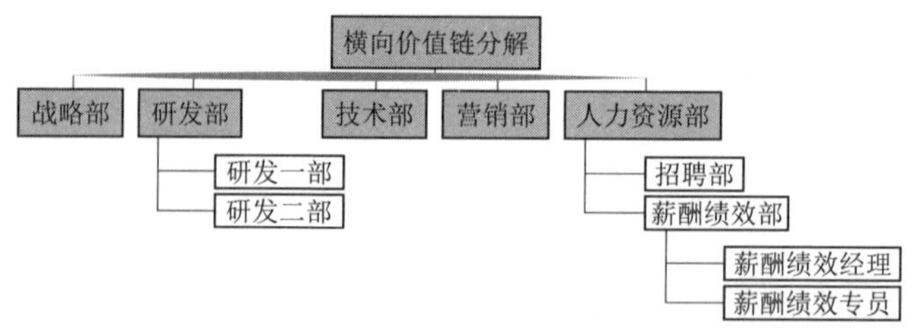

图 1-12　Mindjet 软件下的组织结构图

在主题（Main Topic）下连续按下 Insert 键，可看到其生成了多个子主题，我们可以在之前建立的“部门”中通过使用 Insert 键，在组织结构图中创建部门内岗位，效果如图 1-13 所示。

Visio 与 Mindjet 在组织结构图绘制方面，软件功能与绘图效果各有优劣，选择使用哪种软件，还需要读者根据自身情况决定。一般对外品牌展示的可使用 Visio 软件，公司内部调整可使用 Mindjet，方便快捷。

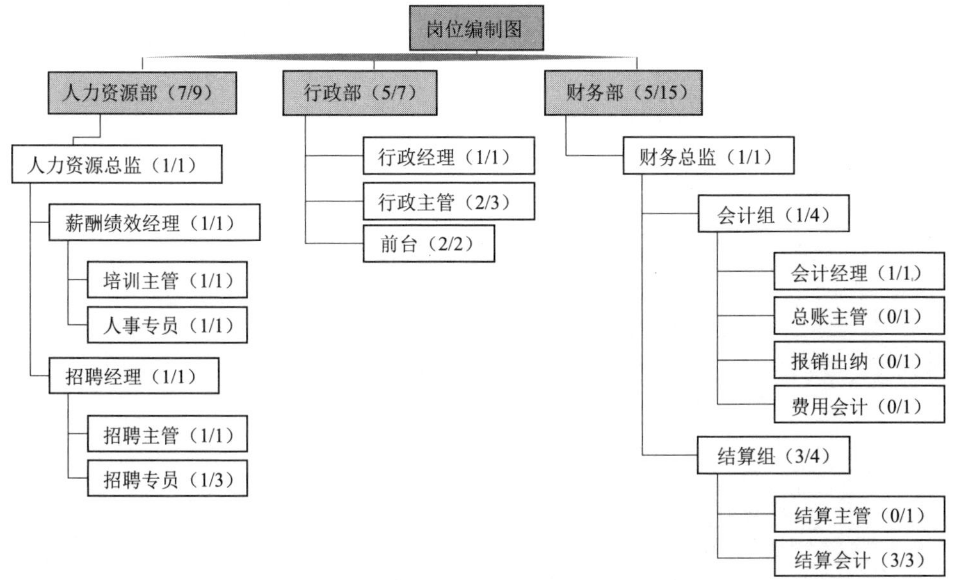

图 1-13　Mindjet 软件下的组织结构图

3. 不同规模企业组织结构图示例【核心】

不同规模的企业在组织结构图方面具有一定的特点，我们在本书中为各位读者罗列部分组织结构图的样例，如图 1-14～图 1-18 所示，以帮助读者绘制企业组织结构图时选取结构提供一定的参考意义。

4. 组织结构与职位体系设计【核心】

在完成组织结构设计，确定公司部门设置并绘制组织结构图之后，接下来我们会进一步完成公司的岗位设置，建立职业发展通道，完善公司的职位体系设计，从而为公司薪酬体系设计与搭建奠定更好的基础。此部分内容强关联章节为“第二章第三节:2. 薪级—职级的匹配”。

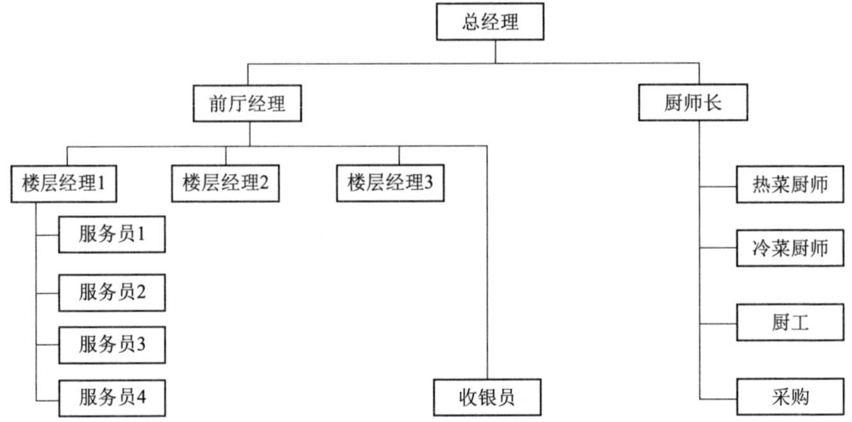

图 1-14　组织结构图示例(一)

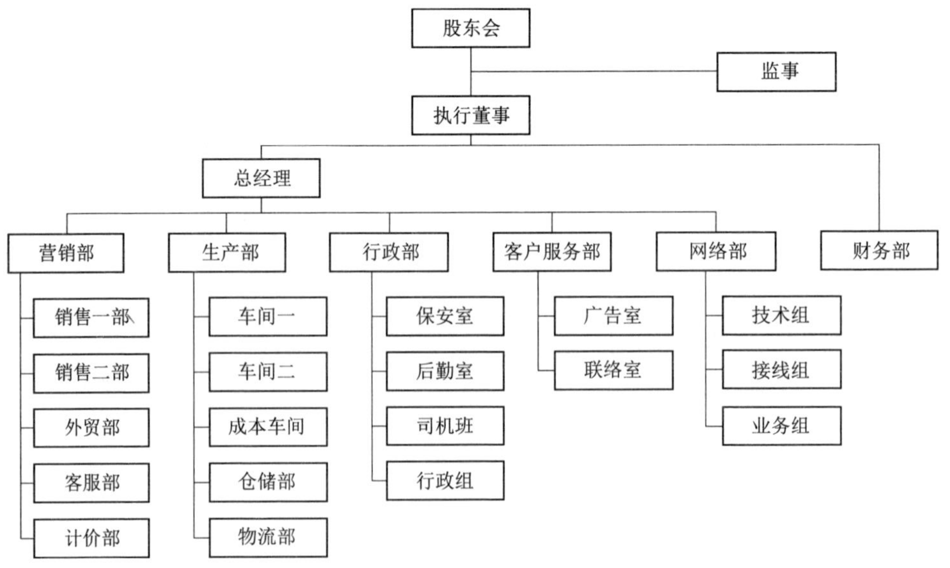

图 1-15　组织结构图示例(二)

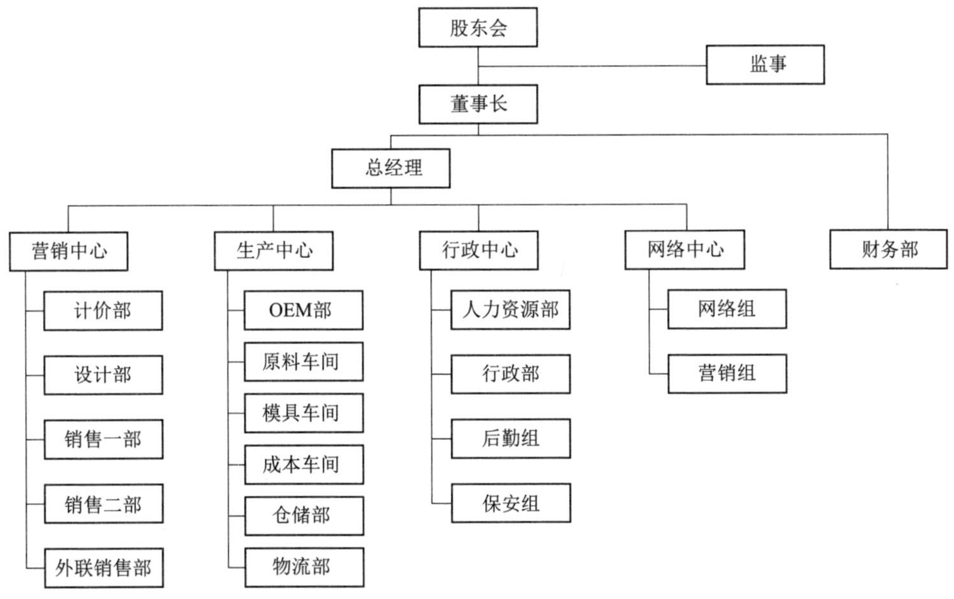

图 1-16　组织结构图示例(三)

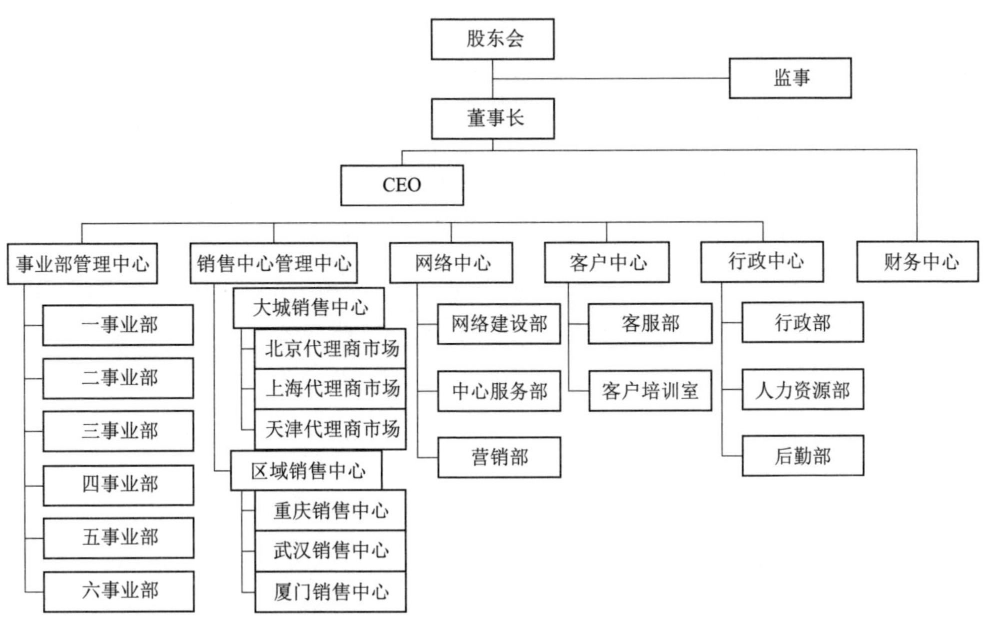

图 1-17　组织结构图示例(四)

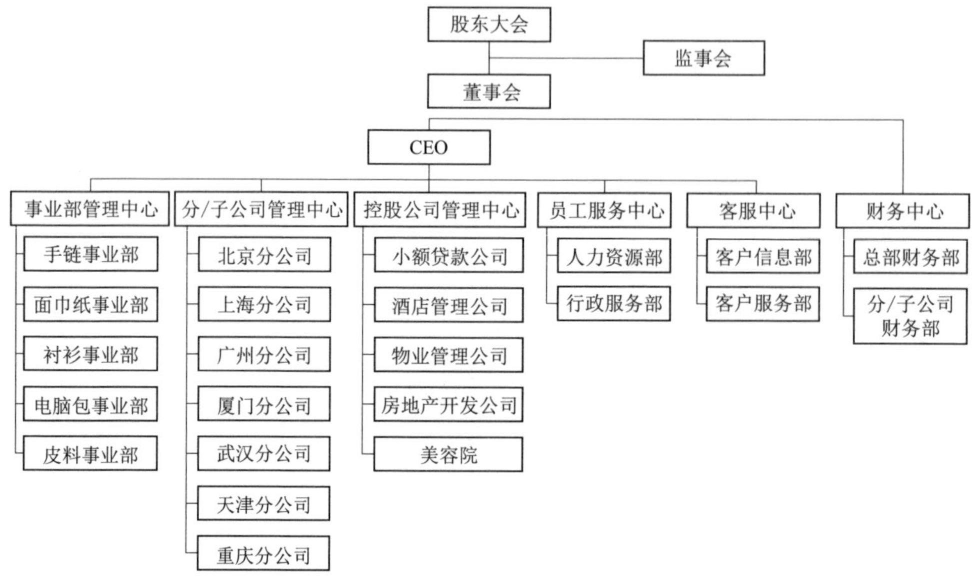

图 1-18　组织结构图示例(五)

(1)岗位设置

在进行岗位设置时,我们主要根据组织结构中的部门职责进行进一步细化和组合,通过将部门职责分解为更加具体的工作任务,并根据完成工作任务所需要的知识、技能以及工作特征等因素,结合公司工作流程,将工作任务进行科学的排列组合,从而形成具体岗位。在岗位设置时,需要确保部门内的岗位职责能够完整、全面地覆盖到部门职责,避免出现职责遗漏,同时也需要避免出现岗位设置中出现职责交叉和职责重叠的情况,减少实际工作中出现对接混乱、推诿责任等问题。

(2)建立职业发展通道

完成岗位设置与明确岗位职责后,下一步将完成员工职业发展通道的构建。在企业日常运行过程中,岗位职责和所需完成的工作任务在多数时间内处于较为稳定的状态,但是在岗人员随着工作时间的增加,其工作技能、经验以及所能承担和完成工作任务的难度在不断提升,个人工作效率在提高、工作能力在成长,自然也会产生对更高职位与更高薪酬的需求。为了解决这一需求,就需要在岗位设置基础上建立起职业发展通道，使员工成长与其在企业的价值贡献保持一致，通过增加员工的公平感受而使其得以保留于企业之中。

在建立职业发展通道方面，需要根据岗位的工作性质、能力要求、成长周期等拟定公司中每个岗位的发展通道，例如工程师岗位可以构建起由初级工程师、中级工程师、高级工程师以及资深工程师组成的职业发展通道。而每个岗位职业发展通道的长度则需要根据公司的实际经营需要来确定，不同岗位的职业发展通道的长度可以是不同的。

(3)完善职位体系设计

在各个岗位职业发展通道建立后，为了使企业对岗位管理更加顺畅，确保岗位管理得到有效的落实与实施，我们还需要对职位体系进行完善与设计，主要包括以下四方面的内容。

①将工作性质、知识技能要求相似的发展通道进行分类管理，形成企业内的职位序列或职位簇，例如管理序列、技术序列、职能序列等。

②设置员工在企业内职业发展的路径要求，对各层级岗位的晋升要求、所需工作年限、技能知识资格等方面内容做出规定。

③建立职位通道内“能上能下”的纵向发展机制，设置上升通道，使员工在岗位上拥有发展机会，通过个人发展提升其工作积极性；设置下降通道，提升企业在岗人员的匹配程度，提高企业人均能效。

④构建职位序列(职位簇)之间的联系，打通各序列通道之间的横向发展道路，创建有利于员工在职位体系中能更加有效匹配到适合自己位置的流动机制。

通过职位体系的设计与完善，可以提升企业内人岗匹配情况，并在一定程度上改善在岗员工的工作状态，以满足员工发展动机的方式提升员工活力，在很大程度上提升企业组织运转效率。同时明确的工作职责、工作要求、任职资格等，为企业付薪提供有效的管理依据，也为企业薪酬体系建设进行岗位价值评估提供基础资料，有助于企业科学、规范地构建薪酬体系。表 1-2 是某家企业构建的职位发展通道，供大家参考学习。

表 1-2　某企业职位发展通道

岗位层级	职位等级	中高层管理	技术开发序列	产品运营序列	业务支持序列	业务营销序列	职能管理序列
高层	9	CEO					
	8	COO					
	7	VP	首席架构师				
			首席研究员				
	6	助理总裁	高级架构师	高级产品总监			
		高级总监	高级研究员	高级产品运营总监			
中层	5	部门总监	架构师研究员	产品总监		BD 高级总监	
				产品运营总监			
				项目总监			
	4	部门副总监	资深研发工程师	高级产品经理	数据维护总监	BD 总监(总监)	
			高级开发经理	高级产品运营经理	实施项目总监	渠道总监	
			资深测试工程师	高级项目经理	高级培训讲师	BD 总监(MALL)	
			高级测试经理			区域中心总监	
经理/主管级	3		高级研发工程师	产品经理	高级运维工程师	BD 经理(金融)	经理/主管
			开发经理	项目经理	数据维护主管	渠道经理	
			高级测试工程师	产品运营经理	培训讲师	BD 经理(MALL)	
			测试经理	研发项目经理	实施项目经理	销售经理	
				高级设计师	采购经理	商务主管	
					质量经理		
					计划经理		
					工艺工程师		
					维修工程师		
	2		中级研发工程师		数据维护专员		专员
			测试工程师		实施工程师		
					运维工程师		
					采购员		
员级	1		初级工程师		客服人员		工勤岗位

第二章

薪酬体系设计七定八步法

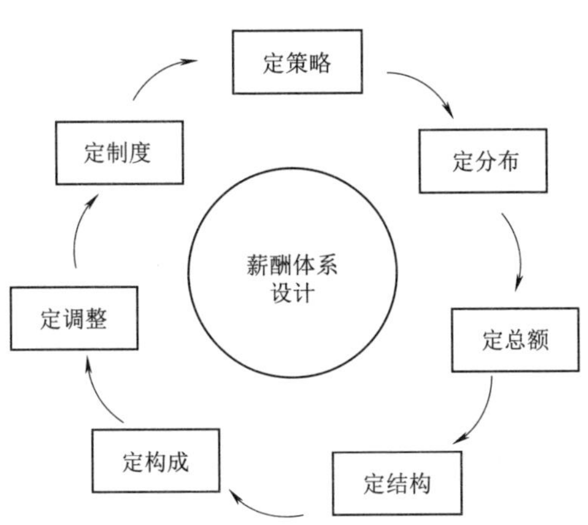

第一节　薪酬调查与薪酬策略

本节学习要点

薪酬体系设计主要需要解决两个方面的问题，一方面是薪酬外部竞争性问题，另一方面是薪酬内部公平性问题，薪酬调查与薪酬策略通过对市场中的薪酬数据进行调查、整理、分析等，掌握整体的薪酬数据情况，并结合企业实际情况与企业战略，制定最为适合当下企业发展的薪酬策略，从而在科学有效的方法指导下，解决薪酬外部竞争性问题，为企业构建薪酬体系奠定良好基础。古人云："知己知彼，百战不殆"，此言在薪酬体系设计中尤其正确。通常在薪酬体系设计时，良好的薪酬水平设计能够帮助我们解决薪酬方面的大部分问题，所以在进行薪酬体系设计时首先应完成薪酬水平方面的设计工作，因此设计八步法的第一步即是薪酬调查与薪酬策略，从而确定企业的薪酬水平。

1. 薪酬调查的方式

薪酬调查主要是通过收集相关调查岗位在市场上的薪酬数据，并通过对数据进行汇总、整理与分析而完成的报告，主要用于对市场中相关岗位的薪酬分布情况进行描述与说明，为薪酬策略进行决策提供数据支持。

薪酬调查主要有两种方式，即委托外部专业机构调查和企业自主调查，在预算足够的情况下，委托外部专业机构调查是薪酬调查的主要方式。

(1)委托外部专业机构调查

外部专业机构会定期选择不同行业、不同规模的公司，对其中的关键岗位、通用职能岗位的薪酬情况进行正式的调查研究，之后根据客户的不同需求制作成定制化的薪酬调查报告。市场中较为不错的薪酬调查机构有太和顾问、中智咨询、美世咨询等，其薪酬报告数据真实、薪资全面，分析维度有助于我们进行决策。在购买报告时外部机构会根据我们所选择的行业、岗位数量以及分析要求等因素而在报告价格有所差异。因各家薪酬报告都有其独特的方法论作为理论支撑，并且各家机构在薪酬金额收入相关数据的统计口径有些许的差异，上述这些差异均会对我们在薪酬策略、薪酬构成的设计方面产生影响，所以我们在使用外部薪酬报告时需要多加注意，在阅读、理解和使用薪酬报告的数据前，我们应认真、仔细地学习其方法论和相关概念、薪酬维度的说明。

(2)企业自主调查

如果企业在薪酬调查方面预算不足的情况下，也可以采取自主调查的方式进行，但是其数据的准确性和真实性相对会有些偏离，只能在薪酬策略决策时有选择地参考使用，但是相对节省了购买外部机构报告的成本费用。推荐自主调查方式的同时，我分享一下相关数据调查的趣事。第一件事情，有一次我乘坐地铁时，被一个大妈拉过去了，说是填问卷送礼物，因为是下班路上，有时间我就去参加了，后来因填写的问卷题量较大，市场调查部的工作人员为了提高效率，直接告诉我有些地方该怎么填，虽然事实上收集的数据有一定水分，但如果数量足够多，这些数据还是具有参考意义的。第二件事情，则是我早年在企业做人力资源从业者时，总监当时制定薪酬制度，企业花钱购买了薪酬数据，但是后来发现数据不太好，就人为地调整了一些，怎么人为调整呢，就是凭总监的主观感觉。

薪酬数据自主调查方式，简单有效，即通过招聘渠道，进行免费薪酬调查。自主调查可通过招聘网站信息、应聘者面试询问以及自制问卷调查等方式进行。首先我们可以通过在大型招聘网站，搜索与企业处于同一行业或相似行业的相似工作的岗位招聘信息，例如人力资源专员岗位可通过关键词人力专员、人事专员、人力资源岗等方式查询到，然后通过其岗位招聘启事中的薪酬信息，判断岗位的薪酬区间范围，一般通过招聘网站获取薪酬数据需要一定的数据量作为支撑，一个岗位一般找7～10家企业较为合适，可选择行业内标杆企业以及与自己企业体量相似的企业作为参考。但是我们还应注意，通过招聘网站提取的薪酬信息可能与实际情况有所偏离，比如某公司招聘人力资源专员的薪酬范围为 6 000～9 000 元/月，但是实际情况可能是80%的此岗位在职员工的薪酬是 6 000 元/月，而只有 20%的员工薪酬是8 000元/月，这种与实际的偏离情况是我们无法预知到的。其次在企业进行岗位招聘时，也可以通过对候选人的现有薪酬情况进行询问来获取部分信息，但是在询问过程中除了了解月度收入、年终奖金、福利等情况外，还需要了解员工在企业内的职级情况，这样才能更好地衡量其薪酬水平，也可以将其薪酬水平与自身企业的现有情况进行对比。最后我们还可以通过一些网络调查平台，如问卷星、问卷网等，自己设计并制作薪酬调查问卷，然后发动企业员工、行业内 HR 同事朋友以及一些机构人员进行填写，现在很多网络问卷平台对收集后的数据都可以进行统计处理，使用起来十分便利，推荐读者可以自行登录实践。

2. 确定标杆岗位【核心】

在薪酬调查时，还有一件十分重要的事情，那就是在调查过程中为提升公司获取薪酬数据的质量与效果，公司需要将一部分现有岗位选择为调查标杆岗位，这些岗位符合以下特征：正职岗位、较为长期且稳定存在、名字通用且易理解、市场中分布广泛，例如人力资源经理、销售总监、会计等。通常调查标杆岗位的数量选取在公司总体岗位数量的 20％～50％。

公司人力资源部门可以制作岗位薪酬数据调研矩阵图，以清晰、方便地明确调研的岗位，并便于在调研过程中对调研情况实施跟进与控制，薪酬数据调研矩阵表如表 2-1 所示。

表 2-1　薪酬数据调研矩阵图示例

调研部门	调研岗位类型						
	高级管理岗位	中层管理岗位	高级技术岗位	普通技术岗位	高级职能岗位	普通职能岗位	基层生产岗位
A 部门	√	√	√	√	√	√	√
B 部门		√		√	√		
C 部门	√	√	√		√		√
D 部门		√		√		√	
E 部门	√	√	√		√		√
F 部门		√	√			√	
G 部门	√	√		√			

如表 2-1 所示，矩阵表左侧为调研部门，即我们进行调研选取的公司内的部门范围，右侧为调研岗位类型，即公司内所有工作岗位的分类类型。通过横纵两个维度将公司内的所有岗位全部囊括，并将其中需要参加薪酬数据调研的标杆岗位用“√”进行标注，即可得到公司本次薪酬数据调研的岗位名单。

对于中小企业，在进行标杆岗位薪酬调研时，我们可以根据组织结构中的具体岗位进行。因为中小企业的岗位数量相对较少，可以每一个职级或者每一个职等选出 1～2 个有代表性的核心岗位进行调查，如表 2-2、表 2-3 所示。

表 2-2　代表性核心岗位 1

岗位名称	数据 1	数据 2	数据 3	数据 4	数据 5	数据 6	数据 7
总经理							
人力资源总监							
人力资源经理							
行政主管							
成本会计							
文职专员							
厨师							

表 2-3　代表性核心岗位 2

岗位层级	岗位名称	岗位层级	岗位名称
9	CEO	4	部门副总监
8	COO	3	经理、高级研发工程师
7	VP、首席架构师	2	主管、中级研发工程师
6	高级总监、高级营销总监	1	专员、初级工程师
5	部门总监		

而对于大型企业来说，像 BAT 这种岗位数量多，职位序列复杂的企业，如何进行薪酬调研呢？如表 2-4 所示为例，进行讲解。

表 2-4　BAT 企业薪酬调研代表性岗位

专业级别	基本定义	对应管理级别
P1、P2	一般空缺，为替换性非常高的低端岗位预留	—
P3	助理	—
P4	初级专员	—
P5	高级工程师	—
P6	资深工程师	M1 主管
P7	技术专家	M2 经理
P8	高级专家	M3 高级经理
P9	资深专家	M4 总监
P10	研究员	M5 高级总监

大型公司人员较多，一般情况下，是按照部门、职级进行薪酬调研的，比如财务部总监、经理、专员；技术部总监、经理、专员。技术部比较特殊一些，还需要分技能再调查得细致一些，如高级 JAVA 工程师、初级 JAVA 工程师、高级架构师等。这类公司大都是按职级范围定薪，即每个层级都会有一个薪酬范围，总监层有一个薪酬范围，经理层有一个薪酬范围，入职的是经理级，就按经理级薪酬范围定薪。比如腾讯、百度，大家听过 M1、M2、M3，T1、T2、T3，即 M1、M2、M3，T1、T2、T3 分别代表了不同的岗位职级，且各有一段薪酬范围值，如 T1 的值为 5 000～9 500 元，则一个 T1 级别岗位的薪酬范围在 5 000～9 500 元。通常这种超过好几万人的大型公司，一般都是总部一套薪酬制度，下边项目公司、分/子公司又各执行一套薪酬制度，但是薪酬制度在系统性和连续性方面存在一定联系。

注意事项：实际进行薪酬调研时，我们同时需要一份薪酬数据作为参考，大型公司在预算充足的情况下，主要依靠从外部机构购买的薪酬数据报告，市场中美世、中智、韬睿惠悦、太和等调研机构都是较为不错的选择。中小型公司因预算有限，通过招聘网站或者招聘过程调查均可获得相关数据。如果标杆岗位偏多，则需优先调研最重要、最核心的岗位进行，将有限的资源配置到最关键的地方。

3. 调查数据的处理与市场薪酬曲线的绘制

在薪酬调查数据中，我们常常听说 50 分位值这一说法，50 分位值表示有 50%的数据样本小于此数值，反映市场的中等水平，此外还有 10 分位值，25 分位值，75 分位值，90 分位值，100 分位值，也是十分有代表性的数据。其中 25 分位表示有 25％的数据小于此数据，反映市场的较为低端水平，50 分位表示有 50％的数据小于此数据，反映市场的中等水平，75 分位表示有 75％的数据小于此数据，反映市场的较高端水平。90 分位表示有 90％的数据小于此数据，反映市场的高端水平。

50 分位值是一个非常关键的数据，它对应的是市场薪酬数据的中位值或平均值，一般公司将中位值作为支付员工的工资上限，而 100 分位值一般作为奖励高绩效员工或核心关键人才的依据。

如何根据调研数据计算分位值？这里我们可以通过 Excel 中的 PERCENTILE 公式计算得出，公式详细使用说明请见本书“第五章第二节：薪酬分位值测算公式”。如果我们对一个标杆岗位进行调研，一共获取了 10 组数据，分别是 12 000，11 000，12 000，15 000，14 000，10 000，9 000，9 000，11 000，12 500。计算这 10 个数据的 25 分位值，首先得出四分位间，即(10－1)÷4＝2.25，那么计算 25 分位值即第一个四分位值，为第(1＋2.25)个数字，即第 3 个数和第 4 个数之间的 0.25 位置处，即 10 000＋(11 000－10 000)×0.25＝10 250(元)。在实际计算过程中，可以利用 Excel 软件的 PERCENTILE 公式直接计算出不同分位值的数据。我们可以先将数据录入 Excel 表中，然后在 25 分位值对应的单元格中输入公式“＝PERCENTILE(12 000：12 500，25％)”即可得出，如表 2-5 所示。

表 2-5　分位值计算过程　　　　单位：元

序　　号	1	2	3	4	5	6	7	8	9	10
调研数据	12 000	11 000	12 000	15 000	14 000	10 000	9 000	9 000	11 000	12 500
10 分位值	9 000									
25 分位值	10 250									
50 分位值	11 500									
75 分位值	12 375									
90 分位值	14 100									
100 分位值	15 000									

依照上述方法，将所有薪酬调研数据不同分位值计算出来后，可以形成薪酬调研矩阵，确定公司现有薪酬水平所在位置，通过对比公司现有薪酬水平情况，为公司选择薪酬策略提供参考。

为更加清晰地呈现公司的薪酬情况，在完成上表对薪酬调查数据处理后，可以利用 Excel 中的折线图功能，将调研得到的薪酬数据与本公司现有薪酬数据绘制于一张图表中进行观察与比对。如果本公司的薪酬数据曲线弯折过度，则表示本公司薪酬分布不均。

下面以某次薪酬调研所收集的数据情况，对本段内容进行细致说明与讲解，具体如表 2-6、表 2-7 所示。

表 2-6　标杆岗位薪酬数据　　单位：元

标杆岗位名称	岗位等级	数据 1	数据 2	数据 3	数据 4	数据 5	数据 6	数据 7	数据 8	数据 9	数据 10
总经理	10	657 082	555 471	1 220 875	1 315 179	847 187	1 284 004	1 390 460	634 423	624 541	804 267
副总经理	9	861 750	844 688	593 633	825 560	608 198	793 928	745 242	453 069	734 283	968 042
CFO	8	812 347	750 269	616 523	781 325	531 016	629 782	704 662	748 755	736 119	882 013
CHO	7	553 764	453 600	808 400	761 929	406 022	531 089	376 029	366 319	516 738	641 244
中心总经理	6	452 647	421 990	499 580	313 429	488 773	528 431	680 123	363 921	705 415	386 672
中心总监	5	323 593	550 679	437 799	341 673	329 324	292 308	200 456	283 410	347 012	446 195
部门经理	4	340 725	233 082	378 500	336 749	182 428	297 844	303 113	433 321	375 729	216 348
部门主管	3	280 010	326 341	164 697	222 033	211 336	171 189	127 873	242 505	221 716	193 530
专业经理	2	247 859	220 103	261 680	114 826	169 933	155 783	111 903	239 440	161 660	217 894
专员	1	102 571	96 653	77 345	194 233	134 284	170 802	182 137	173 846	125 135	174 225

在对以上标杆岗位数据进行处理后，得到表 2-7 标杆岗位薪酬分位值数据，根据数据信息绘制出对应折线图，如图 2-1 所示。

表 2-7　标杆岗位薪酬分位值数据　　单位：元

标杆岗位名称	岗位等级	10 分位	25 分位	50 分位	75 分位	90 分位	公司薪酬水平
总经理	10	548 015	607 274	825 727	1 291 798	1 382 932	828 590
副总经理	9	467 125	604 557	769 585	848 954	957 413	658 550
CFO	8	539 567	626 467	742 437	789 081	875 046	502 340
CHO	7	367 290	398 524	523 914	671 415	803 753	429 925

续表

标杆岗位名称	岗位等级	10 分位	25 分位	50 分位	75 分位	90 分位	公司薪酬水平
中心总经理	6	318 478	380 984	470 710	566 354	702 886	354 500
中心总监	5	208 751	290 084	335 499	439 898	540 231	305 230
部门经理	4	185 820	228 899	319 931	376 422	427 839	253 300
部门主管	3	131 555	169 566	216 526	251 881	321 708	205 000
专业经理	2	112 195	145 544	193 914	241 545	260 298	150 000
专员	1	79 276	101 092	152 543	176 203	193 023	109 000

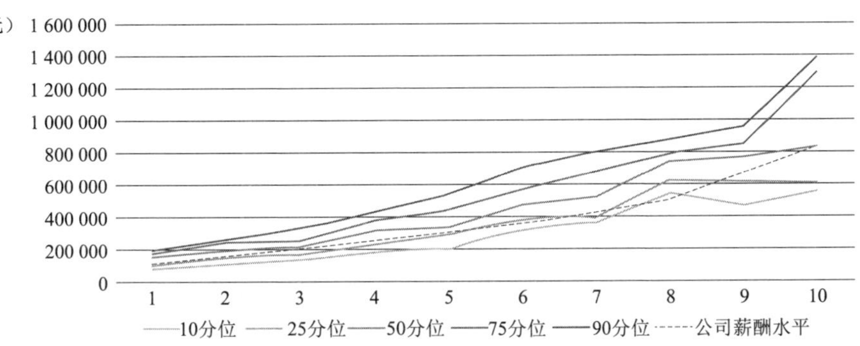

图 2-1　各标杆岗位分位值薪酬曲线示例

图 2-1 具体相关说明如下。

①图表纵坐标代表薪酬金额，表格对应各岗位等级的年度薪酬水平。

②图表横坐标代表岗位等级。

③各条折线代表各分位值的薪酬水平情况，因示例中所选取数据数量有限，曲线形状相对陡峭，实际调研过程中数据量较大，折线会更加圆滑。

④从本图表中可以看到，此公司目前的薪酬水平在市场中整体竞争力较弱，且对中高层管理岗位的薪酬水平有待提升。

4. 确定薪酬水平战略【核心】

在完成前期薪酬调查、数据收集、现状整理与分析的基础上，根据公司战略方向、公司财务目标，便可以开始制订并确认公司的薪酬水平战略了。薪酬策略一般根据企业家格局、公司盈利水平、所在行业薪酬水平、企业文化强弱等因素进行定夺。

一般而言，基于战略的薪酬策略(战略)有领先型薪酬策略、市场追随薪酬策略、拖后薪酬策略以及混合薪酬策略。不同战略适用于不同的公司状态与发展阶段。

其中，领先型薪酬策略适用的特点为公司处于人才扩张期；岗位价值薪酬较高、效益薪酬较低，且公司为技术型驱动企业。一般高于市场平均水平15%以上，适用于快速扩张、高速发展的公司，具体如图2-2所示。

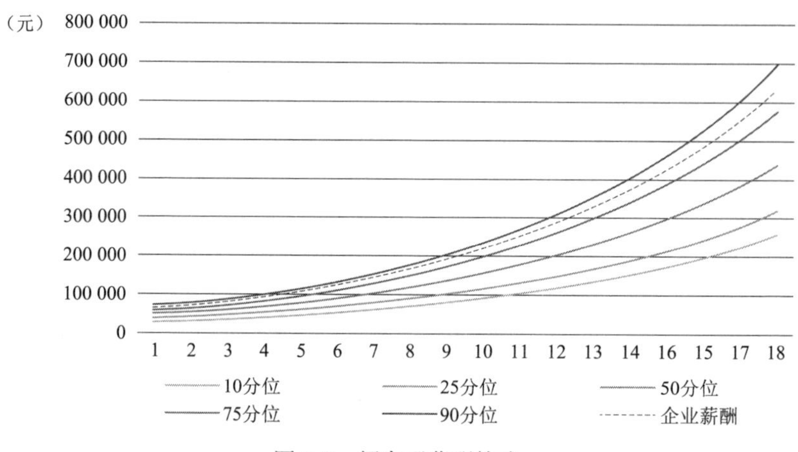

图2-2　领先型薪酬策略

市场追随型薪酬策略适用的特点为，员工心理满意度较高、价值薪酬与效益薪酬平衡，具备一定的营销驱动，且公司处于品牌建设期，具体如图2-3所示。

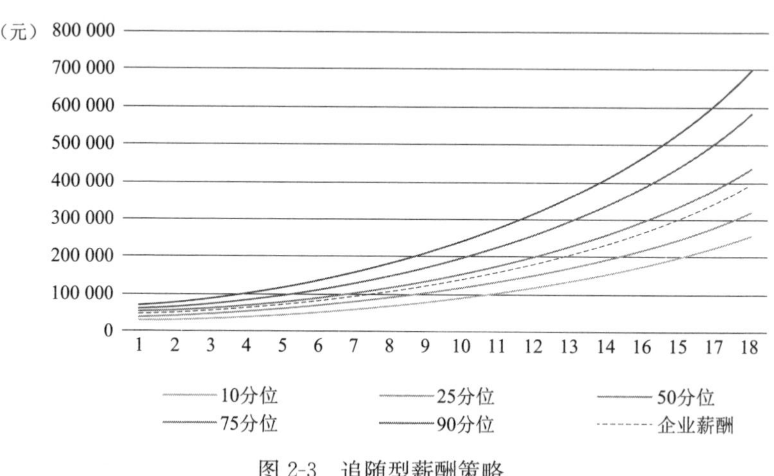

图2-3　追随型薪酬策略

拖后型薪酬策略适用的特点为，公司品牌获利性高、为品牌驱动型企业，薪酬构成中有足够量的效益工资，且公司处于衰退期。低于市场平均薪酬水平 15%～20% 左右。具体如图 2-4 所示。

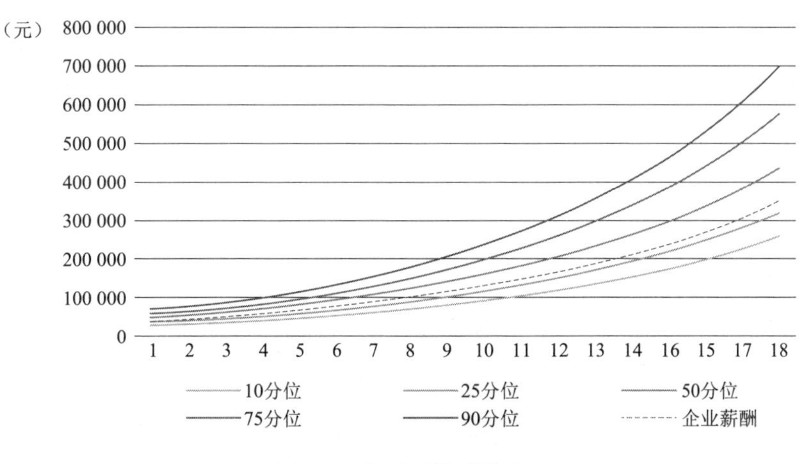

图 2-4　拖后型薪酬策略

市场混合型薪酬策略，对核心人才进行市场领先战略，而对一般人才、普通岗位则采取其他薪酬策略，通常公司在采用混合薪酬策略时，会结合公司的职位通道序列，对各序列员工采用不同薪酬策略，具体如表 2-8 所示。

表 2-8　混合型薪酬策略

员工类型	职级范围	薪酬策略	拟定薪酬分位值
管理序列一高级	16～18	领先型	80 分位
管理序列一中级	11～15	跟随型	55 分位
管理序列一初级	8～10	跟随型	55 分位
技术序列一高级	11～15	领先型	75 分位
技术序列一中级	6～10	领先型	65 分位
技术序列一初级	2～5	跟随型	50 分位
职能序列一高级	11～14	跟随型	50 分位
职能序列一中级	6～10	跟随型	45 分位
职能序列一初级	1～5	拖后型	30 分位

企业在考虑采用哪种薪酬策略时，通常会依据企业发展战略、发展阶段、企业文化、外部环境、内部条件等因素，其中外部环境主要包括市场竞争和社会法律环境因素两个方面，而内部条件主要包括企业盈利状况与财务状况等。

第二节　内部岗位价值评估

本节学习要点

内部岗位价值评估是在薪酬体系中用于解决内部公平性的常用方法，其基于公司组织结构与岗位设置，根据企业文化与价值体系将公司现有岗位从岗位职责、任职要求、工作难度等方面进行评价，并以此作为岗位员工定薪的主要依据，从而实现公司薪酬体系的内部公平性。本节中将对内部岗位价值评估的操作流程和主要步骤等方面进行详细的讲解，且对各环节实操过程中的注意事项进行说明，从而使读者更好掌握岗位价值评估。

1. 岗位价值评估的整体步骤

开展岗位价值评估有规范的操作流程，主要包括更新与规范岗位说明书、选取岗位价值评估方法、建立评估专家委员会、开展评估前培训、岗位试评估、正式评价、分数汇总与核算、划分等级与公示共计 8 个步骤，具体如图 2-5 所示。

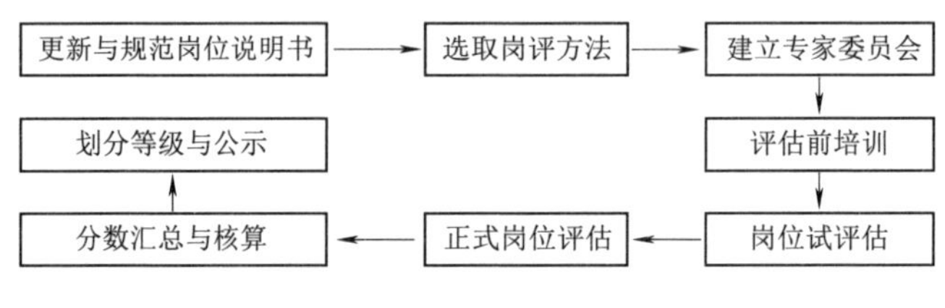

图 2-5　岗位价值评估步骤

岗位价值评估是一个相对系统性的工作，操作流程中各个环节都需要我们投入大量时间与精力去完成，需要我们认真思考适合公司的执行方式，只有每一步都遵照要求进行，最终的岗位价值评估结果与划分等级才会有较高的可信度，所以接下来我们将对每个步骤的具体内容进行讲解与说明。

2.岗位说明书的更新与规范

岗位说明书是企业人力资源管理职位体系中的基础说明文档，其主要作用是说明公司各岗位的主要工作内容、工作职责、汇报关系、工作结果、工作环境以及在岗人员任职资格条件等，例如学历、工作年限、能力素质、知识技能等。通常情况下公司对岗位说明书的编写、维护与更新存在一定周期，伴随公司发展与变化，定期对岗位说明书的内容进行更新与调整，在部门职责调整、岗位设置增减或任职资格条件变化时应对岗位说明书相应内容进行及时调整，从而保证其能正确反映公司的岗位信息。

岗位说明书也是公司进行岗位价值评估工作的重要依据，因此在进行岗位价值评估前必须对公司现有岗位说明书进行梳理，检查岗位说明书的内容是否与公司现实工作情况一致，并将内容用规范的描述方式统一，从而便于岗位说明书的使用者阅读与理解其中信息，降低使用者对信息理解偏差程度，并且通过对岗位说明书的梳理与更新，也是对公司现有职位体系的优化与改善，可谓一举两得。如果公司目前还暂时没有岗位说明书，这一过程也是对现有管理内容的补充，在书写岗位说明书的过程中也可以检查目前的岗位设置，解决岗位工作问题。具体岗位说明书模板如表 2-9 所示。

3.岗位价值评估方法的选择【核心】

在完成岗位说明书的更新与规范，为岗位价值评估工作做好基础后，我们便可以进入岗位价值评估方法的甄选环节，目前市场中有多种较为成熟的岗位价值评估方法，每种方法都通过不同维度、视角对岗位在公司内的价值贡献进行衡量与评价，目前较为常用的岗位价值评估方法有美世 3.0 岗位价值评估法、海氏岗位价值评估法、二十八因素评分法、排列法等，下面就几种常用方法的评价维度与解释说明进行讲解，在岗位价值评估时可根据公司管理需要选择较为适合的方法。

表 2-9　岗位说明书样表

<table>
<tr><td>职位名称</td><td></td><td>所属部门</td><td></td><td>职位编号</td><td></td></tr>
<tr><td>直接上级</td><td></td><td>下级岗位名称</td><td></td><td>有无兼职</td><td></td></tr>
<tr><td colspan="6">职位使命:(简单介绍该职位存在的价值与理由,突出该职位对组织独一无二的贡献)</td></tr>
<tr><td colspan="6">职责与主要工作</td></tr>
<tr><td>核心职责</td><td colspan="3">关键工作内容</td><td colspan="2">主要工作结果</td></tr>
<tr><td rowspan="7"></td><td colspan="3"></td><td colspan="2" rowspan="7"></td></tr>
<tr><td colspan="3"></td></tr>
<tr><td colspan="3"></td></tr>
<tr><td colspan="3"></td></tr>
<tr><td colspan="3"></td></tr>
<tr><td colspan="3"></td></tr>
<tr><td colspan="3"></td></tr>
<tr><td colspan="6">职位内部关系</td></tr>
<tr><td colspan="2" rowspan="5">企业内部联系
紧密部门/职位</td><td></td><td colspan="2" rowspan="5">企业外部联系
紧密的机构/部门</td><td></td></tr>
<tr><td></td><td></td></tr>
<tr><td></td><td></td></tr>
<tr><td></td><td></td></tr>
<tr><td></td><td></td></tr>
<tr><td colspan="6">任职资格要求</td></tr>
<tr><td>岗位任职资格要求</td><td colspan="5">年龄:
性别:
籍贯:
学历:
婚姻状况:
经验要求:
知识要求:
能力要求:
其他要求:</td></tr>
</table>

美世 3.0 岗位价值评估法

美世 3.0 岗位价值评估法是国际上最通用的两套评估方法之一，其是由多位从事岗位价值评估的资深专家长期研发而得到的，并经过美国最大的人力资源公司——美世咨询公司进一步开发、更新与维护，目前已经升级到第三版本。美世 3.0 岗位价值评估法不但可以比较全球不同行业、不同规模的企业，还适用于大型集团中各个分/子公司的职位比较。

美世 3.0 岗位价值评估法共有四个因素，10 个维度，总计 104 个级别，总分 1 225 分，每个级别之间间隔 25 分，评估结果可以分成 48 个级别，分别通过影响、沟通、创新和知识四个因素对岗位价值进行衡量与评估，其具体维度与级别划分规则如表 2-10 所示。

表 2-10　美世 3.0 分数区间及对应级别

分数区间	对应级别	分数区间	对应级别	分数区间	对应级别
26～50	40	426～450	56	826～850	72
51～75	41	451～475	57	851～875	73
76～100	42	476～500	58	876～900	74
101～125	43	501～525	59	901～925	75
126～150	44	526～550	60	926～950	76
151～175	45	551～575	61	951～975	77
176～200	46	576～600	62	976～1 000	78
201～225	47	601～625	63	1 001～1 025	79
226～250	48	626～650	64	1 026～1 050	80
251～275	49	651～675	65	1 051～1 075	81
276～300	50	676～700	66	1 076～1 100	82
301～325	51	701～725	67	1 101～1 125	83
326～350	52	726～750	68	1 126～1 150	84
351～375	53	751～775	69	1 151～1 175	85
376～400	54	776～800	70	1 176～1 200	86
401～425	55	821～825	71	1 201～1 225	87

因素 1：影响

影响因素主要考虑岗位在其职责范围内具有的影响性质和范围，并通过贡献度作为修正，从组织规模、影响层次和贡献度三个细分维度进行评估，如图 2-6 所示。

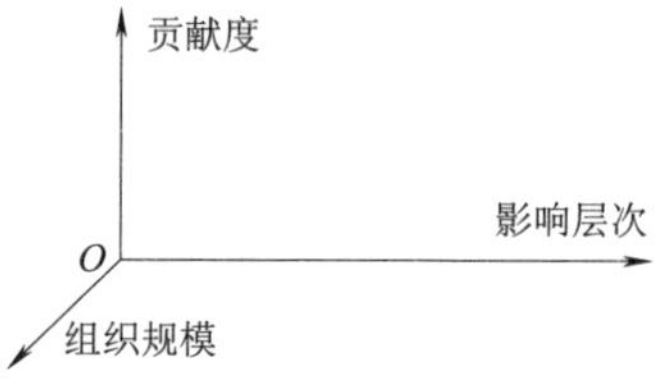

图 2-6　影响因素的维度

A. 组织规模

组织规模是岗位所处的组织（企业、公司）的规模大小，在同一组织内的所有岗位均按照确定的相同大小的组织规模进行评估，在确定组织规模时需要确认以下信息：①根据组织所在行业，比对表 2-11 机构类型倍数表，确定组织倍数。②使用组织倍数乘以组织的销售额、资产或成本，比对表 2-12 机构规模表，确定组织的资产程度水平。③根据组织员工数量，确定员工程度水平。④将资产程度水平与员工程度水平相加求和，除以 2 后得到组织规模水平。

表 2-11　机构类型倍数表

机构类别	倍　　数
根据销售额或收入	
制造和销售	20
商业服务	20
投资银行	20
装配和销售	8
保险	8
销售	5
零售	5
贸易	4
根据成本/预算	
制造业	20
研究和开发	20
政府服务	20
根据资产	
零售或商业银行	1
地产/物业	1

表 2-12　机构规模表

程度水平	经济规模(净销售额/资产,百万元)		公司员工人数	
	级别下限	级别上限	级别下限	级别上限
1	0	433	0	10
2	433	866	10	25
3	866	1 732	25	50
4	1 732	3 465	50	100
5	3 465	6 929	100	200
6	6 929	13 858	200	400
7	13 858	27 717	400	800
8	27 717	48 504	800	1 400
9	48 504	84 883	1 400	2 500
10	84 883	148 544	2 500	4 000
11	148 544	259 953	4 000	7 000
12	259 953	452 918	7 000	12 000
13	452 918	682 376	12 000	18 000
14	682 376	1 023 564	18 000	27 000
15	1 023 564	1 535 347	27 000	40 000
16	1 535 347	2 303 020	40 000	60 000
17	2 303 020	3 454 530	60 000	100 000
18	3 454 530	5 181 795	100 000	150 000
19	5 181 795	7 772 692	150 000	225 000
20	7 772 692	—	225 000	—

例如有一家保险公司,其年销售收入为 1.5 亿元,现公司有员工 1 100 人,则其组织规模程度水平确定如下:

收入程度水平=1.5×100 000 000×8÷1 000 000=1 200(百万元),对照表格确认级别为 3。

员工数量程度水平=1 100,对照表格确认级别为 8。

此保险公司的组织规模水平=(3+8)÷2=5.5,比重向经济规模倾斜,因此组织规模为 5。

B. 影响层次

影响层次分为交付性(产出性)、操作性、战术性、战略性、远见性五个层次。

交付性:岗位要求根据既定的规则、标准、流程等进行工作,交付或服务,多数非专业岗位属于交付性。

操作性:在既定的目标下工作并独立交付工作成果,多数专业岗位和基层管理执行类岗位属于操作性。

战术性:岗位要求通过确立组织的各种标准,并开发和实现新产品、流程,制订中期运作计划来支持组织整体战略的实现,某些参与对经营策略建议的岗位属于战术性。

战略性:岗位要求直接建立和实施影响组织长期发展的(通常为3—5年)公司级的主要长期经营策略。

远见性:岗位要求领导整个组织制订和实现组织的使命、愿景和目标。

C. 贡献度

贡献度分为有限、部分、直接、显著和首要五个层次。

有限:对于运作结果,仅有难以辨别的贡献。

部分:对于结果的取得具有易于辨认的贡献,但通常是间接贡献。

直接:对于决定结果取得的行动过程有直接和清晰的影响。

显著:对于结果的取得,具有显著的或根本的影响。

首要:对于结果的取得发挥着决定性的作用。

基于影响层次和贡献度各种类的组合方式,可确定不同的级别,如表2-13所示。

表2-13　贡献度

影　响	贡　献　度				
	有　限	部　分	直　接	重　要	主　要
交付性	1	2	3	4	5
操作性	4	5	6	7	8
战术性	7	8	9	10	11
战略性	10	11	12	13	14
远见性	13	14	15	16	17

最终通过组织规模的层级水平(20个)和影响与贡献度的层级水平(17个)可以决定岗位影响因素的具体分值,具体分值分布如表2-14所示。

表2-14　组织规模—影响度

影响	组织规模																			
	1	2	3	4	5	6	7	8	9	10	11	12	13	14	15	16	17	18	19	20
1	5	5	5	5	5	5	5	5	5	5	5	5	5	5	5	5	5	5	5	5
2	15	15	15	15	15	15	15	15	15	15	15	15	15	15	15	15	15	15	15	15
3	25	25	25	25	25	25	25	25	25	25	25	25	25	25	25	25	25	25	25	25
4	36	38	40	42	44	46	48	50	52	54	56	58	60	62	64	66	68	70	77	79
5	42	47	52	57	62	67	72	77	82	87	92	97	102	107	112	117	122	132	137	142
6	53	60	67	74	81	88	95	102	109	116	123	130	137	144	151	158	175	182	189	196
7	59	67	76	83	91	99	107	115	123	131	139	147	155	163	171	189	197	205	213	221
8	76	85	94	103	112	121	130	139	148	157	166	175	184	193	217	226	235	244	253	262
9	83	93	103	113	123	133	143	153	163	173	183	193	203	228	238	248	258	268	278	288
10	100	112	124	136	148	160	172	184	196	208	220	232	264	276	288	300	312	324	336	348
11	107	121	135	149	163	177	191	205	219	233	247	281	295	309	323	337	351	365	379	393
12	124	140	156	172	188	204	220	236	252	268	309	325	341	357	373	389	405	421	437	453
13	131	149	167	185	203	221	239	257	275	318	336	354	372	390	408	426	444	462	480	498
14	143	163	183	203	223	243	263	283	333	353	373	393	413	433	453	473	493	513	533	553
15	151	173	195	217	239	261	283	335	357	379	401	423	445	467	489	511	533	555	577	599
16	164	188	212	236	260	284	308	367	391	415	439	463	487	511	535	559	583	607	631	655
17	172	198	224	250	276	302	328	389	415	441	467	493	519	545	571	597	623	649	675	701

因素2:沟通

沟通因素主要用于衡量岗位所需要的沟通技巧,将岗位工作中最困难和最具挑战的沟通,通过沟通情景与沟通性质两个细分维度进行评估,如图2-7所示。

沟通情景

沟通性质

O

图2-7　沟通因素的维度

A. 沟通性质

沟通性质需要依据评价岗位履行职责过程中所"必须"进行的最高难度的沟通类型,并确认最高难度沟通类型的发生频率是经常还是偶尔，最终在传达、交互和交流、影响、商议、战略性谈判五个层次中选择。各层次详细解释如表 2-15 所示。

表 2-15　沟通性质

沟通性质层次	解释说明	沟通结果要求
传达	只需要获得或者提供信息，不需要对信息进行加工	将信息表述清晰，使对方明白
交互和交流	根据不同时间、地点、情景，灵活地表述和解释事实、事件、政策等，使对方理解	通过解释帮助对方理解信息的内容和意义
影响	说服他人接受已经确定的概念、观点和方法，沟通过程中需要根据对方的反馈对沟通内容进行少量的调整	通过分析使对方接受自己的观点
商议	说服他人接受完整的方案或计划，沟通的内容可以包括短期的运作问题、中期战术性问题和具有部分战略意义的问题。沟通中需要根据实时情况对沟通内容进行灵活调整	通过协商对讨论内容形成完整的协议
战略性谈判	说服具有不同观点、立场和目的的人达成具有战略意义的一致意见	共同达成战略性协议

B. 沟通情景

沟通情景主要考虑岗位的沟通范围是组织内部还是外部，以及沟通双方初始的立足点、意愿是一致的还是分歧的，由此在沟通情景可分为内部共享、外部共享、内部分歧和外部分歧四种类型，具体如表 2-16 所示。

表 2-16　沟通情景

沟通情景种类	定　　义	解释说明
内部共享	在组织内部，有对某问题达成一致的共同意愿	为了达成共同的特定目标和组织内部人员进行沟通
外部共享	在组织外部，有对某问题达成一致的共同意愿	与组织外部意愿或立场相符的人员进行沟通
内部分歧	在组织内部，目标或意愿的冲突使双方难以达成一致	与组织内部目标或角色有根本性冲突的人或团体进行沟通
外部分歧	在组织外部，目标或意愿的冲突使双方难以达成一致	与组织外部目标或角色有根本性冲突的人或团体进行沟通

备注说明：
内部：一个组织的内部。
外部：一个组织的外部。
共享：沟通双方的立足点、意愿是一致的，希望通过沟通达成共识。
分歧：双方中有一方没有沟通意愿或一方持强烈的否定或怀疑态度。

通过沟通性质和沟通情景两个细分维度，可确认沟通因素的评价分数，具体情况如表 2-17 所示。

表 2-17　沟通性质—沟通情景

沟通性质	沟通情景			
	内部共享	外部共享	内部分歧	外部分歧
传达	10	25	30	45
交互和交流	25	40	45	60
影响	40	55	60	75
商议	55	75	80	100
战略性谈判	70	90	95	115

因素 3：创新

创新因素主要用于评估岗位所需要的创新水平，需要明确岗位在工作程序、服务和产品方面的创新要求，主要通过创新复杂性和创新要求两个细分维度进行评估，如图 2-8 所示。

图 2-8　创新因素的维度

A. 创新要求

创新要求主要是岗位在履行工作职责时所需要对工作流程、方法、技术调整、修改、创造的能力，其对岗位的长期稳定存在有一定要求，而对于创新要求的层次而言，主要划分为跟从、核查、改进、提升、创造/概念化以及科学/技术突破共计 6 个层次，具体如表 2-18 所示。

表 2-18　创新要求

创新要求层次	定　　义	解释说明
跟从	和既定的原则、流程或技术对比，不要求变化	岗位要求遵守既定的、清晰的指导原则、流程或技术，不要求对现有的内容进行任何改变
核查	基于既定的原则、流程、技术解决个别问题	岗位要求在既定的原则、流程和技术框架下，纠正或解决某些环节的问题
改进	加强或改进某一技术、流程中环节的性能或效率	岗位要求对现有流程、产品、技术进行环节性的更新、修改以持续改进提高效率、性能

续表

创新要求层次	定　　义	解释说明
提升	提升整个现有的流程、体系或方法，做出重大改变	岗位要求对现有的流程、体系或方法进行整体性的提升，使其发生显著性变化，以达到性能、效率提升的目的
创造/概念化	创造新的概念或方法	岗位要求创造市场上原本不存在的新方法、技术和产品
科学/技术突破	在知识和技术方面形成并带来新的革命性变革	岗位要求开发新的、未使用过的科学或技术的思想或创新性方法

B. 复杂性

创新复杂性是岗位在职者在进行创新时所需要自己解决的问题的复杂程度，衡量对象是创新过程本身，复杂程度可以分为明确的、困难的、复合的和多维的四种层次，具体如表 2-19 所示。

表 2-19　复杂性

创新复杂性层次	解释说明
明确的	要解决的问题通常都属于某个单独的工作领域或种类，问题的范畴能够明确说明且容易理解
困难的	问题只能模糊不清地阐述，与其他范畴和工作领域有所交集，且不容易理解
复合的	问题需要得到全面的解决，需要考虑运营、财务或人力资源领域中的其中两个
多维的	问题涉及多个维度，需要在解决过程中全方位考虑运营、财务、人力资源三个领域的内容

通过创新要求和复杂性两个细分维度，可确认创新因素的评价分数，具体如表 2-20 所示。

表 2-20　创新因素评价表

创新要求	复杂性			
	明确的	困难的	复合的	多维的
跟从	10	15	20	25
核查	25	30	35	40
改进	40	45	50	55
提升	65	70	75	80
创造/概念化	90	95	100	105
科学/技术突破	115	120	125	130

因素 4:知识

知识因素是用于评价岗位工作中为达到目标和创造价值所需要的知识水平，而知识的获得可以通过多种渠道，如正规教育、工作经验、团队分享等，知识因素可通过知识要求、团队角色和应用宽度三个细分维度进行评估，如图 2-9 所示。

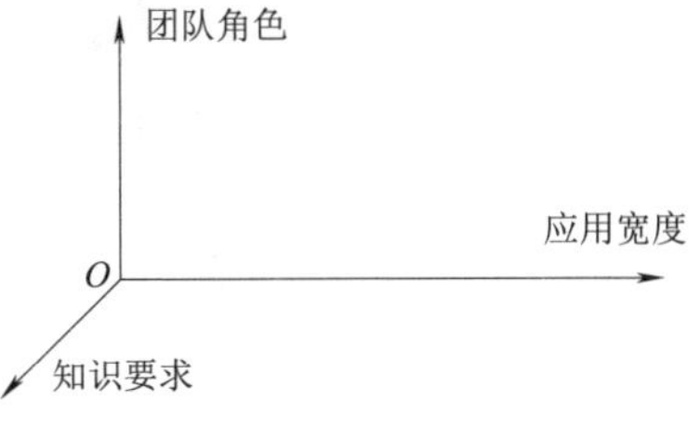

图 2-9　知识因素的维度

A. 知识要求

知识要求是履行岗位工作职责所需要的必备知识，此处的知识可通过正式的教育或者工作经验获得，其中既包含技术性、专业性的知识，也包含管理性知识，此处的知识要求只是任职的必备要求而不是最高要求。知识要求根据知识/技能的水平可分为以下五个层次，具体如表 2-21 所示。

表 2-21　知识要求

知识要求层次	定　　义	解释说明
有限的工作知识	掌握基本工作惯例和标准的基础知识，以履行狭小范围内的工作任务	岗位需要任职者在具备初级教育水平后，仅需要通过短期入职培训几个星期或 1～2 月，即可掌握岗位所需要知识
基本的工作知识	需要掌握岗位特定的业务知识和技能或者需要精通某种特定技术/操作	岗位需要任职者具备专科以上的教育背景，或在缺乏专业教育背景的情形下拥有该方面 3 年以上从业经验，才能掌握岗位特有的技能
宽泛的工作知识	需要在一个专业领域内，具有多个不同方面的广泛的知识和技能	岗位需要任职者具备学历教育后，需要一段时间(1～3 年)的实践之后广泛了解本领域内多个方面的知识才可以胜任岗位
专业知识	某个特定领域具备精通的专业技能和知识，并能够基于理论整合公司的实际	岗位要求任职者具备学历教育后，通过长期实践(3～5 年)，在某个特定领域达到精通，可以在实际中深入的应用理论
资深专业知识	一个职能内各个方面具备既深且广的知识和应用能力，对特定专业领域具备公司内部专家程度	岗位要求任职者在具备学历教育后，通过长期实践(5～8 年)，胜任此岗位需要在一个职能内多个不同方面具备深广的专业知识、实践经验，可以指导本职能内各方面工作

B. 团队角色

团队角色主要说明岗位要求以何种方式应用知识，即在工作中运用知识是通过领导一个团队的方式还是通过领导多个团队的方式。具体而言有以下三种划分层次，具体如表 2-22 所示。

表 2-22　团队角色

团队角色层次	定　义	解释说明
团队成员	独立工作，没有领导他人的直接责任	岗位只需任职者独立工作发挥专长，无领导他人责任
团队领导	领导团队成员（至少 3 个）工作，分配、协调、监督团队成员工作	岗位要求领导一个团队，团队内至少有 3 个团队成员以上
多团队经理	指导 2 个以上团队，决定团队的结构和团队成员的角色	岗位要求领导至少 2 个以上的团队，每个团队分别由一个团队领导进行管理

C. 应用宽度

应用宽度代表岗位要求的知识运用的环境或范围，反映出岗位知识运用所覆盖的地理范围，分为本地、洲际和全球三个层次，具体如表 2-23 所示。

表 2-23　应用宽度

应用宽度层次	定　义	解释说明
本地	一个国家或者具有相似经营环境的相邻国家	岗位要求只需要在一个国家范围内运用知识和技能
洲际	洲际地区（欧洲、亚洲等）	岗位要求在一个地区内几个国家运用知识和技能，负责一个大洲内多个国家内业务的运作
全球	全球所有区域	岗位要求在全世界所有地区运用知识，负责全球所有地区业务的运作

通过知识要求、团队角色以及应用宽度，即可以从知识深广度、使用角色以及使用范围对知识因素完成岗位评分，具体分布如表 2-24 所示。

表 2-24　知识要求宽度

知识要求	团队成员			团队领导			多团队经理		
	本地	洲际	全球	本地	洲际	全球	本地	洲际	全球
有限的知识	15	25	35	50	60	70	75	85	95
基本的知识	30	40	50	65	75	85	90	100	110
宽广的知识	60	70	80	95	105	115	120	130	140
专业知识	90	100	110	125	135	145	150	160	170
专业水平	113	123	133	148	158	168	195	205	215

续表

知识要求	团队成员			团队领导			多团队经理		
	本地	洲际	全球	本地	洲际	全球	本地	洲际	全球
功能性通才	135	145	155	170	180	190	195	205	215
宽广或深入的经验	158	168	178	193	203	213	218	228	238
宽广和深入的经验	180	190	220	215	225	235	240	250	260

在进行岗位价值评估时，根据岗位的职责特征匹配到各个因素中符合条件的级别中便可得到各因素的评分，最终将四项因素得分求和即为此岗位价值评估的结果，具体计算公式为：

评估得分＝影响因素得分＋沟通因素得分＋创新因素得分＋知识因素得分

海氏岗位价值评估法

海氏岗位价值评估法是由美国工资设计专家艾德华·海（Edward·Hay）在1951年时开发出来的，并由Hay Group（海氏集团公司）进行后续开发更新，是国际上常用的另一种岗位价值评估方法。其通过知能水平、解决问题能力以及承担的职务责任三大因素对岗位进行评价，并根据各维度相应的衡量标准完成对岗位的评估打分。海氏岗位价值评估法的体系逻辑关系是“投入—过程—产出”，即根据投入的知识技能来解决问题，完成应负的责任这种逻辑方式来对岗位的价值进行评价。其三大维度及各子因素说明信息如表2-25所示。

表2-25　海氏评价维度

评价因素	因素解释	子因素	子因素解释
知能水平	要使工作绩效达到可接受的水平所必需的专门知识及相应的实际运作技能的总和	专业理论知识	对该职务要求从事的职业领域的理论、实际方法与专门知识的理解。该子系统分为八个等级，从基本的（第一级）到权威专门技术的（第八级）
		管理诀窍	为达到要求绩效水平而具备的计划、组织、执行、控制、评价的能力与技巧。该子系统分为五个等级，从起码的（第一级）到全面的（第五级）
		人际技能	为达到要求绩效水平而具备的计划、组织、执行、控制、评价的能力与技巧。该子系统分为五个等级，从起码的（第一级）到全面的（第五级）

续表

评价因素	因素解释	子因素	子因素解释
解决问题的能力	在工作中发现问题，分析诊断问题，权衡与评价对策，做出决策等的能力	思维环境	指定环境对职务行使者的思维的限制程度。该子因素分八个等级，从几乎一切按既定规则办的第一级（高度常规的）到只做了含混规定的第八级（抽象规定的）
		思维难度	指解决问题时对当事者创造性思维的要求，该子因素分为五个等级，从几乎无须动脑只需按老规矩办的第一级（重复性的），到完全无先例可供借鉴的第五级（无先例的）
承担的职务责任	指职务行使者的行动对工作最终结果可能造成的影响及承担责任大小	行动自由度	职务在多大程度对其工作进行个人指导与控制，该子因素包含九个等级，从自由度最小的第一级（有规定的）到自由度最大的第九级（一般性无指引的）
		职务对后果形成的作用	该子因素包括四个等级： 第一级是后勤性作用，即只在提供信息或偶然性服务上出力 第二级是咨询性作用，即出主意与提供建议 第三级是分摊性作用，即与本公司内外其他部门和个人合作，共同行动，责任分摊 第四级是主要作用，即由本人承担主要责任
		职务责任	可能造成的经济性正负性后果。该子因素包括四个等级，即微小的、少量的、中级的和大量的，每一级都有相应的金额下限，具体数额要视公司的具体情况而定

在海氏岗位价值评估法中，各子因素都有对应的评价标准以及说明，具体各子因素及对应标准如表 2-26 到表 2-33 所示。

A. 专业理论知识

表 2-26　专业理论知识

等级	等级名称	说　明	举　例
1	基本的	熟悉简单工作程序	复印机操作员
2	初步业务的	能同时操作多种简单的设备以完成一个工作流程	接待员、打字员、订单收订员
3	中等业务的	对一些基本的方法和工艺熟练，需具有使用专业设备的能力	人力资源助理、秘书、客户服务员、电气技师
4	高等业务的	能应用较为复杂的流程和系统，此系统需要应用一些技术知识（非理论性的）	调度员、行政助理、拟稿人、维修领班、资深贸易员
5	基本专门技术	对涉及不同活动的实践所相关的技术有相当的理解，或者对科学的理论和原则基本理解	会计、劳资关系专员、工程师、人力资源顾问、中层经理
6	熟悉专门技术	通过对某一领域的深入实践而具有相关知识，或者/并且掌握了科学理论	人力资源经理、总监、综合部门经理、专业人士（工程、法律等方面）
7	精通专门技术	精通理论，原则和综合技术	专家（工程、法律等方面）、CEO、副总、高级副总裁
8	权威专门技术	在综合技术领域成为公认的专家	公认的专家

B. 管理诀窍

表 2-27　管理诀窍

等级	等级名称	说　　明	举　　例
1	起码的	仅关注活动的内容和目的，而不关心对其他活动的影响	会计、分析员、一线督导和经理、业务员
2	相关的	决定部门各种活动的方向、活动涉及几个部门的协调等	主任、执行经理
3	多样的	决定一个大部门的方向或对组织的表现有决定的影响	助理副总、副总、事业部经理
4	广博的	决定一个主要部门的方向，或对组织规划、运作有战略性的影响	中型组织 CEO、大型组织的副总
5	全面的	对组织进行全面管理	大型组织的 CEO

C. 人际技能

表 2-28　人际技能

等级	等级名称	说　　明	举　　例
1	基本的	对多数岗位在完成基本工作时均需基本的人际沟通技巧，基本沟通技巧要求在组织内与其他员工进行礼貌和有效的沟通，以获取信息和澄清疑问	会计、调度员、打字员
2	重要的	理解和影响人是此类工作的重要要求。此种能力既要理解他人的观点，也要有说服力以影响行为和改变观点或者改变处境，对于安排并督导他人工作的人，需要此类的沟通能力。	订货员、维修协调员、青年辅导员
3	关键的	需理解和激励人的岗位，需要最高级的沟通能力。需要谈判技巧的岗位的沟通技巧也属此等级	人力资源督导、小组督导、大部分经理、大部分一线督导、CEO、助理副总、副总

D. 思维环境

表 2-29　思维环境

等级	等级名称	说　　明
1	高度常规性的	有非常详细和精确的法规和规定作指导并可获得不断的协助
2	常规性的	有非常详细的标准规定并可立即获得协助
3	半常规性	有较明确定义的复杂流程，有很多的先例可参考，并可获得适当的协助
4	标准化的	有清晰但较为复杂的流程，有较多的先例可参考，可获得协助

续表

等级	等级名称	说　　明
5	明确规定的	对特定目标有明确规定的框架
6	广泛规定的	对功能目标有广泛规定的框架，是某些方面有些模糊、抽象
7	一般规定的	为达成组织目标和目的，在概念、原则和一般规定的原则下思考，有很多模糊、抽象的概念
8	抽象规定的	依据商业原则、自然法则和政府法规进行思考

E. 思维难度

表 2-30　思维难度

等级	等级名称	说　　明
1	重复性的	特定的情形仅需对熟悉的事情做简单的选择
2	模式化的	相似的情形仅需对熟悉的事情进行鉴别性选择
3	中间型的	不同的情形，需要在熟悉的领域内寻找方案
4	适应性的	变化的情形要求分析、理解、评估和构建方案
5	无先例的	新奇的或不重复的情形，要求创造新理念和富有创意的解决方案

F. 行动自由度

表 2-31　行动自由度

等级	等级名称	说　　明	举　　例
1	有规定的	此岗位有明确工作规程或者有固定的人督导	体力劳动者、工厂工人
2	受控制的	此岗位有直接和详细的工作指示或者有严密的督导	普通维修工、一般文员
3	标准化的	此岗位有工作规定并已建立了工作程序并受严密的督导	贸易助理、木工
4	一般性规范的	此岗位全部或部分有标准的规程、一般工作指示和督导。	秘书、生产线工人、大多数一线文员
5	有指导的	此岗位全部或部分有先例可依或有明确规定的政策，也可获督导	大多专业岗位、部分经理、部分主管
6	方向性指导的	仅就本质和规模，此岗位有相关的功能性政策，需决定其活动范围和管理方向	某些部门经理、某些总监、某些高级顾问

续表

等级	等级名称	说　　明	举　　例
7	广泛性指引的	就本质和规模，此岗位有粗放的功能性政策和目标，以及宽泛的政策	某些执行经理、某些副总助理、某些副总
8	战略性指引	有组织政策的指导，法律和社会限制，组织的委托	关键执行人员、某些副总、CEO

G. 职务对后果形成的作用

表 2-32　职务对后果形成的作用

等级	等级名称	说　　明	举　　例
1	后勤	这些岗位由于向其他岗位提供服务或信息对职务后果形成作用	某些文员、数据录入员、后勤员工、内部审计、门卫
2	辅助	这些岗位由于向其他岗位提供重要的支持服务而对结果有影响	工序操作员、秘书、工程师、会计、人力资源经理
3	分摊	此岗位对结果有明显的作用	介于辅助和主要之间
4	主要	此岗位直接影响和控制结果	督导、经理、总监、副总裁

H. 职务责任

表 2-33　职务责任

等级	等级名称	说　　明
1	微小	为其他部门的工作提供服务。一旦工作失误，会给其他部门的工作带来不便
2	略有	对实现公司的发展战略提供支持性服务。一旦工作出现错误，会造成其他部门工作效率的损失
3	中等	对实现公司的发展战略起到重要作用。一旦工作出现失误，会造成战略执行的偏差，或管理成本的陡增，或业务骤减，或重要客户资源丢失，或造成其他重大风险
4	巨大	制定公司的发展战略，位于公司的决策层。一旦工作出现失误，会给整个公司的发展造成重大的经济损失

在海氏岗位价值评估法中，三种因素（知能水平、解决问题能力以及承担的职务责任）的评价结果根据其子因素的标准组合方式得到，以不同的方式呈现，其中知能水平和承担的职务责任是以分数的方式呈现，而解决问题能力以百分数的方式呈现，各因素的结果分布情况如表 2-34、表 2-35、表 2-36 所示。

表 2-34　知能水平评价结果分布表

项　目		管理诀窍														
		起码的			相关的			多样的			广博的			全面的		
人际技能		基本的	重要的	关键的	基本的	重要的	关键的	基本的	重要的	关键的	基本的	重要的	关键的	基本的	重要的	关键的
专业理论知识	基本	50	57	66	66	76	87	87	100	115	115	132	152	152	175	200
		57	66	76	76	87	100	100	115	132	132	152	175	175	200	230
		66	76	87	87	100	115	115	132	152	152	175	200	200	230	264
	初等业务的	66	76	87	87	100	115	115	132	152	152	175	200	200	230	264
		76	87	100	100	115	132	132	152	175	175	200	230	230	264	304
		87	100	115	115	132	152	152	175	200	200	230	264	264	304	350
	中等业务的	87	100	115	115	132	152	152	175	200	200	230	264	264	304	350
		100	115	132	132	152	175	175	200	230	230	264	304	304	350	400
		115	132	152	152	175	200	200	230	264	264	304	350	350	400	460
	高等业务的	115	132	152	152	175	200	200	230	264	264	304	350	350	400	460
		132	152	175	175	200	230	230	264	304	304	350	400	400	460	528
		152	175	200	200	230	264	264	304	350	350	400	460	460	528	608
	基本专门技术	152	175	200	200	230	264	264	304	350	350	400	460	460	528	608
		175	200	230	230	264	304	304	350	400	400	460	528	528	608	700
		200	230	264	264	304	350	350	400	460	460	528	608	608	700	800
	熟练专门技术	200	230	264	264	304	350	350	400	460	460	528	608	608	700	800
		230	264	304	304	350	400	400	460	528	528	608	700	700	800	920
		264	304	350	350	400	460	460	528	608	608	700	800	800	920	1 056
	精通专门技术	264	304	350	350	400	460	460	528	608	608	700	800	800	920	1 056
		304	350	400	400	460	528	528	608	700	700	800	920	920	1 056	1 216
		350	400	460	460	528	608	608	700	800	800	920	1 056	1 056	1 216	1 400
	权威专门技术	350	400	460	460	528	608	608	700	800	800	920	1 056	1 056	1 216	1 400
		400	460	528	528	608	700	700	800	920	920	1 056	1 216	1 216	1 400	1 600
		460	528	608	608	700	800	800	920	1 056	1 056	1 216	1 400	1 400	1 600	1 840

表 2-35　解决问题能力评价结果分布表

思维环境	思维难度				
	重复性的	模式化的	中间型的	适应性的	无先例的
高度常规性的	10%	14%	19%	25%	33%
常规性的	12%	16%	22%	29%	38%
半常规性的	14%	19%	25%	33%	43%
标准化的	16%	22%	29%	38%	50%
明确规定的	19%	25%	33%	43%	57%
广泛规定的	22%	29%	38%	50%	66%
一般规定的	25%	33%	43%	57%	76%
抽象规定的	29%	38%	50%	66%	87%

表 2-36　承担的职务责任评价结果分布表

职务责任		微　小				略　有				中　等				巨　大			
职务对后果形成作用		间接		直接		间接		直接		间接		直接		间接		直接	
		后勤	辅助	分摊	主要	后勤	辅助	分摊	主要	后勤	辅助	分摊	主要	后勤	辅助	分摊	主要
行动的自由度	有规定的	10	14	19	25	14	19	25	33	19	25	33	43	25	33	43	57
		12	16	22	29	16	22	29	38	22	29	38	50	29	38	50	66
		14	19	25	33	19	25	33	43	25	33	43	57	33	43	57	76
	受控制的	16	22	29	38	22	29	38	50	29	38	50	66	38	50	66	87
		19	25	33	43	25	33	43	57	33	43	57	76	43	57	76	100
		22	29	38	50	29	38	50	66	38	50	66	87	50	66	87	115
	标准的	25	33	43	57	33	43	57	76	43	57	76	100	57	76	100	132
		29	38	50	66	38	50	66	87	50	66	87	115	66	87	115	152
		33	43	57	76	43	57	76	100	57	76	100	132	76	100	132	175
	一般性规范的	38	50	66	87	50	66	87	115	66	87	115	152	87	115	152	200
		43	57	76	100	57	76	100	132	76	100	132	175	100	132	175	230
		50	66	87	115	66	87	115	152	87	115	152	200	115	152	200	264
	有指导的	57	76	100	132	76	100	132	175	100	132	175	230	132	175	230	304
		66	87	115	152	87	115	152	200	115	152	200	264	152	200	264	350
		76	100	132	175	100	132	175	230	132	175	230	304	175	230	304	400

续表

职务责任		微　小				略　有				中　等				巨　大			
职务对后果形成作用		间接		直接		间接		直接		间接		直接		间接		直接	
		后勤	辅助	分摊	主要	后勤	辅助	分摊	主要	后勤	辅助	分摊	主要	后勤	辅助	分摊	主要
行动的自由度	方向性指导的	87	115	152	200	115	152	200	264	152	200	264	350	200	264	350	460
		100	132	175	230	132	175	230	304	175	230	304	400	230	304	400	528
		115	152	200	264	152	200	264	350	200	264	350	460	264	350	460	608
	广泛性指导的	132	175	230	304	175	230	304	400	230	304	400	528	304	400	528	700
		152	200	264	350	200	264	350	460	264	350	460	608	350	460	608	800
		175	230	304	400	230	304	400	528	304	400	528	700	400	528	700	920
	战略性指引的	200	264	350	460	264	350	460	608	350	460	608	800	460	608	800	1 056
		230	304	400	528	304	400	528	700	400	528	700	920	528	700	920	1 216
		264	350	460	608	350	460	608	800	460	608	800	1 056	608	800	1 056	1 400
	一般性无指引的	304	400	528	700	400	528	700	920	528	700	920	1 216	700	920	1 216	1 600
		350	460	608	800	460	608	800	1 056	608	800	1 056	1 400	800	1 056	1 400	1 840
		400	528	700	920	528	700	920	1 216	700	920	1 216	1 600	920	1 216	1 600	2 112

另一方面，在海氏岗位价值评估法中还需要考虑各岗位的“形状构成”，这种形状主要取决于知能和解决问题的两个能力因素相对于岗位责任这一因素与影响力的对比与分配关系，通常情况下岗位形状可分为三种类型，分别是“上山”型、“平路”型、“下山”型，具体而言：“上山”型岗位指岗位的责任比知能与解决问题的能力重要，比如公司总裁、销售经理、负责生产的干部等；“平路”型岗位指岗位的知能和解决问题能力在此类职务中与责任并重，例如会计、人力资源等职能岗位；“下山”型岗位指岗位的职责不及职能与解决问题能力重要，例如科研开发、市场分析等岗位。针对不同的岗位形态，海氏岗位价值评估法分别提供出了五种分配权重，需要我们根据对岗位职责的判断选择合理的权重分配。具体如表 2-37 所示。

表 2-37　岗位类型

类　型	知能水平和解决问题的能力	承担的责任
上山型	30%	70%
	40%	60%

续表

类　型	知能水平和解决问题的能力	承担的责任
平路型	50%	50%
下山型	60%	40%
	70%	30%

在完成三大要素评价并确定岗位的“形状构成”后，仍然依据岗位评估法的计算公式，我们就可以计算出最终的评价结果，具体计算公式为：

岗位评分＝知能水平和解决问题的能力权重×知能水平评价结果×(1＋解决问题的能力评价结果)＋承担的职务责任权重×承担的职务责任评价结果

表 2-38 为某公司使用海氏岗位价值评估法的各因素评价结果，三个岗位的评价分数分别如下。

表 2-38　海氏岗位价值评估示例表

岗位名称	知能水平	解决问题能力	承担职务责任	形状构成
人力资源专员	200	25%	57	平路型
JAVA 开发工程师	350	66%	264	下山型
销售副总监	1 216	87%	1 056	上山型

人力资源专员评价分数＝50%×200×(1＋25%)＋50%×57＝154(分)

JAVA 开发工程师评价分数＝70%×350×(1＋66%)＋30%×264＝486(分)

销售副总监评价分数＝40%×1 216×(1＋87%)＋60%×1 056＝1 543(分)

二十八因素评分法

二十八因素评分法，也称为 28 因素法，它是一种要素计点法，是国内企业开展岗位价值评估工作时常用的一种方法。28 因素法因评价因素为 28 个而得名，其通过选定岗位的主要影响因素，并对每一因素赋予一定分值，按照预先规定的衡量标准，对现有岗位的各个因素逐一比较与评估，最终通过求和的方式算得岗位分数。

28 因素法的评价因素主要包括四大类，即岗位职责因素、知识技能因素、岗位性质因素和工作环境因素。在 28 因素法中如果一个岗位承担的责任和风险越大、所需要的知识和技能越高、工作难度和复杂程度越高、工作环境越恶劣，则岗位被评价的等级和分数应该越高。一般情况下，28 因素法根据以上四项因素将总分值设置为 1 000分。选取 26 个因素进行举例说明，如表 2-39 所示。

表 2-39　28 因素法权重总表

责任因素 1		努力程度因素 3	
因素名称	分值	因素名称	分值
决策风险的责任	90	工作压力	55
经营损失的责任	40	脑力辛苦程度	50
决策的层次	60	体力要求	20
管理的责任	50	创新与开拓要求	55
内部协调的责任	30	工作量	35
外部协调的责任	35	工作时间特征	25
工作结果的责任	40	工作地点稳定性	20
组织人事的责任	50	合计	260
法律上的责任	25	工作环境因素 4	
合计	420	因素名称	分值
知识技能因素 2		环境舒适性	30
因素名称	分值		
理想学历要求	20		
知识广度	30		
知识深度	30		
工作复杂性	40		
语言文字应用能力	30		
计算机知识	30		
管理知识技能	30		
执行能力	40		
综合能力	40		
合计	290	合计	30
总计：1 000			

各因素详细说明与分值设置如表 2-40 所示。

表 2-40　各因素详细说明与分值设置

1　责任因素(420)		
等级	1.1　决策风险的责任	分数
	因素定义:在不确定的条件下,为保证经营、生产的顺利进行,维持公司合法权益所担负的责任,该责任的大小以失败后的损失和影响作为判断标准。	
1	无任何风险	0
2	仅有一些小风险,一旦发生问题,不会给公司造成多大影响	20
3	有一定的风险,一旦发生问题,给公司所造成的影响能明显感觉到	40
4	有较大的风险,一旦发生问题,会给公司带来较严重的影响	60
5	有极大风险,一旦发生问题,对公司造成的影响不仅不可挽回,而且会使公司发生经营危机甚至倒闭	90
等级	1.2　经营损失的责任	分数
	因素定义:在正常工作状态下,因工作疏忽而造成成本、费用、利息等额外损失所承担的责任。其责任大小,由损失金额的多少作为判断基准,并以月平均值为计量单位。	
1	不可能造成成本费用方面的损失或损失金额少于 3 000 元	5
2	造成较小的损失,损失金额在 3 000 元以上,10 000 元以下	10
3	造成较大的损失,损失金额在 10 000 元以上,20 000 元以下	18
4	造成重大的损失,损失金额在 20 000 元以上,100 000 元以下	28
5	造成不可估量的损失,损失金额在 100 000 元以上	40
等级	1.3　决策的层次	分数
	因素定义:在正常的工作中需要参与决策,其责任大小根据参与决策的层次高低作为判断基准。	
1	工作中常做一些小的决定,一般不影响他人	5
2	工作中需要做一些大的决定,只影响与自己有工作关系的部分一般员工	15
3	工作中需要做一些对所属人员有影响的决策	30
4	工作中需要做一些大的决策,但必须与其他部门负责人共同协商方可	45
5	工作中需要参与最高层决策	60
等级	1.4　管理的责任	分数
	因素定义:在正常权力范围内所拥有的正式领导管理职责。其责任的大小根据所管辖人员的层次和数量进行判断。(4 个基层员工可以折合成一个基层管理人员,4 个基层管理人员可以折合成一个中层管理人员,1 个中心主任可以折合成 2 个中层管理人员) 注:基层管理人员指班长、主管(业务主管除外)、项目经理;中层管理人员指各部门经理和实验室主任。	
1	不管理任何人,只对自己负责	0
2	管理 3 个及以下基层员工	5
3	管理 4～12 个基层员工,或 1～3 个基层管理人员	10
4	管辖 4～12 个基层管理人员,或 1～3 个中层管理人员	15
5	管辖 4～7 个中层管理人员	20
6	管辖 8～11 个中层管理人员	30
7	管辖 12 个及以上中层管理人员	40
8	管辖岗位中有高层管理人员	50

等级	1.5　内部协调的责任	分数
	因素定义：在正常工作中，需要指导各部门合作以顺利开展业务的协调活动。其责任大小以协调对象所在层次、人员数量及频繁程度和后果作为判断基准。	
1	不需要与任何人进行协调。若有，也是偶尔与总部门的一般员工	2
2	仅与总部门员工进行工作协调，偶尔与其他部门进行一些个人协调，协调不利一般不会影响自己或他人正常工作	5
3	与总部门员工和其他部门员工有密切的工作联系，协调不利会影响双方的工作	10
4	几乎与公司所有一般员工都有密切的工作联系，或与部分部门负责人有工作协调的必要，协调不利对公司有一定的影响	20
5	与各部门的负责人有密切的联系，在工作中需要保持随时联系和沟通，协调不利对整个公司有重大影响	30
等级	1.6　外部协调的责任	分数
	因素定义：在正常工作中需要维持密切的工作关系，以便顺利开展工作所负有的责任。其责任大小以对方的重要性作为判断基准。	
1	不需要与外界保持密切联系。若有，也仅限于一般工作人员，且偶然性极强	2
2	工作需要与外界几个固定部门的一般人员或供应商、协会发生较频繁的业务联系，所开展的业务属于常规性的	10
3	需要与客户、合作伙伴、经销商等保持密切的联系，联系的原因限于具体业务范围内	20
4	需要与政府部门的负责人保持密切联系，频繁沟通，联系的原因往往涉及重大问题或者重要决策	35
等级	1.7　工作结果的责任	分数
	因素定义：对工作结果承担多大责任，以工作结果对公司的影响大小作为判断标准。	
1	只对自己的工作结果负责	5
2	需要对自己所监督、指导的工作结果负责	10
3	对整个部门的工作结果负责	20
4	对整个中心或多个部门的工作结果负责	30
5	对整个公司的工作结果负责	40
等级	1.8　组织人事的责任	分数
	因素定义：在正常工作中，对人员的选拔、聘用、考核、工作分配、激励等具有法定的权利和责任。其责任大小以人事决策的层次作为判断基准。	
1	不负有组织人事的责任	0
2	仅对总部门一般员工有分配任务、考核、激励和提名的责任	10
3	对总部门一般员工具有分配任务、考核、激励和任命责任	20
4	对部门经理具有分配任务、考核、激励和任命的责任	30
5	对中心主任及以上具有分配工作任务、考核、激励和任命的责任	50
等级	1.9　法律上的责任	分数
	因素定义：在正常工作中需要代表公司拟定和签署具有法律效力的合同等文本，并对合同的结果负有相应的责任。其责任的大小视签约、拟定合同的重要性及后果的严重性作为判断基准。	
1	不涉及有法律效力的合同等文本	0
2	工作需要偶尔拟定有法律效力的合同等文本，受上级审核方可签约	5
3	工作需要拟定合同等文本，领导只做原则审核，个人承担部分责任	10
4	工作经常需要审核业务方面的合同或其他合同文本，并对合同等文本的结果负有主要责任	15
5	工作需要以法人资格签署有关合同等文本并对结果负全部责任	25

2　知识技能因素(290)		
等级	2.1　理想学历要求	分数
	因素定义:顺利履行工作职责所要求的理想学历要求,其判断基准按正规教育学历判断。	
1	无学历要求	0
2	高中或中专学历	5
3	大学专科	10
4	大学本科	15
5	硕士或双学士及以上	20
等级	2.2　知识广度	分数
	因素定义:在顺利履行工作职责时,需要使用多种学科、多个专业领域的知识。判断基准在广博不在精深。	
1	基本不需要使用其他学科的知识	0
2	偶尔需要使用其他学科的知识	5
3	较频繁的使用其他学科的一般知识	12
4	频繁地综合使用其他学科的专业知识	20
5	工作要求经常变换专业领域	30
等级	2.3　知识深度	分数
	因素定义:在顺利履行工作职能时需要一定深度专业技术知识和技能要求的程度。判断基准在于精深不在广博。	
1	工作需要较浅的专业技术知识和较简单技能	5
2	工作需要一般的专业技术知识和简单技能	15
3	工作需要较深入专业技术知识和一般技能,该知识需较长时间学习积累才可	30
等级	2.4　工作复杂性	分数
	因素定义:在工作中履行职责的复杂程度。判断基准根据所需要的判断、分析、计划水平而定。	
1	只需简单的提示即可完成工作,不需独立的分析和判断	5
2	偶尔需要进行简单的分析和判断,但可以依据已有规则或惯例处理	10
3	有时工作中涉及的影响因素较多,需要进行独立判断或计划,要求考虑如何工作才能妥善解决	20
4	工作时需要经常做独立判断和计划,要有相当高的解决问题的能力	30
5	工作要求高度的分析判断力和计划性,要求积极适应不断变化的环境和问题	40
等级	2.5　语言文字应用能力	分数
	因素定义:工作所需要实际运用语言文字知识的能力。	
1	要求能运用语言文字知识,编写一般信函、简报、便条、备忘录和通知	5
2	要求能较熟练的运用语言文字知识,编写汇报文件,总结(非个人)	10
3	要求能熟练运用语言文字知识,编写本所文件、一般性的研究或论证报告	20
4	要求能非常熟练运用语言文字知识,编写合同或法律条文、综合性研究或论证报告,重点突出,条理清晰	30

等级	2.6 计算机知识	分数
	因素定义：工作所要求的实际计算机操作水平。判断以常规使用的最低程度为基准。	
1	不需要具备计算机操作能力	0
2	需要具备简单计算机操作能力	5
3	需要具备熟练的计算机操作能力	15
4	需要具备相关专业软件的操作能力或开发能力	30
等级	2.7 管理知识技能	分数
	因素定义：为了顺利完成工作目标，组织协调相关人员进行工作所需要的素质和能力。判断基准是工作中进行组织协调的程度和组织协调工作的影响。	
1	工作中基本不需要管理知识	2
2	工作需要基本的管理知识和决断能力	5
3	需要较强的管理知识和决断能力来协调各方面关系	15
4	需要非常强的管理能力和决断能力，该工作影响到公司正常研发、经营与生产	30
等级	2.8 执行能力	分数
	因素定义：岗位工作职责是否需要执行上级决策，以执行的难度来判断。	
1	工作中主要执行的内容只与本岗位相关	5
2	工作中主要执行的内容与总部门相关	15
3	工作中主要执行的内容与多部门相关	25
4	工作中主要执行的内容与公司各部门相关	40
等级	2.9 综合能力	分数
	因素定义：为顺利履行工作职责所具备的人际交往、应变、沟通、影响能力的总体要求。	
1	工作性质单一，不太需要具备以上各项能力	2
2	工作性质要求具备一定的综合能力	10
3	工作性质要求具备较强的综合能力	20
4	工作性质要求具备很强的综合能力	40
	3 努力程度因素(260)	
等级	3.1 工作压力	分数
	因素定义：工作本身给任职者带来的压力。根据决策的迅速性、工作复杂性、工作挑战性以及任务要求来判断。	
1	工作中存在很小的压力	8
2	工作中存在一定的压力	20
3	工作中存在较大的压力	35
4	工作中存在很大的压力	55
等级	3.2 脑力辛苦程度	分数
	因素定义：在工作时对注意力集中程度的要求，根据集中精力的时间、频率进行判断。	
1	工作时以体力为主	5
2	工作时不须高度集中精力，只从事一般强度脑力劳动	15
3	少数工作时间必须高度集中精力，从事高强度脑力劳动	35
4	多数工作时间必须高度集中精力，从事高强度脑力劳动	50

等级	3.3　体力要求	分数
	因素定义：在工作中对体力的要求。	
1	几乎不需要体力劳动	5
2	工作时从事一般强度体力劳动	10
3	工作时从事较高强度体力劳动	15
4	工作时从事高强度体力劳动	20
等级	3.4　创新与开拓	分数
	因素定义：顺利进行工作所必需的创新与开拓的精神和能力的要求。	
1	全部工作为程序化、规范化的，无须开拓创新	5
2	工作基本规范化，偶尔需要开拓创新	18
3	工作时常需要开拓创新	35
4	工作性质本身即为开拓创新性的	55
等级	3.5　工作量	分数
	因素定义：正常履行该岗位职责时所需要付出的工作时间多少及工作节奏快慢。	
1	工作时间及工作节奏由自己掌握，没有紧迫感	5
2	8小时之内部分时间工作节奏较快，但持续时间不长，有时比较紧张	10
3	8小时之内工作节奏较快才能完成本职工作，明显感到工作紧张	20
4	为完成每日工作，需加快工作节奏，持续保持注意力高度集中，且需要经常加班	35
等级	3.6　工作时间特征	分数
	因素定义：工作要求的特定起止时间。	
1	按正常时间上下班	2
2	基本按正常时间上下班，偶尔需要加班	5
3	按正常时间上下班，经常需要加班	10
4	上下班时间按照工作具体情况而定，但有一定规律，自己可以控制、安排	15
5	上下班时间根据工作具体情况而定，且无规律可循，自己无法控制、安排	25
等级	3.7　工作地点稳定性	分数
	因素定义：工作时是否经常变换工作地点，主要根据出差的频繁程度或时间长短进行判断。	
1	基本不需要出差	0
2	偶尔需要出差，一年内累计出差的时间也比较短	5
3	经常需要出差，一年内累计出差的时间也比较长	10
4	频繁出差，或长期驻外	20
	4　工作环境因素(30)	
等级	4.1　环境舒适性	分数
	因素定义：工作时环境的噪音、光线、温度、湿度、气味、灰尘、办公空间大小等7项因素，环境舒适性以是否具备以上7项特征或具备的项数为判断标准。	
1	7项因素均感受为舒适	2
2	以上因素有1项存在不舒适，程度为轻微	5
3	以上因素有2项存在不舒适，或1项为中等或严重存在	10
4	以上因素有3项存在不舒适，或2项为中等或严重存在	15
5	以上6项因素中，至少有4项存在不舒适，或3项以上严重情况存在	20
6	各项因素会对身体某些部位造成损害致使产生痛苦	30

28 因素法的评分核算相对简单，即将 28 个因素的各项评价分数求和即可，其计算公式为

$$岗位评价分数 = \sum 各因素所获得评分$$

在现实使用过程中，28 因素法还可以根据公司实际需要，对评价因素进行适当增加和删减，以及评价等级、描述方式等进行适当调整，从而更加贴合公司实际使用，具有相对较好的适应性。

排列法

在岗位价值评估方法中，排列法是一种十分简单与便捷的评价方法，适用于小微企业、中小企业等岗位数量不是很多、决策相对集中和统一的公司中，其因评价所用时间短、操作简便而受到不少公司青睐。

在使用排列法时，我们会对公司所有岗位根据工作内容、工作职责、任职资格等不同维度进行综合比较，通常采用的是双岗位对比排列法，通过岗位之间进行两两比较，最终形成公司内岗位价值评估的排序结果。

在使用排列法时，我们需要先建立岗位排列比较表，并将公司内所有岗位分别列示于表格的横纵坐标中，如表 2-41 所示。

表 2-41　双岗位对比排列法

岗位名称	财务经理	人力经理	产品经理	采购经理
财务经理				
人力经理				
产品经理				
采购经理				

之后我们在岗位之间进行两两对比，依据岗位的工作内容、工作职责、任职资格等因素进行综合考虑，对岗位价值相对较高的岗位计“1”分，而对另外一个岗位计“0”分，例如财务经理与人力经理对比后，财务经理计 1，而人力经理计 0，依此类推我们完成所有岗位的比较，所得结果如表 2-42 所示。

最后我们对公司所有岗位的得分进行求和并由高到低进行排序，即可完成公司内的岗位价值评估工作，以上述表格为例的评价结果如表 2-43 所示。

表 2-42　双岗位对比排列法示例

岗位名称	财务经理	人力经理	产品经理	采购经理
财务经理		1	0	1
人力经理	0		0	0
产品经理	1	1		1
采购经理	0	1	0	

表 2-43　评价结果示例

岗位名称	评估结果	评估排序
产品经理	3	1
财务经理	2	2
采购经理	1	3
人力经理	0	4

我们可以看到，排列法岗位价值评估方法在评价过程和结果呈现方面都相对容易，但是其因评价过程模糊，仅存在于评价者头脑之中而不利于进行对外解释，所以这种方法的适用范围相对有限。

4.岗位价值评估专家委员会的建立

选取岗位价值评估方法之后，我们下一步将要进行的是选择评价人员，即建立公司岗位价值评估专家委员会(简称“专家委员会”)，专家委员会应由一位组长和若干成员构成，通常组长是由公司总经理或者专家中职位较高者担任，负责对评价过程中的关键事项进行决策，委员会组员的其他成员在人员数量、结构、质量等方面都有相应的要求。

(1)专家委员会的人数范围

在人员数量方面，专家委员会通常选择在 9～13 人的范围之内，人数过少会使评价结果仅代表少数人的价值观念，与整个公司的价值导向相偏离，而人数过多则会导致价值意见过多，不易归纳、整理与总结，价值评估活动的组织与协调成本过高，所以综合考虑评估结果与成本，人数选择在 9～13 人为宜。同时委员会人数方面应选择奇数，这样便于在有争议问题时可以通过投票表决的方式解决。

(2)专家委员会的层次组成

在人员结构方面，专家委员会的组成应包含公司各主要层级和群体员工，高层、中层、基层管理者以及普通员工，因为各个层次人员对公司岗位的了解程度、价值观念会存在不同程度的差异，只有综合各方意见才能够形成相对公平、合理的岗位价值评估结果，而不会局限于某一层次的价值导向之中。同时各层级均有参与，使各层次的人员对评价结果相对容易接受，能大幅度降低岗位价值评估结果的推行难度，对整个薪酬体系优化或变革工作有很大帮助。

(3)专家委员会成员要求

在人员质量方面，专家委员会的人员需要在公司内有一定的任职时间，通常情况下不少于 3 年，需要了解公司的企业文化、价值观，且对公司内主要岗位发挥的作用有一定的认识与了解。对于新成立不久而进行岗位价值评估的公司，可以由公司主要高层领导、中层管理者以及核心员工组成专家委员会。

(4)专家委员会前期沟通讲解

选取专家委员会成员后，组织方(一般是公司人力资源部)需要在正式进行岗位价值评估前与专家委员会成员进行一对一沟通，向各位专家委员会成员沟通其被选择为专家委员会成员，并就岗位价值评估工作相关事宜进行说明，使其理解岗位价值评估工作对公司发展的重要意义与作用，同时因岗位价值评估涉及每个员工的切身利益，所以需要请其在结果宣布之前，严格做好保密工作。

许多公司缺少岗评前与专家委员会成员的一对一沟通，导致专家到岗评现场后才知道自己来参加的活动是什么，从思想与态度上都没有及时进行调整，使得岗位价值评估现场的评价效果受到影响。如果没有足够的时间进行一对一沟通，也可以在岗位价值评估培训工作前，由公司领导统一进行宣贯说明，使各位专家对岗位价值评估引起足够的重视。

最后在沟通之后，一定要通过公司邮箱向各位专家委员会成员分别发送一封正式的邀请函，体现出公司对本次岗位价值评估工作的正式性和严肃性。

5.评估专家委员会专项培训

许多公司进行岗位价值评估时，会将专家委员会组织到会议室内，之后下发评估材料现场阅读，随即就开始根据岗位说明书进行岗位价值评估，但是收回评分数据之后发现不是十分理想，而这正是缺少进行岗位价值评估培训所导致的。

在进行岗位价值评估前，组织方应对专家委员会成员进行一次岗位价值评估的专项培训，培训目的主要有四个方面。

①使专家组成员充分熟悉岗位价值评估工具，对其中评价维度、概念有较为深入地学习与理解。

②明确岗位价值评估的基本规则，即评价基于岗位职责，而不是专家印象中的岗位任职者。

③岗位价值评估工作的纪律，严肃性、专业性与正式性，例如对岗位评价内容、过程及结果进行保密，在正式评价过程中不能相互交流、不能外出接打电话等。

④解答专家委员会成员关于岗位价值评估工具的相关疑问。

专项培训的效果会在很大程度上影响岗位价值评估结果的质量，所以组织者需要对专项培训给予高度的重视，从培训课件制作、培训环节设置、问题解答准备等都需要仔细设计与安排。一方面良好的培训准备能够提高专家委员会成员对于培训内容的学习效果，更好地达到培训目的，另一方面也能通过良好的培训准备与安排使各专家委员会成员意识到公司对岗位价值评估工作的重视。

6.岗位价值评估典型岗位试评估

为了尽可能提高岗位价值评估结果的质量，在开展岗位价值评估专项培训后，我们可以组织专家委员会对少量典型岗位进行试评估，并通过对试评估过程中发现的问题进行处理与解答，从而减少同类问题出现在正式评价中。

一般在试评估阶段，我们会选取岗位说明书中 10～20 个典型岗位，最好是在各个序列（销售、业务、技术、管理、职能等）中均有涉及，之后逐个岗位下发岗位说明书请专家委员会进行评价，每评价完成一个岗位后便将各位专家的评价结果收回，对数据进行现场对比、统计与分析，在试评估阶段我们对专家评分结果是采用记名制的方式进行，这样操作是便于我们对偏离原因进行沟通与交流，解决相关问题。

在试评估阶段主要需要关注两个方面，分别是总分偏离程度和单项因素偏离程度。总分偏离程度主要是将各专家评分结果求出平均数，然后观察各专家与平均分之间的偏离程度，一般认为如果专家偏离平均分程度超过30％的人数不超过专家委员会总人数的30％就是合理的，反之如果超过30％的人数超过总人数的30％，我们就需要仔细分析造成该岗位平均分偏离的原因，找出是由于哪些因素评分产生偏离而导致总分偏离，并组织专家组对该项目展开讨论；单项因素偏离程度主要是将各专家评分的各因素情况进行横向比较，首先求得某因素选择最多的项目(众数)，然后对该因素中偏离程度大于2个层次统计个数，若个数超过专家委员会总人数的30％或者存在偏离程度大于4个层次的情况时，我们需要对该岗位的该因素进行专门讨论，请打分不同的专家，尤其是偏离程度较大的专家进行解释与说明，并根据讨论结果共同修正评价结果。通过对以上偏离情况解释、说明与讨论，能够使专家委员会对各因素评价标准认知进行调整与修正，并逐渐趋于一致，这样可以尽可能减少正式岗位价值评估过程中因“评价标准认知不同”而产生的偏差，从而提升岗位价值评估的结果质量。

7.完成正式岗位价值评估【核心】

经过试评估环节后，正式岗位价值基本可以确保评价质量，正式岗位价值评估的基本环节与试评估阶段基本一致，其步骤为下发评价岗位说明书→在主持人带领下阅读岗位说明书信息→专家对岗位进行各因素评分→进入下一岗位评价。

在正式评价中有两点与试评价中有所不同，需要组织者引起高度注意。

①正式岗位价值评估时是采用匿名制的，这种做法是为了消除专家委员会成员的顾虑，使其可以专心进行评价。

②正式岗位价值评估时是在完成一定数量(如20、30、50个岗位)之后再进行统一收集，这样可以保持专家评价思维的连续性，提升评价工作效率。

在所有岗位完成岗位价值评估之后，我们可以请专家委员会成员在会议室内进行短暂的休息，并准备少许茶歇和饮品，而组织者需要利用这段时间对各位专家的评分结果进行汇总与核算。

8.岗位价值评估分数的汇总、整理与核算

在收集到专家委员会各位成员的评分结果之后，我们需要用提前准备好的 Excel 工具表完成评价结果的汇总、核算与分析，其中包括求出岗位的评价分数以及偏离人数比例，其计算公式为：

岗位评价分数＝(∑各岗位评价分数－评价分数最高分－评价分数最低分)÷(评价人数－2)或者∑各岗位评价分数÷评价人数；

偏离人数比例＝与平均分偏离超过 30％的专家人数÷评价人数

对偏离人数比例超过 30％的岗位，我们需要提供该岗位的平均分值，以及评价分数最高分和评价分数最低分，由专家委员会共同讨论，对评价分值进行修正调整；而对于偏离人数比例超过 50％的岗位，需由主持人引领专家委员会重新阅读岗位说明书，对其内涵进行明确，重新评价。在处理偏离程度问题时，我们建议先处理 30％～50％的岗位，之后再进行 50％以上的岗位，因为 50％以上的岗位一方面是少数，另一方面是专家委员会经过岗位价值评估均已疲惫，直接开始再次评价可能出现错误，先处理较为简单的 30％～50％的岗位也是一种休息与缓解疲劳的方式。

在所有岗位处理后，组织者将参加本次岗位价值评估的全部岗位的岗位名称及岗位价值评估结果(分数)统一罗列出来，请专家委员会进行审议和确认，在无异议之后便代表着正式评价阶段工作的结束。

9.岗位价值评估准确性检测——回归拟合校验

得到岗位价值评估结果后，我们需要将岗位价值评估结果与标杆市场薪酬进行线性回归检测，通过对分值与薪酬金额使用 Excel 进行线性回归拟合，如果薪酬曲线呈线性回归，则代表薪酬体系是合理的，否则说明岗位评价存在一定偏差，不够准确，我们需要找到这些导致偏离的岗位并分析原因。在拟合时有一个前提，回归拟合效度检测是假设市场工资水平调查准确的情况下才是有效的，但是市场工资水平只能

做到相对准确，并不能完全准确，所以在市场薪酬相对准确的情况下，回归拟合效度检测曲线效度检测是相对有效的，我们以 A 销售公司为例来看一下回归拟合效度检测的情况。

表 2-44 是 A 销售公司的岗位价值评估结果，其年销售额在 1.8 亿元左右，现有人数为 95 人左右。A 销售公司的岗位价值评估根据公司管理需要，对二十八因素法进行适当调整，按照责任因素、知识技能因素、努力程度因素和工作环境因素对各岗位进行评价，得到如表 2-44 所示的评价结果。

表 2-44　A 销售公司岗位价值评估结果

岗位名称	责　任	知识技能	努力程度	工作环境	总分值
J 总经理	459	375	55	30	919
J 财务部总监	338	315	40	30	723
J 人力部总监	318	305	40	30	693
I 事业部总监	318	305	40	30	693
K 事业部总监	318	305	30	30	683
L 事业部总监	318	305	30	30	683
J 物流部总监	318	285	40	30	673
J1 总监	318	290	30	30	668
J2 总监	318	290	30	30	668
J 舆情部总监	318	290	30	30	668
J 采购部总监	318	285	30	20	653
J 部财务经理	256	260	30	20	566
I 项目经理	256	245	30	30	561
I 物流经理	256	240	40	20	556
J 人力部经理	241	250	25	20	536
L 销售经理	231	245	25	30	531
I 项目经理	231	245	25	30	531
J 大客户经理	256	245	20	10	531
J 项目经理	231	245	25	30	531
J 采购经理	241	240	30	20	531
K 销售经理	231	245	25	30	531
I 质管经理	251	230	25	20	526

续表

岗位名称	责　任	知识技能	努力程度	工作环境	总分值
K 项目经理	246	225	20	30	521
J 后勤部经理	236	225	30	10	501
J 专家服务经理	206	245	20	20	491
K 事业部销售主管	201	215	25	30	471
J 商务部经理	201	225	20	10	456
J 核算副经理	206	210	25	10	451
I 事业部主管	171	215	25	10	421
I 库房主管	186	200	25	10	421
J 采购部主管	171	205	20	10	406
J 会计主管	166	195	25	10	396
K 事业部主管	176	165	20	20	381
J 后勤部主管	171	170	25	10	376
J 薪酬绩效专员	176	180	10	10	376
K 部业务员	151	175	10	30	366
J1 服务助理	136	210	10	10	366
J2 服务助理	136	200	10	10	356
L 事业部业务员	136	175	10	30	351
J 招聘专员	146	180	10	10	346
I 部业务员	146	155	10	30	341
J 培训专员	146	170	10	10	336
J 商务专员	136	180	10	10	336
J 部出纳主管	151	150	25	10	336
L 部业务员	146	150	10	30	336
L 客服专员	126	170	10	10	316
J 后勤部司机	116	150	10	30	306
J 会计	136	140	10	10	296
J 外联专员	86	190	10	10	296
J 采购员	86	170	10	10	276
J 业务员	96	135	10	30	271
K 销售内勤	81	170	10	10	271
I 销售内勤	86	145	10	10	251
J 档案专员	76	135	10	30	251

续表

岗位名称	责　任	知识技能	努力程度	工作环境	总分值
J 前台文员	66	165	10	10	251
J 库管员	111	110	10	10	241
J 法务专员	66	150	10	10	236
J 后勤专员	71	135	10	10	226
J 财务部出纳	81	105	10	20	216
L 业务助理	76	95	10	20	201

根据本公司标杆岗位的市场薪酬与本公司岗位价值评估分数，样表如 2-45 所示。

表 2-45　检测岗位测评分数效度

职位名称	岗位价值分数	标杆岗位市场薪酬
J 财务部总监	723	19 218
J 采购部总监	653	15 919
I 项目经理	531	9 179
K 事业部销售主管	471	7 066
J 采购部主管	406	6 208
K 部业务员	366	6 088
L 客服专员	316	4 425
L 业务助理	201	3 389

利用指数函数模型，可直接在 Excel 中输入以上表格中的数据，即可得出“指数回归拟合图”，具体如图 2-10 所示。

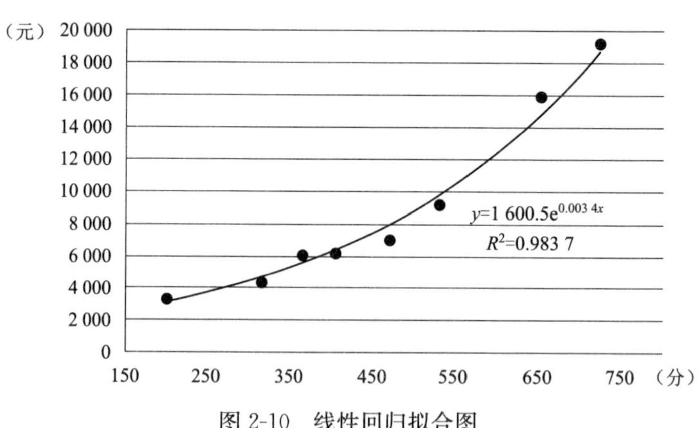

图 2-10　线性回归拟合图

其中 R^2 代表拟合程度，拟合程度越好 R^2 的值越接近 1，一般情况下 R^2 高于 0.85 则说明拟合情况较好，反映出岗位价值评估结果与市场薪酬水平趋势较为一致，评价准确。得到了岗位价值评估结果之后，接下来我们要做的是对评价结果的分值进行等级划分，绘制薪酬矩阵，此部分内容详见本书“第二章第三节：薪酬矩阵绘制”。

10. 岗位价值评估的相关思考【重要观点】

岗位价值评估作为一门科学的评估方法，常在公司进行薪酬体系变革时，由外部咨询公司协助本公司进行现行薪酬体系改革时使用，通过使用科学、规范、有效的价值评估方法，让员工对岗位价值评估的结果认为是公平、可信的，从而有力推动薪酬体系变革或优化工作。

提前需要说明一点，岗位价值评估有时候会多少存在偏差，不是完全准确的，因为它在评价过程中本身带着一定的非定量标准。HR 在学习岗位价值评估的各种要素时都觉得难，从其中的概念解释、计算方法到具体的项目评分，都需要进行大量研读与分析，更何况在评估时还需要让其他部门的参加人员进行现场学习。这也是本书为什么强调大家一定要学习好业务流程和组织架构，因为业务流程理解透彻，公司中的价值链条才会清晰，内部的价值分布才能有所明确，再结合具体岗位说明书，了解了公司岗位的特性以及相应的任职资格条件，依据组织架构的设计，可以直接将职位等级划分出来，而后结合市场薪酬及企业战略，最终再由高层领导做出决策，薪酬体系就相对高效率地完成了。

相对而言，岗位价值评估是一个劳心劳力的事情，读者可能会思考，公司在构建或优化薪酬体系时，是否一定需要进行岗位价值评估呢？这一问题需要结合各种原因来做决定。如果请外部咨询公司做薪酬体系设计，建议在做优化时还是要进行岗位评价。但是如果是由人力资源部发起进行薪酬体系优化，可以采取内部评价的方式进行，将岗评结果作为参考即可，人力资源部在内部发起优化时，最重要的任务是做好薪酬调查，以解决外部公平性的矛盾和问题。

第三节　薪酬矩阵绘制

本节学习要点

薪酬矩阵绘制是薪酬体系建设的核心，其主要用以确定公司的薪酬水平总额与薪酬结构。薪酬矩阵通过将外部薪酬数据与内部岗位价值评估结果相结合，实现薪酬外部竞争性与内部公平性的统一，构建良好的薪酬公平环境，为公司发展提供支持作用。结合先前的岗位价值评估与薪酬调研后确定的薪酬策略，我们便可以进行薪酬矩阵的绘制工作，一般薪酬矩阵的绘制包括薪级划分与薪级中位值的确定，设置薪级带宽与确定上下限，设计薪档数量与确认档差，薪级叠幅验证四个步骤。薪酬矩阵绘制过程中需要对数据进行大量计算与分析，其中涉及一部分数学公式与 Excel 操作技巧，而这些内容都将在本节中进行呈现与讲解。

1.薪级划分【核心】

薪级划分是绘制薪酬矩阵的第一步，它是通过岗位价值评估结果分布结合薪酬策略完成的，是我们在薪酬矩阵绘制时的关键步骤。在进行岗位价值评估结果与薪级构建时，我们常采用以下两种方法处理。

(1)等距划分法

等距划分法指在进行薪级划分时，以某一固定分数为起点，按照相等的分数差值来进行薪级划分的一种方法，这也是进行薪级划分的一种常用方法，其划分方法相对容易使员工接受。例如上一节中举例说明的 A 销售公司的岗位价值评估结果，其薪级就是以 200 分作为起点，按照 50 分的固定差值进行的划分，最终将岗位划分为1～18的薪级。

(2)不等距划分法

不等距划分法与等距划分法相对，指在进行薪酬划分时，以某一固定分数为起点，按照某种规则对每一级别的分数区间进行薪酬划分的一种方法，这种方法通常是为了实现公司的部分管理目的，需要有某些企业文化进行支撑才能便于员工的理解与接纳。仍然以上一节所举案例为例，我们仍然以 200 分作为起点，初始级差为 15 分，之后按照每 3 分的速度增加级差（即 1 和 2 级之间级差为 15 分，2 和 3 级之间相差 18 分，3 和 4 级之间相差 21 分，依此类推），形成的薪级划分等级规则如表 2-46 所示。

表 2-46　薪级划分等级规则表

区间分数下限	区间分数上限	级　差	薪　级	区间分数下限	区间分数上限	级　差	薪　级
200	215	15	1	457	499	42	10
221	239	18	2	500	545	45	11
240	261	21	3	546	594	48	12
262	286	24	4	595	646	51	13
287	314	27	5	647	701	54	14
315	345	30	6	702	759	57	15
346	379	33	7	760	820	60	16
380	416	36	8	821	884	63	17
417	456	39	9	885	951	66	18

在此薪级划分规则下，对上述案例中的岗位价值评估结果进行重新划分薪级，具体薪级划分结果如表 2-47 所示。

表 2-47　薪级划分

岗位名称	总 分 值	等　级	岗位名称	总 分 值	等　级
J 总经理	919	18	J 财务部经理	561	12
J 财务部总监	723	15	I 项目经理	556	12
J 人力部总监	693	14	I 物流经理	536	11
I 事业部总监	693	14	J 人力部经理	531	11
K 事业部总监	683	14	L 销售经理	531	11
L 事业部总监	673	14	I 项目经理	531	11
J 物流部总监	668	14	J 大客户经理	531	11
J1 总监	668	14	J 项目经理	531	11
J2 总监	668	14	J 采购经理	531	11
J 舆情部总监	653	14	K 销售经理	526	11
J 采购部总监	566	12	I 质管经理	521	11

续表

岗位名称	总分值	等级	岗位名称	总分值	等级
K 项目经理	501	11	J 培训专员	336	6
J 后勤部经理	491	10	J 商务专员	336	6
J 专家服务经理	471	10	J 部出纳主管	336	6
K 事业部销售主管	456	9	L 部业务员	336	6
J 商务部经理	451	9	L 客服专员	316	6
J 核算副经理	421	9	J 后勤部司机	306	5
I 事业部主管	421	9	J 会计	296	5
I 库房主管	421	9	J 外联专员	296	5
J 采购部主管	406	8	J 采购员	276	4
J 会计主管	396	8	J 业务员	271	4
K 事业部主管	381	8	K 销售内勤	271	4
J 后勤部主管	376	7	I 销售内勤	251	3
J 薪酬绩效专员	376	7	J 档案专员	251	3
K 部业务员	366	7	J 前台文员	251	3
J1 服务助理	366	7	J 库管员	241	3
J2 服务助理	356	7	J 法务专员	236	2
L 事业部业务员	351	7	J 后勤专员	226	2
J 招聘专员	346	7	J 财务部出纳	216	1
I 部业务员	341	6	L 业务助理	201	1

2.薪级—职级的匹配【核心】

在完成薪级划分，进行下一步确定具体各薪级数值之前，我们还有一个步骤需要提前完成，即公司内薪级与职级的匹配。职级是在公司职位体系中必不可少的一个概念，其主要用于对公司内各个职位进行管理。在不同公司中，对职级与薪级的管理方式存在着两种不同的管理方式，其中所蕴含的管理思想也有所差异，主要有统一设置与独立设置两种形式。

(1)岗位职级与薪级统一设置

此种方法将岗位价值评估划分等级的结果直接确定为各岗位的职级与薪级，职级与薪级的概念在这种方法下几乎相同，员工薪级与职级在价值体现上呈现一致，薪酬体系日常管理成本相对较小，员工对职级与薪级之间的关系理解也相对简单、容易，管理方式相对统一。此方法多用于公司初次构建职位体系和薪酬体系或者对薪酬体系整体进行变革之时，适用于公司逐渐进行规范化管理或者人力资源管理人员相对有限的公司。在使用这种方法时，我们在进行薪酬调研与数据处理时就要有意识地对薪酬数据进行等级划分，很多第三方机构的薪酬评价方法（例如美世、海氏、太和顾问等），其所使用的岗位价值评估方法已经考虑到行业、企业规模、盈利能力等公司层面的差异因素，使其评价结果（岗位等级）可直接对应其方法论中的薪级位置，从而便于岗评结果与市场薪酬数据的对接工作。

（2）岗位职级与薪级独立设置

此种方法将公司职位体系与薪酬体系分别进行独立管理，将职级与薪级独立设置，并在两个体系之间构建起对应关系。这种方法在管理中优缺点并存。

优点主要体现在三个方面：

①公司独立设置职位体系，完整的职位通道体系可让全体员工看到晋升的希望。以技术部门工程师岗位进行举例，初级技术专员→中级技术专员→高级技术专员→初级工程师→中级工程师→高级工程师→技术主管→技术经理→技术总监→总经理，使员工能够清晰地知道自己在职位通道的位置和未来的发展方向。有些职级的岗位在公司当前的发展阶段可能并不存在，也不存在相关职位应匹配的薪级，独立设置职位体系让员工可以看到公司的发展布局，给予员工清晰的愿景，即员工与公司共同努力，让公司发展壮大，当公司发展到一定程度，员工的职级晋升自然就会兑现。

②独立设置职位体系可以起到薪酬保密的作用，在对公司员工发布职位体系时，可以让员工看到具体晋级或者职务晋升标准，而薪级数据一般不公布。

③这种方法多用于公司原先拥有完整的职位体系，而单独进行薪酬体系优化的情况，或者职位体系的管理用其独有的管理目的，所以将职位体系与薪酬体系的管理分割开来，相互独立管理。

缺点主要体现在两个方面。

①在这种设置方法下，员工在职级和薪级的信息理解方面可能会存在一定的难度与偏差，因为相同职级（例如部门经理 M2）可能对应的薪级不同（例如财务部的部门经理为 10，而行政部的部门经理为 8）或者职级上 M2 与 P6 相同但是待遇方面有所差异，因此需要有专门的薪酬人员负责向员工解答此方面疑问。

②这种方法相比于统一设置方法所消耗的管理成本更高，通常情况下需要有专门的人力资源薪酬岗位工作人员负责日常管理与维护，并且其涉及两个体系之间的联动工作也相对复杂。

将以上薪级划分结果进行充分分类与整理，便可与公司的职位体系进行对接，完成薪级—职位矩阵表，仍以 A 销售公司为例，具体如表 2-48 所示。提供某生产公司的薪酬—职位矩阵表，作为案例参考，如表 2-49 所示。

表 2-48　薪级—职位矩阵表（销售公司）

薪级	J 管理序列	J 专业序列	I 事业部	K 事业部	L 事业部
18	J 总经理	—	—	—	—
17	—	—	—	—	—
16	—	—	—	—	—
15	J 财务部总监	—	—	—	—
14	J 人力部总监 J 物流部总监 J1 总监 J2 总监 J 舆情部总监	—	I 事业部总监	K 事业部总监	L 事业部总监
13	—	—	—	—	—
12	J 采购部总监 J 部财务经理	—	I 项目经理	—	—
11	J 人力部经理 J 大客户经理 J 项目经理 J 采购经理	—	I 物流经理 I 质管经理 I 项目经理	K 销售经理 K 项目经理	L 销售经理
10	J 后勤部经理	J 专家服务经理	—	—	—
9	—	J 商务部经理 J 核算副经理	I 事业部主管 I 库房主管	K 事业部销售主管	—

续表

薪级	J 管理序列	J 专业序列	I 事业部	K 事业部	L 事业部
8	J 采购部主管 J 会计主管	—	—	K 事业部主管	—
7	J 后勤部主管	J 薪酬绩效专员 J 招聘专员 J1 服务助理 J2 服务助理	—	K 部业务员	L 事业部业务员
6	J 部出纳主管	J 培训专员 J 商务专员 J 业务员	—	—	L 客服专员 L 部业务员
5	—	后勤部司机 J 会计 J 外联专员	—	—	—
4	—	J 采购员 J 业务员	—	K 销售内勤	—
3	—	J 档案专员 J 前台文员 J 库管员	I 销售内勤	—	—
2	—	J 法务专员 J 后勤专员	—	—	—
1	—	J 财务部出纳	—	—	L 业务助理

表 2-49　薪级—职位矩阵表(生产公司)

职等	薪级	行政部门	财务部门	营销部门	生产部门	采购部门	技术部门	品管部门
五等	25	总经理	—	—	—	—	—	—
	24	—	—	营销总监	—	—	—	—
	23	—	财务总监	—	—	—	技术总监	—
	22	—	—	—	制造总监	—	—	—
	21	—	—	市场、销售总监	—	—	—	—
四等	20	—	—	分公司经理	—	—	一级项目工程师	—
	19	人事经理	财务经理	事业部长	工程经理	采购经理	二级项目工程师	—
	18	—	—	—	计划生产经理	—	三级项目工程师	品管经理
	17	—	—	—	生产经理	—	—	—

续表

职等	薪级	行政部门	财务部门	营销部门	生产部门	采购部门	技术部门	品管部门
三等	16	—	—	大区经理	工艺、设备工程师	—	—	品质工程师
	15	—	—	包装设计主管	工艺、设备、计划科长	—	—	—
	14	行政科长	一级会计师	平面设计师 销售工程师 产品专员 文案专员	调色技师	—	—	品管主管
	13	电脑技师	二级会计师	—	工艺、设备技师	一级采购员	—	
	12	一级秘书	三级会计师	平面设计员	仓储主管	二级采购员	—	
二等	11	二级秘书、驾驶员	—	业务员、货运员	一级工艺员	三级采购员	—	检验技师
	10	三级秘书	助理会计师	一级营业员	二级工艺员	—	—	
	9	—	材料会计师	二级营业员	三级工艺员 调色技工	—	一级实验员	一级检验员
	8	一级文员	出纳	三级营业员	统计员 工艺技工	—	二级实验员	二级检验员
	7	二级文员 保安班长	—	—	班长	—	三级实验员	三级检验员
一等	6	三级文员	—	—	配料工 仓管员	—	—	—
	5	保安员 炊事员	—	—	罐装工	—	见习实验员	见习检验员
	4	—	—	—	搬运工	—	—	—
	3	—	—	—	普工	—	—	—
	2	厨工	—	—	—	—	—	—
	1	清洁工	—	—	—	—	—	—

3.薪酬中位值的确定【核心】

在完成薪级划分、薪级—职级匹配以及市场薪酬数据对标之后，我们便可以得到公司薪级以及相应薪级的市场薪酬水平分布情况，如表 2-50 所示。

在表 2-50 中，各薪级对应的市场薪资情况，分别为 10P、25P、50P、75P 和 90P，这里的 P 是 Position 的简称，这几个数分别代表的是市场薪酬中 10 分位值、25 分位值、50 分位值、75 分位值和 90 分位值，根据公司的薪酬策略，确定每个薪级在市场中的具体位置（分位）并计算出对应的薪级中位值。1～18 薪级中的数据转换根据标杆岗位市场薪酬调查的数据而来，如 18 级为总经理各分位值的薪酬数据，具体分位值测算详见本书“第二章第一节：3. 调查数据的处理与市场薪酬曲线的绘制”相应内容。

表 2-50　薪级—市场薪酬水平分布情况表　　单位：元

薪级	10P	25P	50P	75P	90P	分位	中位值
18	427 812	640 590	940 281	1 217 899	1 490 868		
17	365 938	543 351	790 942	1 024 766	1 257 966		
16	313 013	460 873	665 321	862 259	1 061 448		
15	267 743	390 914	559 652	725 522	895 630		
14	229 020	331 575	470 766	610 469	755 716		
13	195 897	281 243	395 997	513 662	637 659		
12	167 565	238 552	333 103	432 205	538 045		
11	143 330	202 341	280 198	363 666	453 992		
10	122 600	171 626	235 696	305 996	383 070		
9	104 869	145 574	198 262	257 472	323 227		
8	89 702	123 476	166 773	216 642	272 733		
7	76 728	104 733	140 285	182 287	230 127		
6	65 631	88 835	118 004	153 380	194 177		
5	56 139	75 350	99 262	129 057	163 843		
4	48 020	63 912	83 497	108 591	138 247		
3	41 075	54 211	70 236	91 371	116 650		
2	35 134	45 982	59 080	76 881	98 427		
1	30 053	39 002	49 697	64 689	83 051		

在计算时我们使用内插法进行计算，计算公式为：

薪级中位值＝就近低位分位值＋（就近高位分位值－就近低位分位值）×（选择分位－就近低位）÷（就近高位－就近低位）

例如公司将薪级 3 定为 60 分位，则薪级 3 的中位值＝“薪级 3”50 分位值＋（“薪级 3"75 分位值－"薪级 3"50 分位值)×(60－50)÷(75－50)＝70 236＋(91 371－70 236)×(60—50)÷(75—50)＝78 690 元。

上述表格中公司根据自身经营情况，其薪酬策略决定为对低薪级(1～6 级)采用市场中等偏低水平，定位于市场 40 分位；对于中薪级(7～15)采用市场中等水平，定位于市场 50 分位，而对高薪级(16～18)采用市场中高水平，定位于市场 70 分位，则其各薪级中位值情况如表 2-51 所示。

表 2-51　各薪级中位值　　单位:元

薪级	10P	25P	50P	75P	90P	分位	中位值
18	427 812	640 590	940 281	1 217 899	1 490 868	70	1 162 375
17	365 938	543 351	790 942	1 024 766	1 257 966	70	978 001
16	313 013	460 873	665 321	862 259	1 061 448	70	822 871
15	267 743	390 914	559 652	725 522	895 630	50	559 652
14	229 020	331 575	470 766	610 469	755 716	50	470 766
13	195 897	281 243	395 997	513 662	637 659	50	395 997
12	167 565	238 552	333 103	432 205	538 045	50	333 103
11	143 330	202 341	280 198	363 666	453 992	50	280 198
10	122 600	171 626	235 696	305 996	383 070	50	235 696
9	104 869	145 574	198 262	257 472	323 227	50	198 262
8	89 702	123 476	166 773	216 642	272 733	50	166 773
7	76 728	104 733	140 285	182 287	230 127	50	140 285
6	65 631	88 835	118 004	153 380	194 177	40	106 336
5	56 139	75 350	99 262	129 057	163 843	40	89 697
4	48 020	63 912	83 497	108 591	138 247	40	75 663
3	41 075	54 211	70 236	91 371	116 650	40	63 826
2	35 134	45 982	59 080	76 881	98 427	40	53 841
1	30 053	39 002	49 697	64 689	83 051	40	45 419

4. 设置薪级带宽与确定上下限【核心】

确定好各薪级中位值之后，我们下一步就是要对各薪级的带宽进行设置，确定各薪级的带宽也就等于确定了各薪级的上下限值，距离薪酬矩阵完成又进了一步。在进行薪酬幅度设置时有一点需要我们特别注意，带宽的设置不宜过大或过小，如果薪级带宽过大，会导致某一薪级薪酬上下限跨度范围过大，使得该薪级所覆盖的价值空间范围较为宽广，不利于对该薪级范围内的岗位在职人员定薪管理，并且较大的带宽会导致各薪级间的薪酬叠幅较大，不利于各薪级薪酬水平拉开差距，无法有效激励员工自发努力工作而实现薪级的提升；如果薪级带宽过小，会导致某一薪级薪酬上下限范围过小，使得该薪级所覆盖的范围较小，对于该薪级员工的发展空间限制较大，并且较小的带宽容易导致各薪级之间产生断档，使得薪级之间价值不连续，从而导致在晋升或薪级提升时员工的薪酬变动幅度较大而造成企业内部的不稳定。

所以通常情况下，一般会将薪酬幅度控制在 40%～65%相对合理的范围之内，从而保证薪级的价值覆盖范围以及员工的发展空间，并且薪级从小到大，带宽会逐渐递增，体现出薪级越高的价值增量空间越大的特点。

因为在上一步中我们确定了薪级中位值，我们将会利用带宽计算出该薪级的薪酬上下限，其计算公式为：

薪级下限＝2×薪级中位值÷(2＋薪酬幅度)

薪级上限＝薪酬下限×(1＋薪酬幅度)

这两个计算公式是通过以下两个公式推导而成，计算公式为：

薪酬中位值＝(薪级上限＋薪级下限)÷2

薪酬幅度＝(薪酬上限－薪酬下限)÷薪酬下限

以上述表格为例，我们对带宽进行了相应设计并确定了各薪级的上限与下限，具体如表 2-52 所示。

表 2-52　薪级上限与下限分布表　　单位：元

薪　级	分　位	中 位 值	带　宽	薪级下限	薪级上限
18	70	939 005	60%	722 311	1 155 698
17	70	787 091	60%	605 455	968 728
16	70	659 755	60%	507 504	812 006
15	50	553 019	50%	442 415	663 622

续表

薪　级	分　位	中 位 值	带　宽	薪级下限	薪级上限
14	50	463 551	50%	370 840	556 261
13	50	388 557	50%	310 845	466 268
12	50	325 695	50%	260 556	390 835
11	50	273 004	50%	218 403	327 605
10	50	228 837	50%	183 070	274 604
9	50	191 815	50%	153 452	230 179
8	50	160 783	50%	128 627	192 940
7	50	134 772	50%	107 817	161 726
6	40	112 968	50%	90 374	135 562
5	40	94 692	45%	77 300	112 084
4	40	79 373	45%	64 794	93 951
3	40	66 532	45%	54 311	78 752
2	40	55 768	45%	45 525	66 011
1	40	46 746	45%	38 160	55 332

5.设计薪档数量与确认档差【核心】

薪级区间设置完成后，一般为了规范日常薪酬管理，我们会对薪级进行进一步细分，划分为不同的薪档并确定每一档的档差。薪档数量的确定与两个速度有关，即员工薪级提升的速度和员工薪档提升的速度，也可以称为员工薪酬的纵向发展速度与横向发展速度。因为员工在某一薪级的空间是相对固定的（薪级上下限已经确定），所以如果员工在薪级内横向发展的频率越快，在不能超过薪级所约束的上限情况下，就需要通过设置较多薪档的方式来解决，但同时也需付出相应的管理成本。如果薪级从下限到上限的发展周期与薪级变化的周期相当或略慢一些，则薪档设置可适当较少，通常情况下公司的薪档设置为 7 档或 9 档较为合适。

薪档数量确定完成后便可以计算薪档之间的差值了，用以衡量每一次薪档发生变化的数值情况，一般常用于计算薪档的方法有等金额法和等比例法，多数公司使用等金额法，因为便于理解和查看，计算方式也相对容易，其计算公式为：

等金额法档差＝（薪级上限－薪级下限）÷（该薪级薪档数量－1）

若将表 2-52 中的薪级情况按照 7 档设置，以薪级 1 级为例，其档差为(55 332－38 160)÷(7－1)＝2 862 元。

等金额法管理容易，计算简洁，但是其存在激励递减的问题，即随着员工在同一薪级的不断前进，其薪酬标准不断提高，但是因档差在同一薪级内的金额是相同的，所以在之后提升薪档时给员工带来的薪酬涨幅百分比是在逐渐下降的，进而对员工的激励也会受到影响，例如一个员工最开始的薪酬是 4 000 元，薪档档差为 1 000 元，那么其第一次涨薪时增幅为 25%，但是当其再次涨薪时，涨薪幅度就下降到 20%(1 000÷5 000＝20%)，相应的激励效果也会降低。所以有的公司在档差设计时会采用等比例法，其是通过各薪档之间保持相等的比例增长的方式，来保证员工在薪资增长时的感受一致，比如每一薪档涨幅 5%。在使用等比例法计算薪档增长比例时，我们通常使用几何平均的方式计算，其计算公式为：

$$\text{等比例法薪档比例}=\left(\sqrt[(\text{薪级薪档数量}-1)]{1+\text{带宽}}-1\right)\times 100\%$$

算出比例后，我们便可以通过每一薪级的下限，分别算出各薪档对应的金额。从而将整张薪酬矩阵表补充完整。

当然也不是所有公司都会采用设置薪档的管理方式，有的公司在确定好各薪级上下限后不会设置具体薪档，而其中的员工及薪酬涨幅则会按照一定的比例进行，例如某年度部分员工涨幅 30%，另一部分员工涨幅 15%，只要员工在当前薪级的上限以下均可以灵活管理与操作，但是由于此种方法对薪酬管理者和相应薪酬调整机制设计要求相对较高，且需要根据公司特点单独设计，在此节中我们暂时不做展开。

按照等金额法和等比例法所设置的 7 档制薪档分别如表 2-53、表 2-54 所示。

表 2-53　等金额法薪级薪档示例表　　单位:元

等级	第一档	第二档	第三档	第四档	第五档	第六档	第七档	档差
18	838 049	921 854	1 005 659	1 089 464	1 173 269	1 257 074	1 340 879	83 805
17	693 085	762 393	831 702	901 010	970 319	1 039 627	1 108 936	69 308
16	573 196	630 516	687 835	745 155	802 474	859 794	917 113	57 320
15	493 007	534 091	575 175	616 259	657 343	698 427	739 511	41 084
14	407 727	441 705	475 682	509 659	543 637	577 614	611 591	33 977

续表

等级	第一档	第二档	第三档	第四档	第五档	第六档	第七档	档差
13	337 199	365 299	393 399	421 499	449 599	477 699	505 799	28 100
12	278 871	302 110	325 350	348 589	371 828	395 067	418 307	23 239
11	230 632	249 852	269 071	288 290	307 510	326 729	345 949	19 219
10	190 738	206 633	222 528	238 422	254 317	270 212	286 107	15 895
9	157 744	170 890	184 035	197 180	210 326	223 471	236 616	13 145
8	130 458	141 329	152 201	163 072	173 944	184 815	195 687	10 871
7	107 891	116 882	125 873	134 864	143 855	152 846	161 837	8 991
6	89 229	96 664	104 100	111 536	118 971	126 407	133 843	7 436
5	75 300	80 947	86 595	92 242	97 890	103 537	109 185	5 647
4	62 275	66 945	71 616	76 286	80 957	85 628	90 298	4 671
3	51 502	55 365	59 228	63 091	66 953	70 816	74 679	3 863
2	42 594	45 788	48 983	52 177	55 372	58 566	61 761	3 195
1	35 226	37 868	40 510	43 152	45 794	48 436	51 078	2 642

表 2-54　等比例法薪级薪档示例表　　单位:元

等级	第一档	第二档	第三档	第四档	第五档	第六档	第七档	档差
18	838 049	906 337	980 189	1 060 058	1 146 435	1 239 851	1 340 879	8.15%
17	693 085	749 560	810 637	876 691	948 127	1 025 384	1 108 936	8.15%
16	573 196	619 902	670 414	725 042	784 121	848 014	917 113	8.15%
15	493 007	527 475	564 352	603 808	646 022	691 187	739 511	6.99%
14	407 727	436 233	466 731	499 362	534 274	571 627	611 591	6.99%
13	337 199	360 774	385 997	412 983	441 856	472 748	505 799	6.99%
12	278 871	298 368	319 228	341 546	365 425	390 973	418 307	6.99%
11	230 632	246 757	264 009	282 467	302 215	323 344	345 949	6.99%
10	190 738	204 073	218 340	233 605	249 937	267 411	286 107	6.99%
9	157 744	168 773	180 572	193 196	206 703	221 154	236 616	6.99%
8	130 458	139 579	149 337	159 778	170 949	182 901	195 687	6.99%
7	107 891	115 435	123 505	132 140	141 378	151 262	161 837	6.99%
6	89 229	95 467	102 141	109 282	116 922	125 096	133 843	6.99%
5	75 300	80 110	85 228	90 673	96 466	102 629	109 185	6.39%
4	62 275	66 253	70 486	74 989	79 780	84 877	90 298	6.39%
3	51 502	54 793	58 293	62 017	65 979	70 194	74 679	6.39%
2	42 594	45 315	48 210	51 290	54 567	58 053	61 761	6.39%
1	35 226	37 476	39 870	42 417	45 127	48 010	51 078	6.39%

6.薪级叠幅验证【核心】

完成上述步骤后，接下来我们只需完成最后一步——薪级叠幅验证，就完成了整个薪酬矩阵的设置工作。薪级叠幅验证主要是通过数据计算，观察薪级矩阵中各薪级之间的重叠程度，检查其中是否存在重叠过大、重叠过小或断档等情况，分析其对薪酬管理的影响并针对问题适当进行调整。

薪级叠幅的计算主要有向下叠幅和向上叠幅两种方法，在一般验证中我们使用向下叠幅作为衡量薪酬叠幅的参考数据，较为合适的薪酬体系，其各薪级之间的叠幅应控制在 35%～75%，从而保证薪级体系纵向发展激励性与横向发展激励性之间的平衡。以上述薪级薪档表为例，计算各薪级之前的叠幅情况如表 2-55 所示。

表 2-55　薪级跌幅测算表　　单位:元

等　级	薪级下限	薪级上限	向下叠幅	向上叠幅
18	838 049	1 340 879	65.14%	—
17	693 085	1 108 936	65.14%	53.87%
16	573 196	917 113	67.47%	53.87%
15	493 007	739 511	58.17%	48.36%
14	407 727	611 591	58.17%	48.11%
13	337 199	505 799	58.17%	48.11%
12	278 871	418 307	58.17%	48.11%
11	230 632	345 949	58.17%	48.11%
10	190 738	286 107	58.17%	48.11%
9	157 744	236 616	58.17%	48.11%
8	130 458	195 687	58.17%	48.11%
7	107 891	161 837	58.17%	48.11%
6	89 229	133 843	58.89%	48.11%
5	75 300	109 185	53.52%	44.73%
4	62 275	90 298	53.52%	44.26%
3	51 502	74 679	53.52%	44.26%
2	42 594	61 761	53.52%	44.26%
1	35 226	51 078	—	44.26%

基于以上步骤，相关薪级划分、薪酬中位值确定、薪档数量与薪级跌幅验证后，薪酬结构核心部分设计完毕，最后将相关岗位套入薪级薪档表中即可，薪酬套入内容具体详情请查看本书“第二章第五节：薪酬套入与薪酬成本测算”相应内容。

7.薪酬矩阵设置的其他方法【核心小提醒】

以上岗位价值评估——薪酬矩阵的划分方式为标准方式，适用于任何类型的企业，如大型央企、国企、事业单位以及相关的民营企业。现提供另外一种基于岗位价值评估结果与市场薪酬水平数据，以一种较简单的方式构建公司薪酬矩阵，如表2-56～表2-59所示，供大家参考。

表2-56　薪酬矩阵及岗位月薪测算表　　单位：元

标杆岗位	标杆岗位市场薪酬（中位数薪酬）	公司所有岗位	总分值	价值量（标杆岗位市场薪酬÷该区域中岗位最高总分值）	岗位年薪	岗位月薪	薪级
总经理	1 000 000	J总经理	919	1 088.14	1 000 000	83 333	18
		J财务部总监	723		786 725	65 560	16
人力资源总监	500 000	J人力部总监	693	721.50	500 000	41 667	14
		I事业部总监	693		500 000	41 667	14
		K事业部总监	683		492 785	41 065	14
		L事业部总监	673		485 570	40 464	14
		J物流部总监	668		481 962	40 164	14
		J1总监	668		481 962	40 164	14
		J2总监	668		481 962	40 164	14
		J舆情部总监	653		471 140	39 262	14
人力资源经理	280 000	J采购部总监	566	527.31	298 456	24 871	12
		J部财务经理	561		295 819	24 652	12
		I项目经理	556		293 183	24 432	12
		I物流经理	536		282 637	23 553	11
		J人力部经理	531		280 000	23 333	11
		L销售经理	531		280 000	23 333	11
		I项目经理	531		280 000	23 333	11
		J大客户经理	531		280 000	23 333	11

续表

标杆岗位	标杆岗位市场薪酬（中位数薪酬）	公司所有岗位	总分值	价值量（标杆岗位市场薪酬÷该区域中岗位最高总分值）	岗位年薪	岗位月薪	薪级
人力资源经理	280 000	J 项目经理	531	527.31	280 000	23 333	11
		J 采购经理	531		280 000	23 333	11
		K 销售经理	526		277 363	23 114	11
		I 质管经理	521		274 727	22 894	11
		K 项目经理	501		264 181	22 015	11
		J 后勤部经理	491		258 908	21 576	10
		J 专家服务经理	471		248 362	20 697	10
		K 事业部销售主管	456		240 452	20 038	9
		J 商务部经理	451		237 815	19 818	9
会计主管	130 000	J 核算副经理	421	328.28	138 207	11 517	9
		I 事业部主管	421		138 207	11 517	9
		J 采购部主管	406		133 283	11 107	8
		J 会计主管	396		130 000	10 833	8
		K 事业部主管	381		125 076	10 423	8
		J 后勤部主管	376		123 434	10 286	7
		J 薪酬绩效专员	376		123 434	10 286	7
		K 部业务员	366		120 152	10 013	7
		J1 服务助理	366		120 152	10 013	7
招聘专员	90 000	J2 服务助理	356	304.05	108 243	9 020	7
		L 事业部业务员	351		106 723	8 894	7
		J 招聘专员	346		105 203	8 767	7
		I 部业务员	341		103 682	8 640	6
		J 培训专员	336		102 162	8 514	6
		J 商务专员	336		102 162	8 514	6
		J 部出纳主管	336		102 162	8 514	6
		L 部业务员	336		102 162	8 514	6
		L 客服专员	316		96 081	8 007	6
		J 后勤部司机	306		93 041	7 753	5
		J 会计	296		90 000	7 500	5
		J 外联专员	296		90 000	7 500	5

续表

标杆岗位	标杆岗位市场薪酬（中位数薪酬）	公司所有岗位	总分值	价值量（标杆岗位市场薪酬÷该区域中岗位最高总分值）	岗位年薪	岗位月薪	薪级
前台文员	54 000	J 采购员	276	215.14	59 378	4 948	4
		J 业务员	271		58 303	4 859	4
		K 销售内勤	271		58 303	4 859	4
		I 销售内勤	251		54 000	4 500	3
		J 档案专员	251		54 000	4 500	3
		J 前台文员	251		54 000	4 500	3
		J 库管员	241		51 849	4 321	3
		J 法务专员	236		50 773	4 231	2
		J 后勤专员	226		48 622	4 052	2
		J 财务部出纳	216		46 470	3 873	1
		L 业务助理	201		43 243	3 604	1

此表中通过标杆岗位市场薪酬与岗位价值评估结果，计算出划分区间的价值量（价值量＝标杆岗位市场薪酬÷该区域中岗位最高总分值），之后根据区域内各岗位价值评估总分值即可求得对应岗位的标准薪酬水平（岗位标准薪酬水平＝价值量×总分值），操作与计算均十分便利，只需在 Excel 中设置好对应的公式并进行鼠标拖拽即可快速完成。

表 2-57　薪酬矩阵及岗位月薪测算表　　单位：元

标杆岗位	标杆岗位市场薪酬（中位数薪酬）	公司所有岗位	总分值	价值量（标杆岗位市场薪酬÷该职等中岗位最高总分值）	岗位年薪	岗位月薪	职等
总经理	450 000	J 总经理	919	489.66	450 000	37 500	6
		J 财务部总监	723		354 026	29 502	
人力资源总监	228 000	J 人力部总监	693	329.00	228 000	19 000	5
		I 事业部总监	693		228 000	19 000	
		K 事业部总监	683		224 710	18 726	
		L 事业部总监	673		221 420	18 452	
		J 物流部总监	668		219 775	18 315	
		J1 总监	668		219 775	18 315	
		J2 总监	668		219 775	18 315	
		J 舆情部总监	653		214 840	17 903	

续表

标杆岗位	标杆岗位市场薪酬（中位数薪酬）	公司所有岗位	总分值	价值量(标杆岗位市场薪酬÷该职等中岗位最高总分值)	岗位年薪	岗位月薪	职等
人力资源经理	162 000	J采购部总监	566	305.08	172 678	14 390	4
		J部财务经理	561		171 153	14 263	
		I项目经理	556		169 627	14 136	
		I物流经理	536		163 525	13 627	
		J人力部经理	531		162 000	13 500	
		L销售经理	531		162 000	13 500	
		I项目经理	531		162 000	13 500	
		J大客户经理	531		162 000	13 500	
		J项目经理	531		162 000	13 500	
		J采购经理	531		162 000	13 500	
		K销售经理	526		160 475	13 373	
		I质管经理	521		158 949	13 246	
		K项目经理	501		152 847	12 737	
		J后勤部经理	491		149 797	12 483	
		J专家服务经理	471		143 695	11 975	
		K事业部销售主管	456		139 119	11 593	
		J商务部经理	451		137 593	11 466	
会计主管	102 000	J核算副经理	421	257.58	108 439	9 037	3
		I事业部主管	421		108 439	9 037	
		J采购部主管	406		104 576	8 715	
		J会计主管	396		102 000	8 500	
		K事业部主管	381		98 136	8 178	
		J后勤部主管	376		96 848	8 071	
		J薪酬绩效专员	376		96 848	8 071	
		K部业务员	366		94 273	7 856	
		J1服务助理	366		94 273	7 856	
外联专员	66 000	J2服务助理	356	22.97	79 378	6 615	
		L事业部业务员	351		78 264	6 522	
		J招聘专员	346		77 149	6 429	
		I部业务员	341		76 034	6 336	

续表

标杆岗位	标杆岗位市场薪酬（中位数薪酬）	公司所有岗位	总分值	价值量（标杆岗位市场薪酬÷该职等中岗位最高总分值）	岗位年薪	岗位月薪	职等
外联专员	66 000	J 培训专员	336	222.97	74 919	6 243	2
		J 商务专员	336		74 919	6 243	
		J 部出纳主管	336		74 919	6 243	
		L 部业务员	336		74 919	6 243	
		L 客服专员	316		70 459	5 872	
		J 后勤部司机	306		68 230	5 686	
		J 会计	296		66 000	5 500	
		J 外联专员	296		66 000	5 500	
前台文员	54 000	J 采购员	276	215.14	59 378	4 948	1
		J 业务员	271		58 303	4 859	
		K 销售内勤	271		58 303	4 859	
		I 销售内勤	251		54 000	4 500	
		J 档案专员	251		54 000	4 500	
		J 前台文员	251		54 000	4 500	
		J 库管员	241		51 849	4 321	
		J 法务专员	236		50 773	4 231	
		J 后勤专员	226		48 622	4 052	
		J 财务部出纳	216		46 470	3 873	
		L 业务助理	201		43 243	3 604	

表 2-58　岗位归类表

职　等	岗位归类
6	J 总经理、J 财务部总监
5	J 人力部总监、I 事业部总监、K 事业部总监、L 事业部总监、J 物流部总监、J1 总监、J2 总监、J 舆情部总监
4	J 采购部总监、J 财务部经理、I 项目经理、I 物流经理、J 人力部经理、L 销售经理、I 项目经理、J 大客户经理、J 项目经理、J 采购经理、K 销售经理、I 质管经理、K 项目经理、J 后勤部经理、J 专家服务经理、K 事业部销售主管、J 商务部经理
3	J 核算副经理、I 事业部主管、J 采购部主管、J 会计主管、K 事业部主管、J 后勤部主管、J 薪酬绩效专员、K 部业务员、J1 服务助理
2	J2 服务助理、L 事业部业务员、J 招聘专员、I 部业务员、J 培训专员、J 商务专员、J 部出纳主管、L 部业务员、L 客服专员、J 后勤部司机、J 会计、J 外联专员
1	J 采购员、J 业务员、K 销售内勤、I 销售内勤、J 档案专员、J 前台文员、J 库管员、J 法务专员、J 后勤专员、J 财务部出纳、L 业务助理

表 2-59　薪酬矩阵表

薪档 薪级	1	2	3	4	5	6	7	8	9
1	3 280	3 646	4 050	4 500	5 000	5 500	6 050	6 656	7 320
2	4 331	4 812	5 346	5 940	6 600	7 260	7 986	8 785	9 664
3	5 905	6 562	7 290	8 100	9 000	9 900	10 890	11 980	13 177
4	7 873	8 748	9 720	10 800	12 000	13 200	14 520	15 972	17 569
5	9 842	10 935	12 150	13 500	15 000	16 500	18 150	19 965	21 962
6	12 466	13 851	15 390	17 100	19 000	20 900	22 990	25 289	27 818
7	18 043	20 048	22 275	24 750	27 500	30 250	33 275	36 603	40 263
8	24 604	27 338	30 375	33 750	37 500	41 250	45 375	49 913	54 904
9	32 805	36 450	40 500	45 000	50 000	55 000	60 500	66 550	73 205

①本表基于公司职等设置与薪酬管理需要，构建起 9 级 9 档的薪酬矩阵。

②薪级矩阵中各薪级中位值(第 5 薪档)的值多数取自实际调研标准市场薪酬，例如薪级 1、薪级 2、薪级 3、薪级 5、薪级 6、薪级 8。

③为了平衡薪酬增速与发展空间，增加薪级 4、薪级 7 以及薪级 9，以分别对职等 4、职等 5 和职等 6 进行薪酬范围的扩展，其薪级中位值可参考上下两个薪级中位值的平均值，或对平均值进行适当调整以保持纵向薪酬增量的合理性。

④薪档设置方面，传统行业薪酬级差为 3%～6%；互联网行业为 5%～20%左右。本表取值为 10%。

⑤将公司在岗人员套入以上表格中即可。

第四节　薪酬构成设计

本节学习要点

薪酬构成设计是对公司各层级、各岗位员工固浮比方面进行设置环节，通过对员工薪酬收入总额进行有效切分，使其中一部分以日常工资形式发放，而另一部分则与员工的工作结果相关联而上下浮动，或者与员工业绩达成水平以提成形式发放，从而在员工个人收益与公司经营情况之间构建起一定联系，同时促进员工在个人负责的工作中追求更高的完成水平，更好地激发员工工作动力。通过对员工收入在固定比例与浮动比例的有效配置，使薪酬的保障性作用与激励性作用得以充分发挥，提升公司整体人工成本的利用效率。本节针对员工薪酬构成设计展开细致讲解，使读者掌握薪酬构成设计的核心思想与常用方法。

1.薪酬构成设计剖析【核心】

薪酬矩阵确定了各岗位、各薪级员工在正常情况下的全年薪酬收入情况，接下来为了进一步支持公司的发展目标，我们将要对薪酬总收入的构成进行设计，通过设置不同的薪酬项目，在员工保障与员工激励之间取得平衡，并充分发挥薪酬的保障作用与激励作用。

我们通常将薪酬总收入拆分为三个部分，即固定薪酬、浮动薪酬与福利部分，各部分薪酬在整体薪酬构成中发挥着不同的作用，如图 2-11 所示。

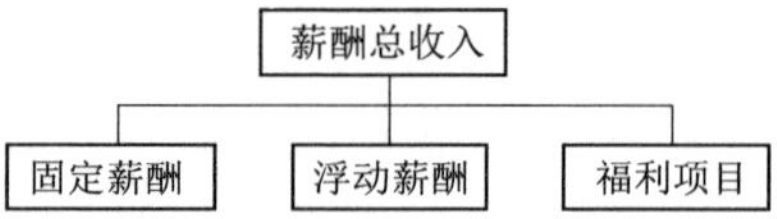

图 2-11　薪酬构成图

(1)固定薪酬设计

固定薪酬是给予员工稳定的收入部分，例如基本工资、岗位工资、学历工资、职务津贴、管理津贴、技能津贴等，其与员工所在的岗位性质、职务、个人能力与技能等相关，而与工作的完成情况关联程度较小。通常公司关于固定薪酬的设置是按照员工薪酬标准(月度薪酬)的一定比例，例如薪酬标准的 80%作为固定工资按月发放。固定薪酬是员工获得的稳定收入，其主要是用于保障员工的基本生活需要，并且用以表示公司对员工基础价值的认可，所以其在整个薪酬构成中主要发挥的是保障作用，用以保障员工的正常生活并提供工作安全感，从而使员工在较好的心理环境中进行工作，有助于提升工作状态，改善工作效率。从财务角度看，固定薪酬部分属于费用领域，是与公司挣钱没有直接联系的花费，所以虽然固定薪酬越高越能带给员工安全感，但是也会使公司人工成本增加，为公司经营增加负担。

(2)浮动薪酬设计

浮动薪酬是根据员工工作完成情况而上下浮动的收入部分,例如绩效工资、业绩提成、年终奖、专项奖励、股权激励等,其金额大小主要决定于员工对约定成果的完成情况,所以浮动薪酬在整个薪酬构成中发挥着重要的激励作用,也是公司管理过程中的重要方式和手段。当员工工作完成好、业绩高,正常情况下其个人的浮动薪酬部分也会增加,通过努力工作可以带来个人收益的提高,所以可以激励员工努力更好地完成工作,并促进公司经营目标的达成。正因如此,当员工所在岗位的工作职责越重要、对公司发展的影响范围越大、其工作结果与公司经营情况越密切时,公司可以通过适当增加其浮动薪酬所占比例的方式,使员工与公司双方的利益关系更加一致,实现双方共赢。表 2-60 是一家公司根据各薪级、职位序列所设置的固定薪酬与浮动薪酬的比例情况。

表 2-60　不同序列固定薪酬与浮动薪酬比例设置示例

职级	管理序列		专业序列							
			渠道与业务序列		技术与研发序列		资源与支持序列		战略与职能序列	
	固定薪酬	浮动薪酬	固定薪酬	浮动薪酬	固定薪酬	浮动薪酬	固定薪酬	浮动薪酬	固定薪酬	浮动薪酬
13	40%	60%								
12	40%	60%								
11	40%	60%								
10	50%	50%	50%	50%	100%	—	60%	40%	70%	30%
9	50%	50%	50%	50%	100%	—	60%	40%	70%	30%
8	50%	50%	50%	50%	100%	—	60%	40%	70%	30%
7	60%	40%	60%	40%	100%	—	70%	30%	80%	20%
6	60%	40%	60%	40%	100%	—	70%	30%	80%	20%
5	60%	40%	60%	40%	100%	—	70%	30%	80%	20%
4			70%	30%	100%	—	80%	20%	90%	10%
3			70%	30%	100%	—	80%	20%	90%	10%
2			70%	30%	100%	—	80%	20%	90%	10%
1			70%	30%	100%	—	80%	20%	90%	10%

在浮动薪酬构建时，通常按照员工正常完成的情况进行测算与设置，例如某公司对其销售岗位采用单一提成比例的方式，其岗位薪酬标准为 20 万元/年，其中固定薪酬为 6 万元/年（月度固定薪酬 5 000 元/月），浮动薪酬总额为 14 万元，其中 4 万元用于绩效考核（月度薪酬中的绩效基数为 3 333 元），10 万元用于业绩提成，若拟定员工完成 2 000 万元业绩时可获得全部业绩提成，则该公司的提成比例可设置为 0.5%。

（3）福利项目设计

福利项目是薪酬构成的最后一个分类项目，其主要是公司给予其员工的一种额外奖励，用于提升员工满意度与企业归属感，福利项目种类形式多样，常见的福利项目有伙食补助、交通补助、通信补助，有的公司还会给员工提供额外的商业医疗保险、定期体检、年度旅游等。严格意义上，福利项目也可以属于固定薪酬项目，因为其多数情况下会带来较为稳定的收入，例如伙食补助、交通补助这类福利通常只与员工的出勤情况相关，而与绩效考核无关，所以福利项目也会给公司经营带来一定负担。在市场整体以业绩导向的环境下，福利项目的总额建议控制在员工年度薪酬收入的 15%以内，而将更多的薪酬构成给予浮动薪酬，这样可以最大程度发挥薪酬的激励作用。关于福利项目除了控制总额和比例外，重点还是在于福利的具体内容能够切实让员工感受到一定的满足感和幸福感，有不少公司虽然设置了福利，也在此投入了不少的人工成本，但是员工不仅没有因此感到幸福反而对“福利”抱怨连天，关于福利的各项细则设置我们会在本书“第二章第四节：4. 福利项目具体内容”中进行说明。

（4）薪酬构成设计顺序

通常在对以上三个项目进行比例分配时，我们会先完成福利并将其从总收入中分离，因为福利项目是在结构确定中相对独立、设置简单、规则明确，只需要将福利细项及对应标准罗列就可以求得各薪级的年度福利金额。之后我们将福利项目从每个薪级中对应扣除，便可以得到“不含福利”的薪酬年度收入表。

接下来就是确定固定薪酬与浮动薪酬的比例了，通常情况下我们会将公司内岗位按照层级、性质（序列）进行分类并分配不同比例。

高层管理岗位因为其职责重大、影响范围广泛且与公司经营结果十分密切，同时高层管理岗位的年度收入水平一般较高，所以我们在多数情况下会将薪酬构成的绝大部分，例如60%～90%的部分作为浮动薪酬，而将剩余的部分作为固定薪酬，用于保障其日常生活。

对于普通员工所在岗位，我们一般按照其岗位工作的性质确定固定薪酬与浮动薪酬的比例，一般越接近市场、接近顾客、与营业收入关联程度越高的岗位，其固定薪酬的比例会相对越低，浮动薪酬比例越高，从而充分激励其创造业绩与收入，销售序列和销售人员是这其中最为典型的代表。而职能部门，例如财务部、总经理办公室等，其主要是用于保障公司内部的正常运行，工作职责相对稳定，结果产出也相对固定，这类岗位的固定薪酬比例相对较高，通常控制在70%～90%，剩余作为浮动薪酬部分用于确保其岗位工作顺利完成。

对于中层和基层管理者，在确定比例时有两种不同的思路，一种是将其统一抽象为管理职能，从各个不同的具体专业职能中剥离，采用相同的比例设置，例如中层管理者统一采用固定薪酬50%，浮动薪酬50%，基层管理者统一采用固定薪酬70%，浮动薪酬30%。另一种是将中层和基层管理者归属于对应的专业序列之中，与其管辖的普通员工岗位比例基本保持一致，在员工岗位性质基础上进行一些管理职责的修正。例如行政专员岗位的固定薪酬比例为90%，浮动薪酬为10%，则行政部门管理者的固定薪酬比例为70%，浮动薪酬为30%，一般管理岗位的固定薪酬比例应低于普通员工岗位，浮动薪酬比例需适当增加，以体现其责任的重要性。

以上只是在公司设计薪酬构成中的一般规律，而对于具体各家公司中的层级、岗位的固定薪酬与浮动薪酬的比例设置，还会受到企业家价值观、企业文化的影响，需要具体问题具体分析，结合公司实际情况与需要，才能设计出老板满意、员工接受的薪酬构成。

2. 固定薪酬具体内容【核心】

（1）基本工资

基本工资是固定薪酬中最基本的薪酬项目，但是其内涵和范围在各家单位中各有不同，有的公司薪酬项目相对简单，固定薪酬就是基本工资，两者金额完全一致。

而对于某些公司的销售人员的薪酬而言，基本工资与底薪相似，是最低的基础保障。还有的公司，薪酬项目比较多，基本工资只是一个所有员工都包含的基础金额，其金额较低，主要用于符合各地区最低工资政策的要求，同时也是在先前政策环境下用于降低部分员工的社会保险基数，从而减少社会保险方面的人力成本支出而对固定薪酬进行的拆分。关于基本工资的具体设置方式需要根据公司实际情况，明确其在整个薪酬体系中的定位和作用，从而确定相应的金额。

(2)职务工资

职务工资是对公司内任职于管理岗位且拥有一定管理职务的员工设置的一种薪酬项目，通常只对存在于管理序列的员工发放，其金额通常根据管理人员所处的职务层次决定，并用于区分管理人员与普通员工的薪资结构，体现管理者一定的特殊性。

(3)岗位工资

岗位工资是在岗位工资制中设置的一种薪酬项目，其依据岗位价值评估结果对位于各薪级的岗位赋予一定的金额范围，并纳入员工的薪酬构成中，通常情况下设置岗位工资的员工固定薪酬＝基本工资＋岗位工资。

(4)学历工资

学历工资是能力工资制中常设置的一种薪酬项目，根据不同的学历水平或学位水平制定相应的金额，例如博士研究生 5 000 元/月，硕士研究生 3 000 元/月等，之后按照员工个人学历的实际情况给予支付与发放。

(5)技能工资

技能工资是能力工资制中常设置的另一种薪酬项目，对于公司发展相关的专业技能证书、职业资格证书、职称水平等制定相应的金额，例如一级建筑师 8 000 元/月、二级建筑师 3 000 元/月、CFA 证书 1 500 元/月等，之后员工根据其所在岗位工作性质与自身持有专业证书、职称情况给予支付与发放。

(6)全勤工资

全勤工资，也可以称为考勤工资，是用以衡量员工出勤情况而设置的一种薪酬项目，通常在设置中有奖励与扣除两种记录方式，多数公司采用扣除的方式进行核算，将员工当月的事假、病假、迟到、旷工等金额从正常薪酬标准中按照规则进行扣减。

有些公司通过设置全勤工资的方式对员工考勤进行管理，即当员工无非因个人主观原因请假时，当月会给予一部分金额奖励并以全勤工资的形式发放，但实际上这部分金额只是事先从员工的薪酬标准中提取出来的。虽然二者在员工正常出勤的情况下金额相同，但是从员工感受层面上，以全勤工资的形式发放更具有激励性，并且有助于员工进行自我约束与管理。

(7)保密工资

保密工资是对掌握公司商业机密、核心技术或关键信息的岗位员工所设置的一种薪酬项目，主要用于对员工实行保密行为的一种补偿，以增加员工泄密机会成本的方式使其实现履约，保密工资通常根据岗位所能涉及的信息的重要性和价值确定金额，一般岗位层级越高、接触的公司信息越核心，保密工资的金额越高。

3.浮动薪酬具体内容【核心】

(1)绩效工资

绩效工资是依据员工工作、业绩完成情况，并通过绩效考核结果进行发放的一种薪酬项目，绩效工资需要在发放周期前确定绩效目标、考核方式以及相应的绩效工资基数、绩效工资核算方法。绩效工资是公司对员工日常工作进行管理与控制的常用薪酬手段，通过将员工个人收益与公司要求的工作结果相联系，确保工作结果顺利达成。

(2)销售提成

销售提成是对销售人员、业务推广人员能够为公司直接产生主营业务收入的行为，如签订新订单、引进新客户、销售产品等，所给予的一种报酬的薪酬项目，多应用于销售型公司或公司销售序列的员工和团队。销售提成为员工与公司构建起一种利润分配的机制，从而激励员工更加努力地开展销售与盈利工作。销售提成的主要因素是提成基数与提成比例，基数在设计过程中需要考虑实际为公司带来的收入情况以及业务进行的风险可能性，提成比例的设置需要平衡员工激励与人力成本，原则上应保证员工“多劳多得”，但是也需要控制员工收入的增长速度，否则可能会出现销售提成发放过多而导致公司利润受损的情况。

(3)项目奖金

项目奖金是对项目团队,主要包括项目总监、项目经理、项目顾问等,能够在规定的项目时间内按照项目要求完成项目工作成果和产物所给予奖励的一种薪酬项目,多应用于咨询公司、IT 公司等以项目制运行方式为主的公司中。项目奖金的规则需要充分考虑对项目质量、进度、回款等事项的管控,保证项目团队与公司能够互惠互利,共同受益。

(4)年终奖金

年终奖金是公司根据年度经营情况,对公司内员工进行激励所发放奖金的一种薪酬项目,年终奖金在多数公司中以专项激励方案的方式出现,并根据不同类型员工的贡献价值加以区分,通常情况下年终奖以员工个人月度薪酬为基本单位,结合公司实际经营情况与员工个人全年绩效考核结果确定月份数量的方式确定具体金额。年终奖金是公司与员工就经营利润分配的一种形式。

(5)企业分红

企业分红是在公司经营情况正常或良好的情况下,将公司利润的一部分用于分配给公司部分或全部员工的一种薪酬项目,企业分红在公司与员工之间构建起一座利润共享的桥梁,打破了劳动力买卖双方的壁垒,也是公司经营利润分配的方式之一。

(6)股权激励

股权激励是公司通过使员工持有公司真实或虚拟的部分股票,从而享受公司经营利润的一种分配方式。其通过在公司与员工之间构建正式协议的方式,使员工成为股东而获得分红的权力,真正意义上使员工成为公司的“主人”。股权激励有众多好处,但同时也需要受到国家相关法律、政策的限制,应在合法的条件下在公司内开展相关激励措施。

4.福利项目具体内容【核心】

(1)司龄津贴

司龄津贴是公司对持续在公司内服务与工作的员工的一种福利,通常以司龄(在公司内工作的时间）作为衡量标准，每增加一定时间，司龄津贴的标准有所增长。例如有的公司按照司龄每增加1年，司龄津贴增加100元/月的标准发放，当员工入职未满1年时，其司龄津贴为0元/月，司龄3.5年时，其司龄津贴为300元/月。司龄津贴主要用于对老员工的一种额外补充奖励，在设计时需要考虑司龄增长所带来的收入增加与其岗位薪酬标准之间的平衡，司龄津贴如果设置过高会导致“养老人”的情况出现，一方面增加公司人力成本，给公司经营增添负担，另一方面打破公司内的价值系统，造成不公平的环境氛围，不利于核心员工和骨干员工的激励。

（2）伙食补助

伙食补助主要是公司对员工在工作时间中正常就餐的一种补偿性福利，通常包括午餐补助与加班补助，伙食补助的标准一般参照当地物价水平与正常就餐标准制定，并依据员工实际工作出勤与加班情况发放。有的公司不设置伙食补助，但是为员工提供专门的就餐食堂或食品，也是一种伙食补助的非现金形式。

（3）交通补助

交通补助主要是公司对员工因日常工作往来公司与居住地点通勤所给予的一种补偿性福利，通常可参照当地物价水平与通勤距离制定标准，并根据员工实际工作出勤情况发放。有的公司以汽油补贴的方式发放给员工，自行选择出行方式或者提供班车，也是交通补助的一种形式。以北京地区为例，因地铁能够到达多数地区，所以交通补贴一般设置在10～20元/天的范围内。

（4）通信补助

通信补助主要是公司对员工因日常工作使用通信设备产生费用而给予的一种补偿性福利，通信补助通常会根据岗位的工作性质、层级而分类制定标准，通常情况下管理人员、销售业务人员的通信补助金额标准会高于技术、职能人员。

（5）定期体检

定期体检是近年来兴起的一种福利项目，其主要是公司给予员工身体健康的一种关怀性福利，通过公司集体采购，使公司内员工能够在一定时期内到指定医院或健康检查机构进行体检，使员工在工作之余能够有机会关注自身的健康情况，从而体现出公司对员工的关怀，增加员工工作满意度与企业归属感。

(6)弹性工时

弹性工时也是近年来兴起的一种福利项目,其主要是公司考虑员工通勤压力而给予员工一定范围内自主调节日常工作时间的一种福利。例如某家公司实行弹性工时,正常工作时间为早 9:00～晚 6:00,弹性时间范围为 1 小时,即员工可以将个人工作时间调整为早 8:00～晚 5:00 或者早 10:00～晚 7:00,并根据个人生活习惯与通勤状态进行选择,从而提升了员工满意度。弹性工时在给予员工自由调整工作时间自由的同时,也对公司业务流程、跨部门协作、考勤管理等多方面事项提出了挑战与要求。

目前企业中福利多样化成为一种趋势,各种各样的福利层出不穷,例如带薪病假、旅游基金、企业年金、员工积分平台、节假日礼品、员工生日会,越来越多的企业对员工的工作感受、家庭与工作之间的平衡引起重视。如果企业因自身经营能力而导致薪酬水平确实受限,不妨在企业福利方面多加思考研究,有时候仍有机会吸引到适合自己企业的优秀人才。

5. 薪酬构成示例【核心】

本节从实操角度出发,列举部分核心岗位的薪酬构成,供各位 HR 参考,有些职能岗位也会有提成,有些关键岗位有分红,为什么要这样设计薪酬构成呢?这中间有什么重要的原因呢?请阅读本书“第三章第一节:4. 利益链打通销售提成设计”相应内容。

回顾本书前面章节所述的战略目标制定及业务流程,业务流程的顺序,即制造利润的流程,流程是什么样的,配套的薪酬构成就是什么样的。比如有的公司市场部与销售部是一个部门,这样做的好处是客户关系可以维护的更好,从客户第一次接触到售后,这个岗位的人员都要参与,那么市场部分的提成和销售部分的提成这个岗位都可以涉及。这样设计薪酬构成的好处在于可以大大激发员工的工作热情。如图 2-12 所示,列举了某集团公司薪酬构成框架,供大家参考。

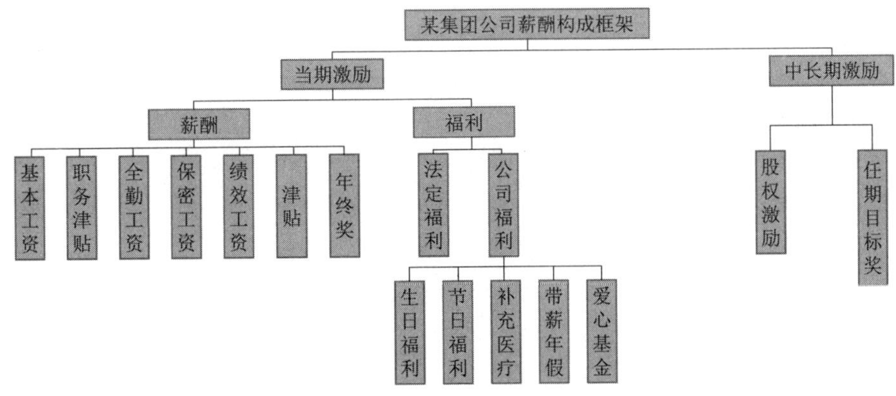

图 2-12 某集团公司薪酬构成框架

(1)职能岗位

①保安工作岗位的薪酬构成:固定工资

②人力资源专员薪酬构成:基本工资+绩效工资

③客服经理薪酬构成:固定工资+绩效工资+客户销售额提成+公司分红

④策划人员薪酬构成:固定工资+技能工资+季度策划案奖金+公司分红

⑤质检人员薪酬构成:固定工资+绩效工资+合格产品批次奖金+定额奖

⑥生产经理薪酬构成:固定工资+绩效工资+利润分红+超产奖+管理奖

⑦人力资源经理薪酬构成:固定工资+绩效工资+利润分红

⑧运营经理薪酬构成:基本工资+绩效工资+所负责项目利润分红

(2)营销性质岗位

①销售人员薪酬构成:固定工资+绩效工资+销售提成

②营销副总薪酬构成:固定工资+绩效工资+团队销售提成+个人销售额提成+子公司利润分红

③门店店长薪酬构成:固定工资+绩效工资+销售件数奖金+门店利润分红

④房地产中介门店店长薪酬构成:固定工资+绩效工资+团队销售额提成+个人销售额提成+门店分红

⑤区域经理薪酬构成:固定工资+绩效工资+所属区域市场总销售额提成+区域市场利润提成×盈利百分比

⑥采购经理薪酬构成：固定工资＋绩效工资＋采购项目产品利润分红＋采购品质资金

(3)关键人员岗位

①CEO、CFO、CHO 薪酬构成：基本工资＋绩效工资＋公司分红/股权激励＋超额奖金

②总裁薪酬构成：工资＋绩效工资＋利润分红；工资＋销售提成＋利润分红

③集团 CEO 薪酬构成：工资＋活动经费＋商业保密费＋集团利润分红(目标完成度在 70%以下，或者未达到目标，无分红；目标完成超 20%以上，分红系数 1.1～1.3 倍)

(4)技能相关岗位

①项目经理薪酬构成：基本工资＋绩效工资＋项目奖金

②IT 工程师薪酬构成：基本工资＋技能工资＋绩效工资＋项目分红

③工程师类岗位薪酬构成：项目利润奖＋项目研发环节奖＋盈利项目个数奖＋技能工资＋资质工资

④医生类岗位薪酬构成：基本工资＋科室销售额提成＋科室利润分红＋转介绍客户超产奖

⑤美容师岗位薪酬构成：基本工资＋办卡数提成＋转介绍客户数提成＋VIP 客户数提成＋消费额提成

第五节　薪酬套入与薪酬成本测算

本节学习要点

薪酬套入与薪酬成本测算在整个薪酬体系建设中是十分重要的环节，当薪酬体系设计完成后，我们需要将员工从现有的薪酬体系整体迁移到新的薪酬体系中，在迁移过程中会使得员工薪酬发生或多或少的变化，这就需要我们进行薪酬套入与薪酬成本测算，用以衡量薪酬体系建设或优化所发生的成本，从中发现问题并对薪酬体系进行进一步优化与调整。本节主要对薪酬套入的三种主要原则和薪酬成本的测算方法进行讲解。

1. 薪酬套入规则【核心】

新的薪酬体系构建完成后，我们就需要将现有的公司员工从旧体系中套入至新体系中，从而实现体系的转换，这一步骤称为薪酬套入。套入过程中多少会引起员工薪酬标准的改变，使得公司薪酬成本发生变化，为了更加全面、系统地衡量薪酬体系优化或改革发生的变化，我们同时还需要进行薪酬成本测算工作。

在薪酬套入过程中，我们首先需要确定套入规则，即基于哪种“指导思想”完成人员的薪酬体系变换工作。一般情况下，薪酬套入的规则有三种，即就近就高套入、套档模型套入、成本增幅最小套入。三种规则各有优劣，适用条件和相应需要解决的问题各有不同，我们细细展开说明。

(1)就近就高套入规则

就近就高套入规则是在承认公司员工现有薪酬水平合理的基础上完成薪酬体系的转换工作，它是通过在新的薪酬体系下寻找高于员工现有薪酬水平且距离最小(两者差值最小)的薪级薪档位置，并将员工在新体系下的薪级薪档确定于此。以表 2-61 为例进行说明。

表 2-61　薪酬矩阵示例　　单位:元

等　级	第一档	第二档	第三档	第四档	第五档	第六档	第七档
13	337 199	365 299	393 399	421 499	449 599	477 699	505 799
12	278 871	302 110	325 350	348 589	371 828	395 067	418 307
11	230 632	249 852	269 071	288 290	307 510	326 729	345 949
10	190 738	206 633	222 528	238 422	254 317	270 212	286 107
9	157 744	170 890	184 035	197 180	210 326	223 471	236 616
8	130 458	141 329	152 201	163 072	173 944	184 815	195 687
7	107 891	116 882	125 873	134 864	143 855	152 846	161 837
6	89 229	96 664	104 100	111 536	118 971	126 407	133 843
5	75 300	80 947	86 595	92 242	97 890	103 537	109 185
4	62 275	66 945	71 616	76 286	80 957	85 628	90 298
3	51 502	55 365	59 228	63 091	66 953	70 816	74 679
2	42 594	45 788	48 983	52 177	55 372	58 566	61 761
1	35 226	37 868	40 510	43 152	45 794	48 436	51 078

某公司的薪级矩阵如上表所示，员工 A 目前全年薪酬收入为 150 000 元，则在就近就高套入原则下，新体系中距离员工 A 现有薪酬水平最近且高于其现有收入水平的金额为 152 201 元，即员工 A 在新的薪酬体系的薪级薪档为 8～3 档。

就近就高原则主要有两个优势，其一，对现有人员的薪酬没有降低，或多或少会有一定增幅，所以员工的抵抗情绪会相对较少，降低薪酬体系变革或优化的阻力；其二，就近选择所以人工成本的增幅相对可以控制，但可能不是最优情况。就近就高规则存在一个主要的缺陷，这个缺陷来源于其假设部分，即公司现行薪酬体系的合理性，如果公司目前的员工定薪杂乱无章或是人为操作的结果，存在在岗员工与其真实价值的偏差，那么采用就近就高规则就会延续现有体系中的价值偏差问题，无法在变革中对在岗人员（特别是一些骨干优秀人员）的薪酬进行价值修正。

（2）套档模型套入规则

套档模型套入是公司根据实际员工情况建立套档模型，分别设置套档维度与相应权重、赋分标准，并将公司员工的相关信息录入之后，通过 Excel 软件判断计算得出具体的档位，常作为套档维度的项目有现有职级、现有薪酬水平、学历、司龄、职称、职务、技能水平、历史绩效情况等。套档模型的优势在于能够较好地评价与衡量现有员工的贡献情况，并将其调整至匹配其价值贡献的薪酬矩阵位置，劣势在于可能会使部分员工的薪酬调整较大，对降低程度较多的员工可能会质疑套档模型的合理性，并且较大的薪酬调整也会对公司人工成本产生较大波动。

（3）成本增幅最小套入规则

成本增幅最小套入是公司在套入中更加关注于公司成本的增幅方面，其具体套入方法与就近就高套入规则相似，只是将“就高”去掉了，只选择就近，即在薪级矩阵中选择距离员工现有薪酬距离最近（差值的绝对值最小）的薪级薪档进行套入，可能部分员工会产生薪酬标准降低的情况，最终使得公司人工成本的增幅只要少许增加，甚至降低。成本增幅最小套入的优势是最大限度地将人工成本的变化进行控制，不会大幅度增加现有的人工成本情况，其劣势是因为变革幅度甚微，会降低薪酬体系变革的直接效果，同时部分员工的收入有微小降低，可能会对薪酬变革产生阻力。

以上三种原则在具体实操过程中都可以通过 Microsoft Office 中强大的表格处

理工具——Excel 的公式实现快速的处理与计算，关于这方面的具体方法我们将在本书“第五章第二节：薪酬套入计算公式”中详细讲解。

2. 薪酬成本测算

在员工薪级薪档套入进新的薪酬体系后，我们便要进行细致的薪酬成本测算，计算变革可能对公司薪酬成本产生影响。薪酬标准的调整通常会产生两个方面的变化，即直接以货币形式支付的薪酬成本，例如工资、奖金、福利、分红等，还有另一部分是因为薪酬标准的调整而导致员工社会保险基数发生变化，从而改变公司的社会保险成总部分，所以在进行薪酬成本测算时，我们也是将这两部分分开进行测算，并与公司现状进行比对与分析，表 2-62 可以作为进行薪酬测算时使用的工具样表。

表 2-62　薪酬成本总额测算表示例

基本信息				直接薪酬成本						间接薪酬成本							成本变化情况		
员工编号	部门	姓名	职级	基本工资	绩效工资	提成奖金	年终奖金	福利金额	年度薪酬总额	社会保险基数	养老保险	医疗保险	工伤保险	失业保险	公积金基数	公积金金额	现有薪酬总额	现有社保总额	变化金额
总　计																			

在将公司内员工的具体薪酬数据录入后，我们便可以比对和分析每位员工在直接薪酬成本与间接薪酬成本方面的变动情况，并对公司整体的薪酬成本以及变化情况进行求总，从而为公司管理层对本次薪酬体系变革与优化的决策提供一定的数据支持。如果我们在基本信息中再加入员工层级、职务等信息，还可以对各层级的变动情况以及在整体变动中所占比例情况等进行更细致地分析，从中发现引起薪酬成本变动的主要群体，并可能在后续的工作过程中更加有针对性的进行调整与改良。我们可以使用如表 2-63 所示的薪酬成本变化分析表进行分析。

表 2-63　薪酬成本变化分析表

员工层级	员工数量	层级变化金额	层级变化比例	涨薪人数	降幅人数

薪酬成本的变化也会对公司经营情况的目标发生部分影响，因为成本的改变会影响公司当期利润的获得情况，如果想要保证当期年度利润的不变，则需要对公司年度营业收入或成本等方面的业绩指标进行相应调整，从而保证公司的正常经营与收支平衡。

3. 薪酬套入常见问题的处理方式

在进行薪酬套入时，通常情况下会出现两种情况，即员工现薪酬水平高于所在薪级上限和员工现薪酬水平低于所在薪级下限，对此我们建议采用不同的处理方法。

当员工现薪酬水平高于所在薪级上限时，我们建议的处理方法是保持员工的薪酬水平不变，使其高于所在薪级上限值，如果降低薪酬会使员工产生较大抵触情绪和反抗心理，但是如果员工无法在自身能力和素质方面提升，则其在未来将无法获得涨薪机会，这种处理方式相对较为缓和，并且促使价值偏离员工不得不去进行自我提升，否则就不会有涨薪机会，从而优化了公司人力资源配置效率。

当员工现薪酬水平低于所在薪级下限时，我们建议的处理方法也是保持员工的薪酬水平不变，使其低于所在薪级的下限值，而让其签署一份涨薪协议，即当员工当年度正常完成岗位工作并且日常绩效考核成绩在良好以上，则分 2～3 次将其薪酬提升至所在薪级的最低档位，这样处理一方面保证能够激励员工保持良好的工作状态，保证岗位产出水平，另一方面可以快速弥补原有在岗员工的价值偏离，解决历史遗留问题。

当然有的公司也会在套入时将范围之外的人员进行强行匹配调薪，就近放入薪级薪档位置，并对其员工岗位进行相应调整（提升或下降），这种方式固然可行，但是会对推行薪酬体系优化和变革产生一定影响：对于降职或降薪的员工，可能组织抵抗薪酬变革，影响薪酬体系变革推进进程，而对于升职或涨薪的员工，则可能会因为此次变革而个人薪酬有较大涨幅，搭上变革的"便车"而获益，但是也有可能因为这种涨薪方式使得部分员工认为不公平，甚至会导致涨薪者受到员工群体孤立等问题。所以在采取这种强行匹配的处理方式时，还需要公司结合实际情况，充分考虑企业文化以及公司领导风格等因素，最终谨慎处理。

第六节　薪酬变动机制

本节学习要点

薪酬变动机制是薪酬体系的动态调整机制，其主要功能在于对公司内优秀员工进行激励，同时使员工的个人收入能够与公司发展同步提升，保持公司现有的薪酬竞争力以及员工的工作积极性。薪酬变动机制对于公司薪酬体系而言是内部的流转器，使员工在其中可以根据工作业绩、绩效考核结果等规则有序流动，使员工价值与其薪酬水平逐渐匹配，实现人力成本使用效率最大化。本节对薪酬变动机制的四种主要方式进行详细讲解。

在我们顺利完成以上步骤后，我们就基本完成了薪酬体系静态部分的建设过程，已经将整个薪酬体系价值分布、薪酬数值、薪酬构成设置完成，并将现有公司在职员工配置进入新体系中，最后我们只需要将整个薪酬体系的动态机制建立好，整个薪酬体系的建设就圆满完成。在变动机制中主要涉及四个方面的变动，即员工个人薪酬变动机制、薪酬矩阵数值变动机制、岗位价值分布变动机制以及薪酬体系整体变动机制。

1.员工个人薪酬变动机制【核心】

在薪酬体系中，随着公司经营发展，表现优异的员工应能够得到晋升与发展，而表现不佳的员工也应进行适当调整，从而保证员工在其适合的位置上最大程度地发挥个人价值并获得相应的薪酬收益，这就需要我们的薪酬体系能够让员工在其中以一定规则“能上能下、能升能降”。一般公司中我们根据员工年度绩效考核结果，可以对考核结果优秀的员工的薪档进行上调，对考核结果不好的员工的薪档则进行下调，实现员工薪档的“能升能降”。在一定时间周期(例如 2—3 年)表现持续不错的员工，公司一般会对其职位进行晋升，从而带来薪级的上升，而对于不能胜任当前岗位的员工则会进行调岗并适当下调其薪级，这样即做到员工薪级的“能上能下”。

在实际操作的时候，分别为薪档调整和职位晋升带来薪级的调整。各位读者在阅读时，要注意薪级和薪档的区别。

(1)薪档调整机制

在现有职位体系且在当前职位规定的薪酬等级范围内，薪酬档次上的晋级。岗位工资等级调整过程中，若该职等晋级等级不够，可套入高一薪级继续晋级，达到规定最高等级后不可继续晋级，除非岗位发生变动。薪档调整的实现方法通过年度绩效考核实现。年度绩效考核为优、良优先晋级，最高可上浮 3 个薪档；年度绩效考核为中最高可上浮 2 个薪档；年度绩效考核为合格者，工资不调整；年度绩效考核为不合格者，工资下降 1 个薪档。

(2)职位晋升调整

从现有岗位晋升至更高一级别岗位。员工发生岗位晋升后，晋升后的薪酬原则上要大于现有薪酬，操作方法为将该员工岗位工资直接按照新的岗位工资定级定档，职位晋升参考因素及条件如表 2-64 所示。

表 2-64　职位晋升参考要素及条件示例

岗位晋升参照因素	绩效要求	培训档案表	学历要求	奖惩要求	工作经验要求
	连续两年绩效考核成绩优	晋升考试通过	正规院校本科及以上	本年度内未发生过重大失误	在公司本岗位上工作两年以上

同时在公司经营的某些时候，会出现部分员工对公司经营产生特殊或巨大贡献，在这种情况下薪酬体系应予以一定的支持，在公司总经理或管理层同意的基础上，应给予这些特殊贡献的员工特殊调薪的机会。另一方面，有时候公司经营需要战略性地引进一些高端人才或特殊人才，而这些人才在市场中又是稀缺的，其价值自然很高，在这种时候我们的薪酬体系应充分配合公司发展，这就需要我们对现有的体系提前预留出一部分特殊的变动机制，对某些特殊人才，在经过公司总经理或管理层审核批准后可以通过"协议薪酬"的方式确定其薪酬标准、薪酬构成、支付方式等，而不应单方面拘泥于管理制度却限制了公司发展。

2. 薪酬矩阵数值变动机制【核心】

伴随着社会前进与发展，物价水平提升，导致劳动力市场的人工成本随之提高，如果公司不能及时对薪酬矩阵的数值进行调整，很有可能会出现两种情况：第一，按照公司现有岗位的薪酬标准已经无法或很难招聘到相对满意的员工；第二，为了满足公司发展需要，按照市场水平招聘岗位人员，会使新员工薪酬高于老员工薪酬，甚至超过优秀员工的薪酬水平，在公司内造成不公平氛围。两种情况都会影响到公司的正常经营，所以我们应该尽量避免，这就需要我们及时对薪酬矩阵的数值进行调整与更新。

每一年国家统计局都会定期发布《中国统计年鉴》，其中会有当年度整体以及各地区的价格指数变化情况，同时结合企业、行业的人力成本分析报告，我们就可以拟定当年度公司的普调系数并完成薪酬矩阵数值的调整，调整公式为新薪酬矩阵数值＝原薪酬矩阵数值×普调系数。以表2-65为例，说明薪酬矩阵数值变动的调整情况。

表2-65　薪酬矩阵表　　单位：元

等　级	第一档	第二档	第三档	第四档	第五档	第六档	第七档
13	337 199	365 299	393 399	421 499	449 599	477 699	505 799
12	278 871	302 110	325 350	348 589	371 828	395 067	418 307
11	230 632	249 852	269 071	288 290	307 510	326 729	345 949

续表

等　级	第一档	第二档	第三档	第四档	第五档	第六档	第七档
10	190 738	206 633	222 528	238 422	254 317	270 212	286 107
9	157 744	170 890	184 035	197 180	210 326	223 471	236 616
8	130 458	141 329	152 201	163 072	173 944	184 815	195 687
7	107 891	116 882	125 873	134 864	143 855	152 846	161 837
6	89 229	96 664	104 100	111 536	118 971	126 407	133 843
5	75 300	80 947	86 595	92 242	97 890	103 537	109 185
4	62 275	66 945	71 616	76 286	80 957	85 628	90 298
3	51 502	55 365	59 228	63 091	66 953	70 816	74 679
2	42 594	45 788	48 983	52 177	55 372	58 566	61 761
1	35 226	37 868	40 510	43 152	45 794	48 436	51 078

假如当年度普调系数为 1.03，则新的薪酬矩阵中 1－1 档薪酬为 36 283 元(35 226×1.03)，依此类推得到新的薪酬矩阵，如表 2-66 所示。

表 2-66　普调后的薪酬矩阵表　　单位：元

等　级	第一档	第二档	第三档	第四档	第五档	第六档	第七档
13	347 315	376 258	405 201	434 144	463 087	492 030	520 973
12	287 237	311 173	335 111	359 047	382 983	406 919	430 856
11	237 551	257 348	277 143	296 939	316 735	336 531	356 327
10	196 460	212 832	229 204	245 575	261 947	278 318	294 690
9	162 476	176 017	189 556	203 095	216 636	230 175	243 714
8	134 372	145 569	156 767	167 964	179 162	190 359	201 558
7	111 128	120 388	129 649	138 910	148 171	157 431	166 692
6	91 906	99 564	107 223	114 882	122 540	130 199	137 858
5	77 559	83 375	89 193	95 009	100 827	106 643	112 461
4	64 143	68 953	73 764	78 575	83 386	88 197	93 007
3	53 047	57 026	61 005	64 984	68 962	72 940	76 919
2	43 872	47 162	50 452	53 742	57 033	60 323	63 614
1	36 283	39 004	41 725	44 447	47 168	49 889	52 610

对于采用薪点制的公司，在进行薪酬矩阵数值调整时，只需要直接调整薪点基数即可，操作相对便捷。

薪酬矩阵的数值变动机制是在公司内部未发生重大经营变化时，与市场保持同步发展的必要步骤，也是维持其薪酬在劳动力市场竞争力的重要方法。很多公司因缺少这一变动机制，导致其薪酬外部竞争力逐渐消失，以前有一家公司所用的薪酬矩阵数值仍是10年前制定的，其间从未进行过调整，可想而知这家公司的薪酬管理现状如何。

3.岗位价值分布变动机制

市场在不断地发展与变化，公司也在随着市场的变化而不断进行着调整，公司内的部门设置与岗位职责也随着公司战略调整而进行相应地变化，从而产生新的部门和岗位，或者对原有的岗位职责发生调整，这些变化也会影响岗位在整个价值体系中的评价结果，从而影响在岗员工的薪酬。但是考虑到公司进行薪酬管理的成本，除了在公司新设部门与新设岗位时会对新成立的岗位进行岗位价值评估外，通常公司会定期(一般是半年或一年)对公司内的岗位价值评估结果进行梳理、检查与适当调整，以保证其价值贡献与公司实际情况保持一致，有效维护公司内的价值公平。但是在公司内岗位变化超过现有岗位20%以上时，应该由人力资源部在发生变化的短期时间内尽快组织岗位价值评估相关工作，而不是定期进行，因为当公司内有20%以上岗位发生变化时，意味着公司的运行模式发生了一定变化，也就影响到内部的价值体系，而对这种影响范围较大的变动，应及时采取积极措施与行动，以保证公司内管理的一致性。

4.薪酬体系整体变动机制

当公司整体发展战略、商业模式、运行方式发生重大变化，例如变更公司经营范围、转变公司管控模式、重新调整业务单元定位与运行模式时，对于公司内的变化，公司的薪酬体系应进行整体调整与再设计。我们需要衡量与评价现有薪酬结构与薪酬项目对公司新战略的适用性，并对其中不恰当或存在矛盾的地方进行调整与优化，在某些极端情况下，可能会推翻现行的整个薪酬体系而进行重新设计。

以上四个方面的薪酬变动机制不仅要在薪酬体系设计时结合公司实际情况进行

考虑，同时也应进行规范的制度化，将动态机制的具体内容撰写到公司的《薪酬管理制度》之中并在公司内向员工公开与宣贯，只有建立在规范的制度基础以及公开透明的认知环境下，员工对于薪酬管理制度的认可度才会高，而薪酬体系的管理目的和作用也才能够充分发挥。

第七节　薪酬制度撰写

本节学习要点

薪酬制度是薪酬体系在企业管理中的正式文本，也是在日常薪酬管理过程中的主要依据，在我们开展薪酬管理工作中发挥着必不可少的重要作用。薪酬制度也是企业管理体系中的重要组成部分，其行文要求一定规范性与严肃性，本节中将对薪酬制度撰写的相关事宜进行讲解，对薪酬制度所需具备的主要内容展开详细说明。

在完成薪酬静态体系与动态机制的设置之后，我们便迎来了薪酬体系设计的最后一步，即撰写公司薪酬管理制度。薪酬管理制度是公司在进行日常薪酬管理工作时的重要依据，以规范行文的正式文本存在于企业管理体系之中，用以说明公司薪酬体系的管理原则、管理机构、薪酬构成/薪酬项目设置、薪酬核算、薪酬发放等主要内容，是公司薪酬体系的制度化产物。从薪酬制度的结构完整性而言，主要包括以下十个方面的内容。

1. 薪酬管理总则

薪酬管理总则主要用以说明公司薪酬管理的核心思想、作用以及管理原则，同时对薪酬管理的适用人群和范围进行明确的规范与说明，对于管理制度而言，管理的对象与范围是十分重要的。薪酬管理的原则通常有战略导向原则、公平公正原则、公开透明原则、奖惩结合原则等。薪酬管理总则通常设置为薪酬管理制度的第一章，用以体现薪酬管理制度的整体思想与内容方向，便于员工了解公司对于薪酬管理的导向与期望。

2. 薪酬管理组织与职责

薪酬管理组织与职责主要用以说明公司在薪酬管理方面所设置的组织机构以及其对应的工作职责，明确各组织在薪酬管理中的职责边界与具体分工。通常情况下，薪酬管理组织根据管理层级划分为3个不同组织，通常为薪酬绩效管理委员会（负责薪酬体系关键事项以及薪酬管理重要内容的决策）、人力资源部或行政人事部（负责日常薪酬管理工作、解释公司薪酬政策与解答薪酬相关问题）、其他公司部门（认真执行公司薪酬管理制度）。薪酬管理组织与职责在整个制度中也是十分重要的，说明不同管理组织的权限范围以及管理功能，从而提升整个管理制度的运行效率。

3. 薪酬确定依据

薪酬确定依据是从管理角度对公司整个薪酬体系的诠释与说明，用以解释公司薪酬的付薪依据，例如以岗位付薪、个人能力付薪、业绩表现付薪等，是公司关于薪酬价值观念的说明与体现，使员工能够了解自己因何种原因或要素获得薪酬以及自身薪酬在公司整体薪酬水平中的情况与位置。通常情况下，在薪酬确定章节会说明公司薪酬矩阵的分布情况以及决定因素，并对薪酬总体分布情况进行一定程度的展现（例如岗位一薪级分布表等）。

4. 薪酬构成与薪酬项目

薪酬构成与薪酬项目主要说明公司的薪酬固浮比设置规则，传达公司在薪酬保障性与激励性方面的管理思想，并对具体设置的薪酬项目进行解释，说明其内涵与影响因素，使员工能够清晰地了解到自身的薪酬组成。

5. 薪酬核算与薪酬发放

薪酬核算主要说明在薪酬管理制度下，员工每个月具体薪酬金额的核算规则与方法，包括核心项目的计算公式，例如绩效薪酬的计算公式、提成奖金的计算方法、各类假期/扣款的计算方法等，并且在核算规则中还需要对常见的特殊情况进行说明，例如医疗期的薪酬核算方法、发生调薪时的薪酬核算方法、各类提成情况的处理方式等。薪酬核算影响到员工个人的切身利益，所以在制度中能够事先明确说明的情况越清晰、越广泛，在实际管理过程中会越顺利，员工也会因为规则清晰而在工作中更容易产生积极的表现。

薪酬发放主要是对公司发放薪酬的日期进行说明，并且对遇到特殊情况（例如发薪日为法定节假日）的处理方式进行说明。薪酬发放使员工清晰地掌握公司的发薪日期，将发薪事项正式地书写于制度之中，有助于增加员工对公司的信任感。

6.薪酬反馈与申诉

薪酬反馈与申述主要用于说明当员工发现自己工资核算出现误差或错误时的处理方法，通过正式规定说明薪酬信息反馈渠道，给予员工表达对个人薪酬金额疑问的机会和权力，可以增加员工在薪酬体系中的参与感以及感受到公司对其的尊重感，通过制度规范性提升员工的工作积极性与自主性。

7.薪酬调整机制

薪酬调整机制主要说明公司对员工薪酬调整的各种机制与方式，包括员工个人调薪、整体调薪、特殊调薪等，并对各种调薪方式的调整开始时间、申请条件、调整流程、调整生效时间等进行详细说明，从而明确员工薪酬变化的规则，使员工能够清晰地了解到满足何种条件情况下可以使自己增加薪酬，明确了个人的工作努力方向。

8.薪酬监督

薪酬监督相当于薪酬管理方面的纪律要求，主要用于说明在薪酬管理中的违纪行为以及相应的行政处理方式（例如记过、通报批评、解除劳动关系等），通过明确薪酬中的违纪行为，使员工知悉哪些行为是不能触碰的，从而避免某些行为的发生，也便于公司的内部管理。薪酬监督中还需要明确监督的负责机构以及其相应具体的工作内容与职责，如果管理更为细致，也可以说明监督的周期以及监督方式。

9.薪酬管理附则

薪酬管理附则和其他企业管理制度负责相似，主要用于解释说明薪酬管理制度的解释、说明机构，薪酬制度生效日期，以及未尽说明事项的处理方式等。

10.薪酬管理相关附件

薪酬管理相关附件主要是薪酬管理过程中常常使用的表格以及薪酬体系中的相关文件，例如薪酬矩阵、薪级一岗位矩阵、薪级表、调薪申请表、薪酬反馈表、薪酬保密协议等。

薪酬制度在撰写完成后，需要进行全篇通读，并且在人力资源部内部进行集体阅读，通过头脑风暴的方法提出修改建议，从而使制度在公布时更加严谨与完善，以保证制度的权威性。同时，薪酬管理制度应定期（通常是 1 年）进行维护，对其中的内容、常见问题进行更新与补充，从而保证管理制度的时效性。

第三章

薪酬体系设计进阶

本章特意将销售薪酬与高级管理者薪酬进行独立讲解，因为这两类岗位在公司经营中从不同角度发挥着十分重要的作用，与其他岗位有明显的不同。这两类岗位在市场中的差异性比较明显，各家公司在这两类岗位的薪酬设计各有其特色，也反映出了各家老板的管理艺术与管理水平。所以对于设计薪酬体系，这两类岗位属于重中之重，也是薪酬体系设计中比较进阶的内容，设计时需要更加深入的思考。我们通过第二章可以将公司所有岗位的薪酬都设计完成，但若想设计差异化的高级管理者薪酬，还有必要单独进行学习。

第一节　销售激励薪酬设计

本节学习要点

销售人员作为公司发展的核心组成部分，其承担着为公司销售产品、引入客户、创造价值收入等十分重要的职责，工作完成情况在很大程度上影响着公司的生存与发展，所以对销售部门和销售人员的激励设计是公司整个薪酬体系设计中的重中之重。多数公司在销售人员激励设计方面还特意设置了各种专项激励方案、奖金等，可见公司对于此类人群的重视程度，自然掌握销售激励的设计方法也就成为薪酬体系设计学习的必要内容，本节中将对销售部门薪酬设计的基础方法论进行讲解，并提供部分具体设计方法以及设计示例。

1.销售部门薪酬设计方法论【核心】

销售部门作为多数公司的核心部门，其在整个薪酬体系构建过程中一直是核心焦点之一。在进行销售团队薪酬设计前，我们首先需要透析销售薪酬设计的本质，理解销售部门创造价值的过程，只有这样才能设计出契合公司实际情况的销售团队薪酬激励体系，具体而言，我们从以下五个方面来展开分析。

(1)企业业务流程

企业业务流程的顺序，即企业利润产生的过程，它表示了企业创造价值的各个环节的具体情况，而薪酬激励体系应以此为基础进行配套设计，以保持企业内价值的一致性，只有这样设计出来的薪酬激励体系才是有效的。比如有的企业市场部与销售部是在同一个中心下的，这样设置的好处是客户关系可以维护得更好、更加紧密，从客户第一次接触到发生购买行为，再到售后服务，都是由同一批员工参与和完成，信息流会相对顺畅一些，在这种情况下对于销售激励的设置应围绕全过程来设计，并重点关注信息流动过程中的一致性。

(2)销售额的收入来源

公司销售的方式往往有所差异,而这也将影响我们对销售薪酬设计时的方向,比如某些公司采用自建营销队伍、有的公司重点使用渠道并着重于对渠道的管理、维护与评价,还有的公司采用代理、连锁、加盟等方式拓展本公司业务,不同的销售方式决定了销售人员不同的工作职责与重心,自然对销售人员的激励方式会有所差异。

(3)销售额的回款周期

销售回款是我们对销售工作关注的另一个重点,虽然合同额代表着企业可能获得收入的情况,但只有回款才能真正为企业带来资金的流入,可以使公司获得真正的利润。所以在针对销售员工的薪酬体系设计时,我们总在强调既要有营业额,又要有回款,即具有激励作用的同时也要配合进行考核,实现销售工作量与质之间的平衡。公司因销售业务产品的特征不同,回款周期和方式均有其独有的特点,我们在设计销售薪酬时就需要根据自身业务的回款周期特点进行重点考虑。

(4)薪酬总额成本

销售部门的员工在薪酬设计时与其他部门存在一定的不同,除固定工资、绩效工资、社保福利以外,其主要收入来源是通过销售而获得的销售/业绩提成,这一部分不仅占到销售人员收入的一定比例,在公司薪酬总额成本中也占有相当高的比例,所以在进行销售薪酬设计时需要经过反复的测算与调整,确定其在公司整体薪酬总额中所占的比例,保证公司经营发展与内部成本之间的平衡。

(5)确定提成比例与发放方式

提成比例需要经过薪酬部门对销售部门和员工在各种业绩完成情况所获得的提成金额进行反复、多次测算后才能确定,从而保证其提成(成本)的增加速度不会超过公司整体利润的增加速度,使公司在激励销售员工的同时保持正常获利与发展。

销售提成的发放则需要根据销售业务的具体特征进行确定,同时结合考虑业务风险、员工留存与管理等方面的事项。有的公司将提成分为两部分发放,其中一部分在平时根据月度完成情况随工资发放,而另一部分提成与年度总销售额挂钩,在年度末以年终奖的形式一次性发放;有的公司则采用当期结算,员工在当月度完成多少销售额直接核算提成当月一次性全部发放;还有的公司会将提成的一部分作为风险金预先留存，而在一定时间(通常是半年或一年)后再将这部分风险金发放给员工。

具体选择哪种提成发放方式，我们需要对企业文化、管理风格、业务风险、行业销售特征等方面综合考量。

既然销售部门拥有如此的特殊性，在设计薪酬体系时，销售部门的员工应如何与整体公司的薪酬体系进行衔接呢？以下两种方式是可以选取的方式。

①可将销售薪酬完全与公司其他部门薪酬分开，单独制定，即形成独立于公司薪酬制度的《销售人员薪酬管理制度》，仅应用于对销售人员的薪酬管理。

②可将销售部门的底薪纳入公司标准薪酬表中，而提成机制单独制定，即底薪、薪酬调整变动等与公司一致，而将提成、激励等单独制定管理办法，例如《销售提成激励管理办法》等。

在提成比例的设置方面，目前常用的设置方法有单一提点、分段累进、超额累进三种，还有少数公司对少数项目采用了超额累退的方法。

单一提点是指无论基数多少，都按照单一的提成比例核算提成金额的一种提点设置方法。具体如表 3-1 所示。

表 3-1　单一提点提成比例示例表

销售金额	提成比例
无限制	5%
提成金额＝销售金额×提成比例(5%) 若员工当月完成销售金额 20 万元，则提成金额＝200 000×5%＝10 000(元)	

分段累进是随着提成基数的增加，对应进行计算的提成比例也提高的一种提点设置方法，分段累进时提点应用的对象是提成基数的整体部分。具体如表 3-2 所示。

表 3-2　分段累进提成比例示例表

销售金额范围	提成比例
5 万元以下	3%
5 万元至 10 万元	4%
10 万元以上	5%
提成金额＝销售金额×对应提成比例 若员工当月完成销售金额 4 万元，则提成金额＝40 000×3%＝1 200(元) 若员工当月完成销售金额 6 万元，则提成金额＝60 000×4%＝2 400(元)	

超额累进与分段累进相似，也是随着提成基数的增加，对应进行计算的提成比例也提高的一种提点设置方法，不同之处在于提点增高的部分只应用于超额增加的部分。具体如表 3-3 所示。

表 3-3　超额累进提成比例示例表

销售金额范围	提成比例
5 万元以下	3%
5 万元至 10 万元	4%
10 万元以上	5%
提成金额＝∑销售金额×对应提成比例 若员工当月完成销售金额 4 万元，提成金额＝40 000×3%＝1 200(元) 若员工当月完成销售金额 6 万元，提成金额＝50 000×3%＋10 000×4%＝1 900(元) 若员工当月完成销售金额 12 万元，提成金额＝50 000×3%＋50 000×4%＋20 000×5%＝4 500(元)	

超额累退的方法指当提成基数达到一定数值之后，再增加的提成基数其所对应的提成比例将会减少的一种提点设置方法。

这几种提点设置方法各有优劣，单一提点方法核算简单有效，操作便捷，容易理解与掌握，成本控制稳定，但是额外激励作用较弱；分段累进提点方法核算相对容易，较易理解，额外激励作用最强，但是不利于成本控制，容易导致成本上升过快；超额累进提点设置方法核算相对复杂，理解起来存在一定难度，具有较好的额外激励作用并且兼顾对成本的控制；超额累退用法相对独特，只有在特殊管理背景下才有应用效果，对成本控制效果佳，但是缺乏额外激励作用，更准确地说是会产生额外抑制作用。

2. 通用销售提成设计【核心】

销售部门薪酬有一个非常大的特色就是要做到灵活多变，打破原有规则，读者阅读第一小节后，对营销人员的提成规则有了一定的认知，但是在实际操作过程中，我们可能不会完全按照以上规则进行营销人员的提成设计，比如超额累进制提成比例设计，我们在进行设计的时候可能又会有变异，比如一个员工当月完成 30 万元业绩，且其中有一笔业绩为 12 万元，前 18 万元按照超额累进制进行核算提成，单笔 12 万元业绩直接按照 12 万元所对应的提成比例进行核算，以提升销售积极性。

营销人员需要有狼性，即在招聘培训的时候就要注入一种“敢拼”的精神。在设计营销人员薪酬的时候，“团队”是一个非常重要的因素，“团队 PK”也是一个非常重要的因素，具体操作方式可参考本书“第四章第三节：阿里巴巴薪酬体系设计”中的营销团队 PK。在设计营销人员薪酬的时候，我们首先要进行营销人员组织结构的设计，即我们要将公司的营销人员至少分成 2 个团队，规划不大的时候，公司总经理兼任营销总监的职务，下设 2 名营销经理和营销业务员，每日要进行技能培训和目标梳理，并设计团队 PK 机制，同时业务员工资要和团队经理、总监提成挂钩。

业务员薪酬构成方面统一采用“固定工资＋绩效工资＋个人提成金额”的方式，而对于销售管理者则增设团队提成、公司提成以及分红等，相对简单的设置方式是个人提成与团队提成均采用单一提成比例，而复杂一些的设置方式则是对以上两种提成方式以分段累进或超额累进的方式设置，具体以哪种方式设置根据公司实际情况进行选择。我们提供两种常见的销售提成设计方式，供大家参考学习。

(1)业务员＋经理＋总监联动通用提成设计机制

首先根据公司的运营成本及市场同行业提成比例，测算符合本公司可给员工的最高提成比例，如给员工的最高提成比例为 20％，则业务员薪酬构成＝基本工资＋绩效工资＋单一提成比例 12％(剩余 6％给直属业务经理，2％给直属业务总监)；业务经理薪酬构成＝基本工资＋绩效工资＋个人单一提成比例 15％＋直属团队 6％提成＋年度所带团队利润分红；业务总监薪酬构成＝基本工资＋绩效工资＋个人单一提成比例 20％＋团队整体 2％提成＋年度公司总体分红。具体如表 3-4 所示。

表 3-4　通用提成设计机制示例

奖励类型	业务员	业务经理	业务总监
个人提成	12％	15％	20％
团队提成	—	所管辖团队 6％	团队下属所有业务人员 2％
利润分红	—	所属团队	公司整体

备注：业务总监之所以要获得公司整体利润分红，是为了增强公司整体黏度与各营销团队之间的相互配合度。

业务员、业务经理还可根据实际情况，分为 1～3 级，如初级业务员、中级业务员、高级业务员。

(2)业务员超额累进制提成机制

表 3-5 所示的数据为某公司业务员超额累进制提成机制。为了平衡业务员业绩与公司人工成本,该公司对业绩超过 12 万元的提成比例设置了封顶(15%),并且对超过 12 万元的业绩采取分批次发放的设置,即对超过 12 万元的部分其中 40%于当期计提与发放,剩余 60%的提成金额分批次进行发放。如某员工当月完成 20 万元销售业绩,对其 12 万元以下的部分根据表 3-5 按照超额累进制的方法进行核算,对超过 12 万元(含)以上的 8 万元销售业绩,按照封顶 15%核算提成金额并在当月发放 40%,剩余未发放的 60%提成分批次根据员工客户服务完成周期在次月再次进行发放。这种设置方法一方面承认了员工的价值贡献,提升员工的工作积极性,另一方面使人工成本在一定范围内可控,保障公司的经营安全。

表 3-5　业务员超额累进制提成机制

业绩阶梯(元)	提成比例	业绩阶梯(元)	提成比例
≤2 万	4%	≤8 万	11%
≤4 万	7%	≤10 万	13%
≤6 万	9%	≥12 万	15%(封顶)

3. 工程类大客户销售提成设计【核心】

工程类企业业务具有工作周期长、金额较大、过程中变化与调整频繁的特征,因而在对其大客户销售人员的提成设计过程中需要有额外的注意内容。

首先我们需要对工程的工作流程进行清晰明确地分解,一般而言前期工作的关键步骤有产品与销售方案设计、搜集客户信息资料、参与工程业务投标、签订合同并收首付款、阶段性交付与回款、整体产品验收交付结清尾款。工程建设过程通常以项目制的管理方式运行,由专门的项目组或项目公司负责完成,其间还涉及工程业务的分包,对于分包质量、分包成本的管理也是工程业务的关键因素。对于整体的工程业务,其管理主要集中于生产成本、工期进度、交付质量以及过程安全四个方面,所以在对金额激励的分配方面也集中针对这四方面的工作与人员。下面我们以一个示例对大客户销售提成的设计工作进行讲解。

某家公司签订了一笔总额为 1 亿元的工程业务，工程周期为 12 个月，在合同签订后客户公司支付首付款 1 000 万元，周期内根据阶段工作完成情况分为 4 次节点支付，并于 12 个月工程全部完成后结清全部金额。对于此项目，我们按照以下方式进行激励与分配。

①测算此工程业务的预期利润金额，我们可以根据过往相似业务的合同履约率、成本情况，结合本项目实际情况对成本浮动情况进行预测，并最终得到本业务的预期利润金额为 1 500 万元(利润率为 15%)，因为预测的情况通常按照最差的情况来进行，所以到最终实际结算时利润水平会更高一些。

②结合公司的经营特点，公司将总利润的 20%用于工程团队的分配，即工程团队可获得的总金额为 300 万元(1 500 万元×20%)。

③为了保证公司的稳定经营以及项目团队的工作质量，在项目结项前，公司将分配利润总额的 40%用于日常分配与激励，即 120 万元。同时为了保证销售回款的顺利进行，在回款比例超过全部金额的 20%后才可以进行分配。

④为了使工程团队员工在日常工作保持积极性与主动性，在满足分配条件时按照工程剩余周期时间，如 12 个月，平均分配至每个月，即每月分配 10 万元。

⑤工程团队内部根据各岗位价值的贡献程度进行再分配，例如招标、投标员分配 50%、产品交付人员分配 10%、产品研发及方案设计分配 30%、产品服务及质量管理分配 10%，即按照 5 万元、1 万元、3 万元、1 万元的金额分别在每月对以上岗位员工发放激励奖金。

⑥在工程完全结束顺利交付，尾款完全回收，整个工程项目实际利润进行核算，并将利润中未进行分配的 60%部分按照实际利润情况再分配给工程团队。具体如表 3-6 所示。

特别说明：在本分配方法中，若有员工在项目进行过程中主动离职，则视为其自动放弃二次分配奖金的权利，金额将分配给团队内其他成员；当员工因为公司发展需要而进行调岗或因其他原因被动离职，则正常拥有二次分配奖金的权利。

表 3-6　工程类大客户销售提成设计

<table>
<tr><th>预期利润</th><th>分配利润总额</th><th>日常激励</th><th>岗位名称</th><th>日常激励分配金额</th></tr>
<tr><td rowspan="6">1 500 万元</td><td rowspan="6">300 万元
（预期利润
的 20%）</td><td rowspan="4">120 万元
（分配利润总额的 40%）
按月支付，即 10 万元/月</td><td>投标组</td><td>5 万元/月(50%)</td></tr>
<tr><td>产品交付组</td><td>1 万元/月(10%)</td></tr>
<tr><td>产品研发及方案设计组</td><td>3 万元/月(30%)</td></tr>
<tr><td>产品服务及质量管理组</td><td>1 万元(10%)</td></tr>
<tr><td>结项激励</td><td colspan="2">分配规则</td></tr>
<tr><td>180 万元
（分配利润总额的 60%）</td><td colspan="2">根据各组人员在整个项目中的
实际贡献大小决定</td></tr>
</table>

4. 利益链打通销售提成设计【核心】

利益链打通的销售提成设计指所有参与公司价值创造的员工均可以从销售收入中获取一部分提成收入，通过构建公司收入与全员个人提成收益绑定的机制，引导员工将一切工作重心与思考方向集中于支持公司业务推广与销售工作，有助于打破公司内各部门本位主义，并激励员工自主、自发进行产品销售工作，十分适用于处于发展初期的中小型公司。

一般销售的利益链包括生产、采购、研发、运营、营销五大利益主体，我们在进行利益链打通时主要针对这五大主体进行分配机制的设计。

生产人员：主要负责公司产品的正常生产，对公司销售工作发挥保障货源的关键作用，通常在其完成公司保障目标或正常目标时获得销售额奖励。

采购人员：主要负责公司产品所需原料的购买工作，其工作结果对公司经营成本与利润具有相当影响作用，通常在公司达到卓越目标或超额销售额时才获得销售额奖励，从而奖励其对采购成本的控制与管理。

研发人员：主要负责公司产品功能优化与改良或新产品研发工作，推动公司在市场中核心竞争力的形成，对公司长远发展有十分重要的作用，一般在公司实现正常目标后可以获得销售额奖励，有助于激励研发人员加快产品迭代速度，从而提升公司的获利能力。

运营人员：主要负责支持公司销售工作，并保障公司日常工作的正常运转，因其间接对销售工作发挥作用，通常将销售额奖励的一部分提取出来作为运营人员的奖金包，作为年终奖或者一次性奖励的形式进行发放。

营销人员：主要负责公司产品的市场推广与销售工作，是公司营业收入的主要来源。通常对营销人员是直接进行销售额奖励，并根据其销售完成情况，进行折扣、正常或超额发放。营销人员的奖励通常采用当期兑现的方式，而对于存在一定风险的业务，可以通过将提成奖励的一部分作为风险金而延迟发放的方法解决。

表 3-7 所示是一家公司基于利益链打通模式构建的分配表，具体如下。

表 3-7　利益链打通销售提成设计示例

岗　位	总经理	副总经理	销售总监	销售经理	业务员	运营经理	采购经理	研发经理	生产经理
提成比例	2%	1%	1%	0.5%	0.05%	0.5%	0.3%	0.2%	0.2%
若企业当年度实现销售额 100 万元，正常目标为 80 万元									
提成金额	20 000	10 000	10 000	5 000	500	5 000	3 000	2 000	2 000

第二节　高级管理者激励薪酬设计

本节学习要点

高级管理者把握着市场政策与发展趋势，决定着公司未来的发展方向，平日对公司产品、财务、人力等方面重大经营问题进行讨论与决策，其对公司生存和发展发挥着决定性的作用，因此设计有效的高管薪酬激励机制对公司发展而言是至关重要的。如何能够有效调动高级管理者的工作积极性与主动性，为公司获取更高的利润与收益；如何能够平衡好委托代理关系，使高管人员与公司发展所得利益相一致，以减少高管人员通过寻租行为为自己个人牟利，或者过度追求短期利益而使公司长期发展受损等。本节中将对高级管理者激励薪酬设计进行详细讲解，并且会将高层激励薪酬的独特部分——长期激励进行一定的说明。

1.高级管理者薪酬设计方法论【核心】

因高级管理者对公司经营结果具有较大的影响作用，其决策在很大程度上影响着公司的生存与发展，对影响公司发展的重大事件进行决策，不断引导公司的前进方向与发展模式。所以高级管理者的薪酬设计需要围绕公司经营情况，其收入高低应与公司经营状态应存在紧密联系。我们以一位年薪高于 100 万元的高级管理者的薪酬构成为示例，来讲解高级管理者薪酬设计的方法论，具体如表 3-8 所示。

表 3-8　高级管理者薪酬设计示例

<table>
<tr><td>岗位</td><td colspan="5">年度薪酬总额 100 万元＋，公司年度正常销售目标为 6 000 万元</td></tr>
<tr><td rowspan="3">高级管理者</td><td colspan="2">将 100 万的 40％作为固定收入部分，即 40 万元</td><td colspan="3">将 100 万元的 60％部分作为提成部分，即 60 万元</td></tr>
<tr><td>基本工资 40％</td><td>绩效工资 60％</td><td>基本目标</td><td>中间目标</td><td>卓越目标</td></tr>
<tr><td>按月发放</td><td>按月度或季度发放</td><td>5 000 万元，低于或等于基本目标，无奖金或分红</td><td>6 000 万元，有奖金/分红。介于基本和中间目标之间，奖金/分红减半</td><td>7 000 万元，在原有正常奖励基础上，再次进行超额奖励</td></tr>
</table>

从表 3-8 中我们可以看到，该公司高级管理者的 100 万元年度收入中，相对稳定的收入只有固定收入的 40 万元，剩余的 60 万元均与其工作结果和公司经营情况关联，示例中的高级管理者的提成收入则是与其所负责业务的年度销售额直接挂钩。关于其中提及的三级目标设定方式请阅读本书“第一章第二节：4. 战略目标制定”具体内容。

除了常规的固定薪酬、绩效薪酬、提成收入、公司当期利润分红外，有的公司为了防止高级管理者过度追求短期目标，采取激进的冒险经营策略而损害公司的长期利益，特意对高级管理者设置了延期支付奖金、股权激励等长期薪酬项目。其中延期支付奖金是公司将用于奖励高级管理者经营成果的奖金的一部分，延迟 3～5 年发放，如果过程中公司经营发生重大问题或事故，则从这部分奖金中进行相应金额的扣除，从而规避一些短期行为造成的经营风险；股权激励是通过授予高级管理者一部分公司股票，使其个人有相当一部分收益与公司股价相关联，从而使高级管理者与公司的利害关系一致，通过在双方之间构建利益共同体的方式，促进高级管理者对公司发展竭尽全力。

因高层管理者对公司拥有如此重要的作用，其所具有的价值如此之高，因此多数公司对高层管理者会给予一部分额外的高价值福利，从而表现出公司对高级管理者的重视，例如每年专设的高标准体检项目、补充医疗保险、高层人员团队旅行、金色降落伞等。

综上所述，高层管理者的薪酬构成设计为：

高级管理者薪酬＝固定工资＋短期激励＋长期激励＋普通福利＋专项福利

其中短期激励包括当年度绩效工资、当年度经营分红、销售提成、经营奖金等；长期激励包括延期支付奖金、股权激励、任期激励奖金等。

2. 高级管理者薪酬设计流程【核心】

通过第二章的学习，我们明白了通过调查市场薪酬确定公司的薪酬策略、薪酬矩阵设计、薪酬构成设计等内容。对于高级管理者的薪酬设计流程总体仍然是遵从第二章内容，在此基础上，我们进行更深一步的学习。

首先，我们需要根据市场中高级管理人员薪酬的区间范围，结合自身公司实际情况确定薪酬策略，确定高级管理人员的年度薪资总额。如某中小企业高层人员年薪为 60 万元，有业绩目标规定，未实施股权激励；如某大型集团公司副总裁年薪为 120 万元，同时拥有业绩股份。除了进行市场竞争对手薪酬数据调研外，面试谈判博弈也是一个很重要的环节，这点是公司方需要注意的地方。

其次，设置高级管理者的薪酬构成。我们可以先确定高级管理者的固定工资部分，这一方面可以参考市场中相似公司的基本工资水平并结合公司自身情况确定，用以保障高级管理者的基本生活需要，并表达公司对其价值的认可。接下来在浮动薪酬部分，一般情况下，短期激励中的浮动薪酬需要与年度经营目标挂钩，同时设定年度运营成本比例，以保证公司安全快速发展。同时，拟定高级管理者的福利项目，制定福利预算并将其从高级管理者年度薪资总额中扣除。

最后，是高级管理者薪酬设计中最难的部分，需要对短期激励中的浮动薪酬项目进行设置，包括激励项目、激励规则、奖励标准等，即需要明确激励过程中奖金或者分红的财务计算模型。

因为激励部分是高级管理者收入的主要部分，并且涉及金额较大，所以在设计时需要尽可能考虑全面、对各种情景进行假设并提出相应的处理方法，在激励规则方面的概念界定也需要十分谨慎，避免因概念不清导致核算数值产生偏差而影响高级管理者奖金金额，为激励工作造成不必要的问题与矛盾。通常在短期激励和长期激励中使用的指标项目有公司利润、销售额、管理费用、各类财务规定等。如高级管理者分红财务计算模型的设置如下：

公司核算利润＝(销售额－约定的预收款－交给其他部门费用)－成本－备用金

事业部利润＝总销售额－分配给分/子公司部分－(事业部人员薪酬及提成＋营销中心分成＋办公租金＋办公管理费用＋营运费用＋赠送产品费用＋税金＋其他相关费用)－公摊费用

销售公司利润＝总销售额－分配给事业部部分－(销售人员工资＋销售人员提成＋公关费用＋办公费用＋管理费用＋经营税金＋其他相关费用)

在清晰界定各指标的概念、核算方法，确认指标核算无误之后，我们便需要对这些指标与高级管理者薪酬的激励项目之间构建起对应关系，通常高级管理者的激励方式都是根据公司经营结果以奖金包的方式出现，有的公司是以责任状的形式对各高级管理者需完成的工作内容、经济指标等进行规定并约定完成后能够获得的奖金金额，例如实现 3 000 万元销售额时可获得 40 万元奖金，每再提高 10％，获得奖金增加 1 万元。还有的公司是对高级管理者规定奖金包核算方法，例如高级管理者奖金＝(公司实际营业收入－公司计划营业收入)×10％＋(公司实际净利润－公司计划净利润)×30％。无论采用何种方式，都需要将高级管理者的奖金激励与公司经营结果直接关联起来，这样我们就完成了高级管理者短期激励的设计。

以上是中小企业高级管理者薪酬的具体设计流程，适用于处于初创期和发展期的企业。针对大型企业，我们需要在短期激励与长期激励之间构建平衡，保证短期激励到位和长期激励有效，适用于处于稳定期的企业，具体如何设置可根据企业实际情况确定。目前常用的方式是股权激励，此方面内容因涉及较多因素并受到政策影响，受限于书籍篇幅，可参考北青博雅出品的《股权激励实战手册》。

3. 高级管理者薪酬设计示例【核心】

公司高级管理者薪酬设计示例 1

一、确定公司的高级管理人员岗位

本薪酬适合于集团公司总监以上人员、子公司副总以上人员，主要包括：集团公司总经理、技术研发总监、生产总监、营销总监、财务总监、人事行政总监、事业部总经理、分/子公司总经理、分/子公司副总经理。

二、确定高级管理人员目标

根据公司当年度经营发展战略，确定高级管理人员经营目标，如表 3-9 所示。

表 3-9　高级管理人员经营目标示例

经营指标	基本目标	中间目标	卓越目标
营业额	2 亿元	2.2 亿元	2.8 亿元
利润	2 000 万元	4 000 万元	6 000 万元

注：公司利润低于 80%以下，财务总监、行政人事总监无利润分红。

三、制定财务核算账

公司核算利润＝营业额－预收款－应收款－总成本－约定费用－税费－公司发展基金

四、确定薪酬构成

1. 总经理：固定工资＋绩效工资＋销售提成＋利润提成＋公关费用补助

2. 技术研发总监：固定工资＋绩效工资＋销售提成＋利润提成＋研发费用补助

3. 事业部总经理：固定工资＋绩效工资＋销售提成＋利润提成

4. 营销总监：固定工资＋绩效工资＋销售提成＋利润提成＋公关费用补助

5. 财务总监：固定工资＋绩效工资＋利润提成

五、完成薪酬测算

如某事业部总经理薪酬构成为：固定工资＋绩效工资＋销售提成＋利润提成。其中固定工资与考勤挂钩，绩效工资与绩效考核结果挂钩，销售提成与销售额挂钩，利润分红与利润额挂钩，则事业部总经理薪酬测算结果如表 3-10 所示。

表 3-10　薪酬测算表

目　　标	固　　定	绩　　效	销售提成比例	利润提成比例
2 亿元	20 000 元/月	30 000 元/月	0.5%	8%
2.2 亿元	20 000 元/月	30 000 元/月	0.5%	9%
2.8 亿元	20 000 元/月	30 000 元/月	0.5%	10%

若某事业部总经理当年完成销售收入 2.5 亿元，销售利润 4 000 万元，绩效考核结果均为 1.2，则此事业部总经理当年薪酬总额为：

年度薪酬总额＝20 000×12＋30 000×12×1.2＋250 000 000×0.5％＋40 000 000×9％＝221(万元)

公司高级管理者薪酬设计示例 2

一、确定整体销售额目标、利润目标

根据公司的发展战略，年度销售目标为 1 亿元，年度净利率达到 20％以上。

二、确定总经理的年薪总额(基本年薪＋绩效年薪)

通过比对市场薪酬、个人能力、人才渠道、个人要求等要素，确定该总经理的年薪总额为 100 万元。

三、确定总经理的薪酬构成

总经理薪酬构成＝基本年薪＋绩效年薪＋年终奖金＋利润分成＋福利

基本年薪：年薪总额(100 万元)×40％，按月发放，分为 12 个月。

绩效年薪：年薪总额(100 万元)×60％×年度绩效考核系数，按年度发放。

年终奖金：达成目标 80％以上时发放，否则无，按年度发放。

利润分成：年度净利润总额×整体分配系数×岗位分配利润系数，按年度发放。利润分成是年薪总额的额外激励部分。

四、绩效年薪考核系数规定

总经理年薪绩效考核系数的确定规则如表 3-11 所示。

表 3-11 总经理绩效年薪考核系数表

年度目标完成率	$Y<60\%$	$60\%\leqslant Y<70\%$	$70\%\leqslant Y<80\%$	$80\%\leqslant Y<100\%$	$100\%\leqslant Y<120\%$	$120\%\leqslant Y$
年度绩效考核系数	0	0.4	0.6	1	1.1	1.2

备注：年度目标完成率＝年度销售完成率×50％＋年度净利率完成率×50％。

五、年终奖金规定

年度目标完成率低于 80％，无年终奖金。

年度目标完成率在 80％以上，低于 90％，发放相当于 1 个月基本月薪的年终奖金。

年度目标完成 90%以上，低于 100%，发放相当于 2 个月基本月薪的年终奖金。

年度目标完成 100%及以上，发放相当于 3 个月基本月薪的年终奖金。

六、利润分成规定

年度净利率低于 15%，无利润分成。

年度净利率在 15%以上，低于 20%，整体分配系数为 5%。

年度净利率在 20%及以上，整体分配系数为 10%。

总经理的岗位分配利润系数为 0.4。

七、签订目标责任状

编制目标责任状，在其中列示公司战略规划，明确岗位职责、绩效考核标准与激励规则。经公司盖章，总经理本人签字，双方完成签订后生效。

第四章
不同行业薪酬设计案例

薪酬设计是一项蕴含共性与特性的知识技能，在设计思维、工具方法等基础逻辑方面具有共性，而在不同规模、不同性质、不同行业的企业内体现出特性的一面。在掌握薪酬设计共性的基础上，我们将在此章学习薪酬设计的特性，如不同行业的薪酬设计特点、不同行业的薪酬设计思路、不同企业的薪酬设计案例，以提升对不同情境的应对能力，进一步深化薪酬设计掌握程度，并通过对优秀企业薪酬设计案例的解析，加强对薪酬设计的理解。

第一节　不同类型企业的薪酬设计特点

本节学习要点

在学习与掌握薪酬体系设计的思路、方法、工具以及构建步骤的基础上，我们针对不同类型企业在薪酬设计中的特点进行说明与讲解，主要包括小微企业、中小企业、大型企业、国有企业等多种特点的企业，读者可根据自身企业的性质与特点，从而有针对性地进行阅读与学习，掌握不同类型企业薪酬设计的核心区别。

【小微企业】小微型企业薪酬设计的特点

小微型企业的主要特征是企业在主营业务收入、利润水平、企业人数等方面的规模都相对较小，并且多数情况下处于企业生命周期的前期阶段，模式相对不够稳定，日常经营重点集中于不断拓展企业业务，从而维持企业在激烈市场竞争中能够生存与发展。

由于企业人员数量较少，通常情况下企业内的组织架构相对简单，直线制与职能制的组织结构居多，有的小微企业甚至没有组织结构和部门设置，同时员工工作职责的专业化分工程度也相对较弱，很多员工都是一人兼任多个岗位工作，比如行政、人力、财务职能由一人负责完成，业务经理同时需要负责开展业务所需材料的采购工作等。而在企业文化与日常管理风格方面，多数情况下都是由企业所有人（创始人）一人负责，通俗来讲就是“领导一人说了算”，这也使得小微企业的决策效率相对较高，应对各种反映和变化响应比较迅速，不过在某些时候的决策从系统性、长期性的考虑可能会有所欠缺，如缺乏对企业目标的制定，缺乏相对应的流程及管理。

针对小微企业的以上特点，在对其进行薪酬体系设计时主要围绕企业领导的思考与想法进行构建，由于企业内的职位建设相对较弱，所以多数情况下确定的薪酬水平是与员工个人产出、能力、素质、过往表现关联程度较高，在分析与建设时需要较多考虑现有企业中“人”的因素。

在确定薪酬策略时，小微企业一般会选择对企业内的核心人员采用薪酬追随策略，甚至对极优秀的核心人员采用领先策略，而对多数普通员工，其薪酬水平控制在市场30分位左右，在此方面我们建议在完成市场同行业薪酬情况调查与分析后，针对企业中的在岗人员一一比对，并由企业领导给出员工薪酬调整意见。

在薪酬结构方面，小微企业受制于人员数量与管理成本等原因，通常薪酬构成相对简单，业务人员的薪酬由“固定工资＋业绩提成”组成，而非业务人员由“固定工资＋年终奖”组成，其中未设置绩效工资等浮动薪酬，主要是小微企业在日常工作中对于绩效考核方面能够投入的时间相对有限，开展绩效考核的成本过高，采用提成或奖金的直接管理方式足够满足当下的管理需求。在具体的薪酬项目方面，小微企业通常比较简单，薪酬项目较少，通常所有的员工收入项目都是以固定工资或提成、奖金的形式直接发放，没有相对复杂的薪酬明细项目，简约的设置方式减少了员工对薪酬具体项目的疑问，在一定程度上减少了日常的管理成本。

在薪酬制度方面，小微企业的制度内容也相对简单，制度文字和篇幅也相对较短，一方面是由于其薪酬体系内容相对简单，另一方面是其业务内容相对单一，与员工薪酬相关的特殊情况相对较少，所以在薪酬制度中需要解释的内容不会太多，在制度中只要明确说明薪酬的发放日期、各类员工的薪酬构成、业绩提成与年终奖核算方法以及病、事假扣款计算公式等即可。

【中小企业】中小型企业薪酬设计的特点

中小型企业的主要特征是企业主营业务收入、利润、企业人数具有一定的规模体量，企业已经由初创时期逐步进入发展时期，业务模式逐渐固化与规范，企业在市场竞争中的某些细分市场开始拥有一定的市场份额和相对稳定的客户群体，企业凭借其独有的科技、成本或产品优势在市场中拥有一定的竞争优势，日常工作多数集中于对现有业务的扩张与企业未来的进一步发展。

中小型企业已经初步具备了现代企业管理的组织结构，在工作内容方面呈现出一定的专业分工，在组织结构方面主要采用直线职能制，各部门拥有相对清晰的职责与工作任务，并且拥有相对稳定的工作流程和审批权责划分。在某些职责方面在部门内也可以固化为职位/岗位，在岗员工拥有相对标准和稳定的工作职责，但是工作任务根据企业发展的不同阶段会不断发生变化，在外部市场环境发生变化时，企业的组织结构、部门职责、工作流程等会相应发生较大调整且这一过程较为迅速。企业内拥有一种或多种业务或产品，但是业务和产品集中于某个行业内且业务和产品多是存在一定内在关联关系的。在授权方面，多数问题仍是由企业创始人或创始团队进行决策，中层管理者多是任务的执行者，只有对部分部门内事项拥有决定权。

基于中小型企业的以上特点，其人员的薪酬设计与小微企业在部分方面比较相似，在进行设计时同样应围绕其创始人或创始团队的思想展开，但是因其岗位一定程度上比较成熟，所以在薪酬体系设计时需要考虑一定的内部公平性，不过中小型企业在岗位职责的标准化程度方面相对较低，很多岗位的设置都拥有十分鲜明的企业特点，与市场中相似岗位对比时容易产生较大偏差，所以在薪酬体系设计进行岗位价值评估时，我们建议使用倾向于内部比较的28因素法，市场相关岗位薪酬数据可以作为各级别岗位薪酬策略确定时参考使用。

中小型企业伴随人员数量的增加，会拥有专门从事管理工作的中层和基层管理者，在管理方面也可以投入更多的时间与精力，以保证企业整体的发展与正常运行，所以在薪酬构成方面，中小型企业常采用“基本工资＋绩效工资＋提成/专项奖金/年终奖”的组合方式，固浮比方面在各职位层级(高层管理者、中层管理者、基层管理者、普通员工)中呈现出明显的差异性，其中绩效工资是对岗位职责范围内的工作任务和目标达成情况而进行的一定幅度范围的奖惩措施，通常在±20％～30％的范围内浮动，而对于业务或销售岗位的人员，业绩提成依然是其收入的主要部分，专项奖金是技术、研发、产品、项目团队等人员的激励手段，年终奖金主要针对非销售/业务的职能人员设置。

近年来一些中小型科技企业和互联网企业为了激励与保留其核心管理人才和技术人才，对高职级的员工通过采取股权激励和业绩分红等激励方式，使其从企业经营发展中获得额外收入提升自身收益，从而保持在企业内工作与发展。在薪酬制度方面，中小型企业的制度内容相对复杂，其主要由《公司薪酬管理制度》和各类专项激励方案/制度组成，通过差异化的设置方法实现对不同业务或产品人员的激励，从而使人力资源薪酬管理更加贴近业务特点，避免“一刀切”的管理方式，这同时也对相应的管理人员和薪酬核算人员提出了更高的管理要求。

在具体的薪酬项目方面，中小型企业的内容开始丰富起来，除基本工资、绩效工资、提成奖金等常规薪酬项目外，福利项目有所增加，例如餐饮补助、交通补助、通信补贴、加班补贴、驻外（出差）补贴等，但是福利项目仅为保障员工基本生活而设置，福利金额水平不会太高，员工的收入主要部分还是来自绩效工资和提成奖金等浮动部分，绩效管理成为中小型企业的管理重点，同时因与员工个人收益关系紧密，也十分受到员工重视。

【大型企业】大型企业薪酬设计的特点

大型企业的主要特征是企业主营业务收入、利润水平、人员数量等规模较大，企业通常属于发展期或稳定期，业务或产品在市场中占有一定的份额，商业模式与市场状态相对稳定，企业拥有多项主营业务和产品，并且涉猎多个行业之中，日常的经营活动主要在于维持现有的市场份额水平与客户群体，抵御来自各方的竞争力量，同时完成对其自身业务和产品不断升级与更新，保持市场核心竞争能力，实现企业进一步发展。

大型企业的组织结构相对完整、成熟、清晰，层级相对明显，并且因企业战略、商业模式、业务板块成熟度等不同呈现出不同的类型，例如直线职能制、事业部制、矩阵制等，不同的组织结构对应不同的管控模式，而影响着具体的薪酬体系设计。大型企业的部门职责相对明确与规范，岗位设置与岗位职责标准化程度较高，并且企业职位体系设置相对完善，各个岗位根据工作职责和工作内容的性质加以区分，例如管理序列、技术序列、职能序列等，员工在各序列的相应岗位开展工作，并根据自身工作结果、能力素质等在通道内和通道间综合全面地有序发展。

大型企业日常运行相对有序，工作流程规范，各层级人员管理权限划分清晰，对有关工作事项的审核、决定权力明确，不同难度、不同类型、不同层次的问题会由不同管理层级的人员进行处理，专业分工进一步精细，而在企业内的各类业务与产品方面，大型企业通常是以事业部或分/子公司的方式运行和管理，一方面有助于业务和产品独立核算，容易衡量业务和产品的经营情况，便于企业进行业务产品相关方面的决策；另一方面有助于企业对相关业务、产品负责人开展相关考核工作，设计对应的激励和奖惩方法，从而对其决策和行为进行引导，而对事业部和分/子公司的具体管理则与企业的管控模式息息相关。

根据大型企业的以上特征，大型企业的薪酬设计主要有以下特点。

①薪酬调查相关，由于大型企业的岗位标准化程度相对较高，岗位内容较为完整，易于在市场中进行横向比对，所以在进行岗位价值评估与薪酬决策时，通常使用美世、海氏等岗位价值评估法或直接采用第三方薪酬调查机构，如翰威特、中智、太和顾问等公司，直接将岗位价值评估结果与市场薪酬分布情况进行对比从而进行决策。

②薪酬策略决策，通常是在薪酬激励与企业内部公平之间的平衡，伴随着企业规模的增大，需要权衡与平衡的事项也几何级增多，通常大型企业在薪酬体系设计时需要注意管理人员、业务人员与专业人员之间的平衡，专业序列内不同专业之间人员的平衡，不同业务板块人员之间的平衡以及核心人员短期激励与长期激励之间的平衡等，相应处理方法也很多，例如序列系数、业务模块系数、核算调节系数等。

③在薪酬结构方面，大型企业呈现出企业内部明显的差异性，各职级、各序列、各业务板块人员在固浮比设置方面可能均不相同，同时因大型企业的薪酬水平相对较高，其对于高层管理人员的固浮比设置会低于其他规模的企业，固定工资在大型企业的高层管理人员的收入结构中所占比例会更少，从而充分保证企业整体发展目标的实现与达成。

④在薪酬构成方面，大型企业的薪酬项目更为全面与丰富，从而实现其不同的管理目的，例如固定工资包括基本工资、职级工资、学历工资、技能工资等；浮动工资包括绩效工资、业绩提成、团队奖金、专项奖金、利润分享等；福利项目包括餐饮补助、交通补助、通信补助、团队补助、补充医疗、证书补助等。

在薪酬项目中奖金管理是大型企业管理的重中之重，大型企业在经营过程中较为注重目标与责任的层层传递，所以个人绩效工资在员工浮动工资中所占比例相对较少，更多的浮动工资是通过组织、部门、整体业务单元等组织目标达成所获得奖金包的二次分配来获得，使得员工能够不局限于完成个人职责事项而更多地关注整体目标的达成。奖金包的设置则通常与年初制订工作计划与工作目标时一起完成，并由部门负责人、业务板块负责人、分/子公司负责人签订责任状的方式实现，员工则依据个人年度贡献情况（通常是以年度绩效考核成绩作为参考）从整体的部门奖金包中进行二次分配获得。

⑤在薪酬制度方面，大型企业较为特殊，制度的管理方式与企业所采用的管控模式有关，如果企业采用财务型管控模式，则各分/子公司、事业部可独立设置自己的薪酬体系与相应管理制度，企业总部只对薪酬成本总额进行管理，而对各组织的薪酬体系与制度仅做备案登记管理；如果企业采用战略型管控模式，则由企业总部制定薪酬管理制度的结构框架，各下属组织单位可在总部的结构基础上进行适当调整与修改，并经总部批准后方可执行实施；如果企业采用操作型管控模式，则整体企业的薪酬管理制度均由总部制定，各下属组织单位只有执行的权力，而总部在制定薪酬管理制度时有的企业会采用统一的制度办法，有的企业会根据产品/业务的不同，分别制定不同的有针对性的管理办法，但是均纳入企业整体的薪酬制度之中，所以大型企业的薪酬管理制度通常比较复杂，其中涉及不同方面的管理内容、不同的情景以及不同业务/产品的各种情况与问题。

【国有企业】国有企业薪酬设计的特点

国有企业通常包括央企和地方国企，是国务院和地方人民政府分别代表国家履行出资人职责的国有独资企业、国有独资公司以及国有资本控股公司，包括中央和地方国有资产监督管理机构和其他部门所监管的企业本级及其逐级投资形成的企业。

除了在企业规模方面，各种体量的国有企业具备相应体量企业的薪酬体系设计特点，其企业性质也影响经营目的、管理思想、业务范围、商业模式、盈利方式等，从而对企业内部的利益分配机制和激励机制产生影响。

国有企业因在市场竞争中拥有一定的特殊性，所以近年来国家对央企负责人在薪酬方面做出了政策性规定和要求，先后出台了《中央企业工资总额管理办法》，其中对央企单位工资总额管理做出明确规定，很多地方政府也对当地央企负责人制定了“限薪令”，同时国家也对国有企业经营结果考核出台了相应的政策文件，在考核方法、考核项目、计算方法等方面进行了进一步明确，国有企业负责人的个人收入不仅上限受到了限制，且在获得方式方面也受到了相关政策约束，对于国有企业的政策管理在近年来愈加严格。因国有企业属于国有资产，为保证国有资产的保值增值、防止流失，在部分行业（例如高新技术行业）对某些激励方式（如股权激励）也存在一些政策性管制。

所以在国有企业薪酬设计方面的特点之一是政策合规性，企业所设计的薪酬体系需要符合国家政策规定，例如薪酬增长机制不能突破工资总额管理要求，这对国有企业浮动工资管理及薪酬调整管理提出了更高的要求，再比如高层管理者受到限薪令的政策要求，企业内关于高层管理者的管理制度也需要配套进行有关说明，并且在高层管理者的价值体现、工作激励以及企业内公平等多个薪酬管理体系方面提出了更高的管理要求。

国有企业薪酬体系的另一个特点是福利化，虽然有些国有企业的工资收入比较低，但是这并不代表他们的实际收入水平低、薪酬不具有竞争性，主要原因在于其拥有丰富多样的福利项目以及相对较高的福利水平。福利化的好处在于可以提供给员工较强的工作幸福体验，增加员工安全感，并且为员工提供较强的企业归属感，在高福利的国有企业中工作的员工，工作满意度相对较高，并且工作相对稳定和安逸，在竞争日益激烈的市场环境中，这一点对员工尤其重要，而这也正是无法用高薪挖到某些国有企业成熟员工的原因之一。

但是伴随着国企改革的推进，福利化这一特征也在逐渐弱化，很多国有企业在近年来的薪酬体系改革和优化过程中也逐步与市场接轨，更多地通过工资、年终奖等货币性收入来体现员工及其所在岗位的价值。

除了以上两点，国有企业薪酬体系设计还十分注重体系的公平性，国有企业内部公平性主要考虑到以下六个方面。

①老员工与新员工之间的公平。

②管理者与专业人才之间的公平。

③各专业人才之间的公平。

④业务人员与职能人员之间的公平。

⑤总部与分/子公司相同职能人员的公平。

⑥总部管理人员与分/子公司管理人员之间的公平。

但是关于公平的含义，在各家企业之间有所差异，有些企业的公平强调价值贡献，有些企业的公平追求"平均主义"，具体对于公平在企业内的意义和导向是由国有企业领导人的风格与管理思想所确定的，但是以上这六个方面的公平性问题，需要在设计国有企业的薪酬体系时着重思考与考虑。

【上市公司】上市公司薪酬设计的特点

上市公司是所公开发行的股票，经过国务院或者国务院授权的证券管理部门批准在证券交易所上市交易的股份有限公司。中国近年来上市公司数量有所增加，其中有些是在国内沪深证券交易所上市，有些是在国外或中国香港证券交易所完成上市，但是只要成为上市公司，就需要依据所在地的上市公司相关政策要求完成相应内容，例如重大事项公示、定期经营审计、公布年报等，同时对企业经营管理也做出了规范要求，所以上市公司的薪酬设计主要体现在两个方面，即规范性和激励特殊性。

上市公司薪酬体系的规范性主要源自上市企业的政策要求，例如《在沪上市公司董事会薪酬与考核委员会实施细则指引》对上市公司要求在董事会中设置薪酬与考核委员会，由其负责制定公司董事及经理人员的考核标准并定期进行考核工作，制定并审查公司董事及经理人员的薪酬政策与方案等，在薪酬与考核委员会的成员组成、职责权限、决策方式、工作机制等具体内容方面也有相关的明确规定，而这些内容均需要体现在上市公司的薪酬管理制度中。

同时，上市企业本身需要对资本方和股东负责，薪酬体系作为平衡企业经营人工成本与人员激励性的重要手段，自然是资本方和股东的重点关注对象，其对薪酬体系设计的整体性、激励性以及成本控制等方面有诸多内在要求，而对激励与成本之间的平衡关注度更高，特别是对高薪人才、高薪职业经理人、特聘专家等，同时也对一些特殊情况下的薪酬处理提前进行预测并做出规定，以防止之后出现相关问题。

总体来讲，上市公司的薪酬体系设计在内容完整性、书写规范性方面要明显优于非上市公司，而这也就对薪酬体系设计工作提出了更高的要求。

上市公司薪酬体系的另一个特点是激励的特殊性，相比于其他性质的公司而言，上市公司可以通过向其核心管理人员与核心人才给予一定数量可在二级市场中自由流通的股票或购买股票的权力（期权）的方式，实现对其关键人员的激励与留存，获得股票的员工既可以通过股利分红获得收益，也可以通过在二级市场出售股票并从买卖差价中获得收益，其中后者是激励对象收益的主要部分。上市公司的股权激励需要通过制定《专项股权激励方案》，激励方案需要严格符合《上市公司股权激励管理办法》的政策要求并经过公司内审议完成，在公开网站进行公示后方可执行，激励对象在满足激励方案条件后可在约定时间内获得相应的公司实际股票。这种方式相比于高新技术、互联网公司的股权激励更具有合法性，容易获得员工的信任，所以激励效果更加明显。

第二节　不同行业的薪酬设计

本节学习要点

薪酬体系不仅在企业体量、企业性质等方面存在显著的特点，随着中国改革开放、市场化程度逐渐走向成熟，市场中各个行业伴随自身的成长与发展也形成了独特的商业模式和运作方式，自然就产生了符合行业特点的薪酬体系，本节中主要对互联网、房地产、金融等行业，结合其行业发展及商业模式特点，有针对性地讲解各行业的薪酬体系设计思路。

【行业 1】互联网行业薪酬体系设计【核心思路】

互联网行业是近年来在国内兴起的行业，行业代表企业有阿里巴巴、百度、腾讯等，互联网行业主要是依托于信息时代的互联网平台与大数据技术等，通过互联网产品在网络中进行用户交互获取流量，并采用某种转化手段将流量变现为具体的业务服务，使企业获得收入并盈利。

互联网行业多是知识密集型企业，属于轻资产，企业内的主要人员是产品经理、程序员以及交互设计从业者等，其企业发展主要依托于核心技术发展以及产品更新迭代，从而更进一步接近和发掘用户需求。

互联网行业的主要特点是变化、迅速和灵活。因为时代变化很快，用户需求变化也多种多样，为了快速跟上市场的各种变化，互联网企业需要拥有高效、灵活的内部运作方式加以应对。市场不断推动着企业向更加高效的方向发展与前进，因而互联网企业的组织结构整体呈现扁平化，管理层级较少，从而保证信息快速、高效地在企业内传递与流转并进行决策，同时组织结构的调整与变化也相对频繁。为适应市场的不断改变而追求更高的内部协作效率，组织结构、岗位设置、岗位职责的不断调整是互联网行业的一大特征。

薪酬体系的设计需要良好的服务并支撑企业的业务需要与发展，互联网行业的以上这些特征使得其企业内的薪酬体系设计也需要具有相对于传统企业更多的灵活性与针对性，主要体现在以下四个方面。

（1）薪酬管理根据不同职位特征开展分类管理

互联网行业的职位发展通道通常分为管理（M）、技术（T）、专业（P）三种类型，如表 4-1 所示，三种职位发展通道类型在企业发展中发挥不同的职责与功能，而对不同的价值贡献与人员工作方式采用不同的薪酬管理方式。管理人员主要通过达成整体结果获取收益，技术人员通过技术贡献、资历等级获取收益，专业人员以其个人工作结果的达成获取收益，分别以贡献内容为其付薪并制定相应的规则与激励方式，从而最大化地发挥人力成本的作用。管理通道人员薪酬构成通常为“基本薪酬＋绩效薪酬＋责任状达成奖金”，技术通道人员薪酬构成通常为“基本薪酬＋项目奖金/产品分红＋年终奖”，专业通道人员薪酬构成通常为“基本薪酬＋绩效薪酬＋专项奖金＋年终奖”，具体如表 4-2 所示。

表 4-1　互联网行业职位发展通道

职　级	管理通道(M)	技术通道(T)	专业通道(P)
10	M7	—	—
9	M6	T9	—
8	M5	T8	P8
7	M4	T7	P7
6	M3	T6	P6
5	M2	T5	P5
4	M1	T4	P4
3	—	T3	P3
2	—	T2	P2
1	—	T1	P1

表 4-2　互联网行业各通道薪酬构成

薪酬构成	管理通道(M)	技术通道(T)	专业通道(P)
基本薪酬	√	√	√
绩效薪酬	√		√
项目奖金		√	
产品分红		√	
责任状达成奖金	√		
专项奖金			√
年终奖		√	√

(2)薪酬体系整体框架固定,专项激励方案解决专项奖励需求

互联网企业的薪酬体系在整体框架下相对稳定,对于员工的薪级薪档、薪酬确定、薪酬调整等方面的内容做出规定,并在一段时间内稳定运行,但是因为互联网行业产品较多、开发周期相对短暂、迭代更新频繁而且产品类型、商业模式各有特点,也就意味着不适合采用销售型企业的统一激励规则的方法。所有的产品、项目通常需要根据其自身的运营与预期盈利周期设置专项激励方案并进行测算,有时候还会对部分重点项目采取一些政策优惠的手段,给予更多的奖励与激励,通过采用专项奖励方案的设计最大程度对项目组、产品负责团队进行激励,结合相对稳定的整体薪酬体

系框架实现企业内的薪酬规范，建立公平氛围，从而满足薪酬管理的公平性与激励性需要。

(3)利益共享的分配机制

互联网行业的企业更乐于将共同努力的经营成果与所有员工共同分享，其中主要体现在年终奖方面，互联网企业的年终奖通常在 4～6 个月，相当于一个正常员工日常工资的 1/3～1/2，如果企业正常发展而自己也完成了个人的职责工作，那么到年底将能够额外获得 33%～50%的收入，在这种情况下将会对员工认真完成工作产生较强的激励作用。

另一方面在互联网企业中，一般会对技术能力较强，管理能力较好的管理人员，在到达一定职级之后设置股权激励方案，分配一定的公司股份从而使其能够额外获得企业分红或在未来企业上市之后获得高昂的回报，以此方式来认可这些人员在企业的重要价值并将其保留于企业，也是对低职级员工一种很好的激励作用。互联网行业能够进行这种利益共享主要还是由于其处于新兴发展的蓝海时期，细分市场中还尚未进入到激烈的竞争状态，企业依然可以通过技术红利获得相对满意的利润水平。

(4)薪酬调整与员工成长周期更为频繁

通常企业将员工调薪周期控制在 1～2 年，而互联网行业的薪酬体系则一般采用先快后慢的周期设置，这也更加符合行业人员的成长规律。互联网行业的大部分人员在最开始的时候薪酬较低，但是伴随着工作快速成长，其个人能力、工作效率、工作产出都在高速提升，而这也会使其基本工资和职位等级快速提高，从而保证员工的价值贡献、成长以及个人收入能够匹配。通常员工在初级职位时的晋升与发展较快，平均每半年至一年调整一次，约 3 年到达相对成熟的中级职位。但是在到达中级职位之后，晋升速度便开始放缓。一方面与成长规律一致，在到达相对成熟的技能水平后，提升或进一步精进所需投入的时间和精力均会大幅度提高，且对应能力和成果的提升效果因人天赋差异会有所不同，所以在这一阶段，员工的成长速度会有所放缓；另一方面，互联网企业到达中级职位后员工的收入水平相对较高，多数情况下能够超过其他行业同等工作年限的人员，其生活的基本保障能够满足，在收入进一步提高方面的需求也适当放缓。

总体概括互联网行业薪酬体系设计的方式是分类管理、专项激励、利润共享、操作迅捷，通过以上的设计方式来更加良好地应对变化快速的市场环境，如图4-1所示。

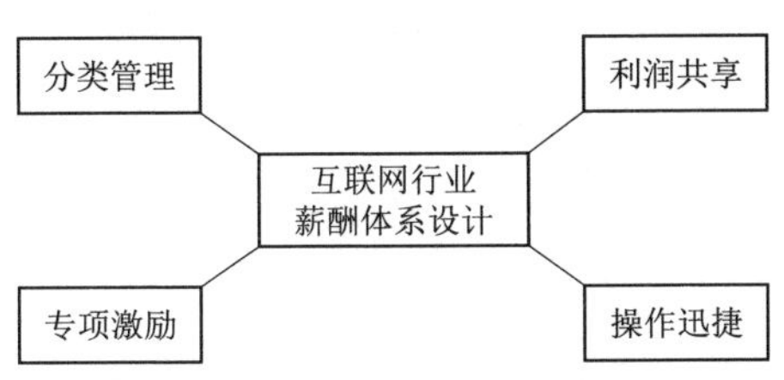

图4-1　互联网行业薪酬体系设计要素

【行业2】房地产行业薪酬体系设计

房地产行业主要经营对象为不动产(房屋)，具有固定性和不可移动的特点，代表企业有万科、恒大地产等。房地产行业在传统行业中属于资金密集型和人员密集型的产业，其经营活动中包含众多复杂的流程与环节，主要包括征地、拆迁、土地开发、土地出让转让、房屋开发、房屋出售、出租、转租、房地产抵押以及房地产建设，其中每一环节都涉及大量的谈判、协调、筹划各方资源以及相关法律事务，过程中需要大量资金运筹和人员投入，其资金一般无法由自有资金完全支持，需要依托于各种金融工具与金融手段，在这方面需要企业拥有专门的人才进行筹划与运营。

由于房地产行业前期投入大量资金以及较长的建设与开发周期，使得企业经营需要快速的资金回流，才能保证企业的正常运行，否则会对企业现金流产生较大压力而造成经营风险，故企业均会有一支能力较强的营销队伍，来推动企业产品的销售工作以保证企业能够正常运转。

房地产行业的另一个主要特征是区域性，因为房屋的不可移动性，使得其业务较大程度地受到所在区域环境、政策以及客户特征等的影响，具有较强的地域性，某类产品在A地区热卖而在B地区销量惨淡，这种情况是很可能出现的，所以以地域特征划分进行的区域管理成为业内的主要方式。

房地产行业属于高投入、高风险、高收益的“三高”行业，薪酬体系需要基于行业的主要特点展开设计，从而更好地服务于企业发展。在薪酬体系设计中除满足基本薪酬设计的各要素外，在房地产行业中还具有以下三个特点，如图 4-2 所示。

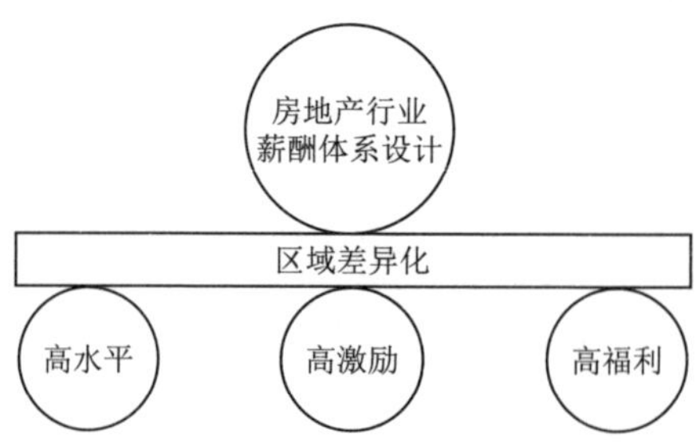

图 4-2　房地产行业薪酬体系设计特点

(1)高水平、高激励的薪酬激励模式

房地产行业的产业风险特点使得企业如果想要更好地生存与发展，则需要从市场中获得且留存具备足够优秀、能力卓越的人才，以完成所遇到的困难工作、获取市场资源等，所以房地产企业通常对关键岗位采取较为积极的薪酬策略，设定较高的整体薪酬水平以吸引市场中的优秀人才。

同时在薪酬构成方面，房地产行业的企业普遍固浮比相对较低，浮动工资的比例部分相对较高。通过这种方式能够较大程度激发员工的工作积极性与主动性，调动员工活力，激励员工完成更好的业绩，并且高浮动比例的情况下也可以减少对业绩不优人员的薪酬成本的支出。通过高浮动比例的设置方式，还可以在企业内传递经营风险共担、利润共享的经营理念。

(2)丰富的福利项目设置

房地产行业因其高强度的工作方式，部分岗位或序列的员工工作时间往往会高于其他行业，对此企业通过设置相对丰富的福利项目且保证福利水平的方式来降低员工的不满感受，充分发挥福利项目的保障作用。一般情况下房地产行业除法定福利和基本福利(餐饮补贴、交通补贴、通信补贴等)以外，还有节日慰问、结婚礼金、生育贺礼、购房福利、补充商业保险、额外年假等多项福利，相比于其他传统行业来说是比较丰富的，在一定程度上提升了员工的工作满意度。

(3)区域差异化的薪酬管理方式

房地产行业的业务地域特点必然导向各地区的差异化薪酬管理方式，主要体现在薪酬水平的地区差异、薪酬构成的地区差异以及奖金激励的地区差异等。

薪酬水平的地区差异主要表现为各地相同岗位员工，薪酬的宽带水平因地区消费水平、业绩指标设置高低的差异而产生的差异化设置方式，通常情况下采用地区系数或独立设置的方式完成。

薪酬构成的地区差异主要是由于各地区商业模式以及业务开展的方式不同，各岗位在整体区域内价值链的贡献比例有所差异，并且所在地域内劳动者的性格偏好存在不同，但是在整体来看，公司的固浮比设置仍控制在一定范围内，只是在部分地区内有所调整。

奖金激励的地区差异是区域差异化管理的最主要体现，其主要通过奖金核算方式以及奖金项目设置两个方面实现差异管理。一方面是奖金核算，不同地区、不同产品的提成、奖金比例设置会因盈利能力设置不同；另一方面是奖金项目，会根据各个不同地区的管理需要而设置不同的奖金项目，例如最大新客奖、最大成交额奖、最高回款奖等。通过区域化的差异管理实现差异激励与引导，从而良好地契合地区市场的特点与管理需求，以实现各区域的良好发展，从而保证企业的成长前进以及战略目标的达成。

总体概括房地产行业的薪酬体系设计是高水平、高激励、高福利，吸引优秀人才并时刻推动与激发其工作积极性，并通过结合区域差异化的灵活管理方式来满足业务地域化的管理需求。

【行业 3】金融行业薪酬体系设计

金融行业主要是从事与金融商品及金融衍生品相关的经营活动，其细分领域很多，主要包括银行业、保险业、信托业、证券业和租赁业，虽然在产品特征上和对应商业模式方面略有差异，但是其整体管理方式与经营模式较为相似。

金融行业的主要特征体现在指标性、垄断性、效益依赖性、高风险性与高负债性，其与国民总体经济效益拥有较为紧密的关系并发挥着十分重要的作用。金融行业的经营风险相比于其他行业而言更高，但相应可获得更高的利润水平和利润率。

在经营方面多数金融企业采用"职能总部＋区域业务单元"的经营方式，以战略型或操作型管控模式为主，集团总部负责承接经营过程中大部分经营与管理功能，例如产品设计、市场推广、品牌形象、人力资源、财务管理、营销管理等。

区域业务单元则主要在总部制定的规则下，负责深入理解区域市场，从中获取客户资源、介绍与销售公司产品、解答客户疑问等销售执行工作，所以在金融行业中常常采用前、中、后台的人员管理方式，其划分依据按照人员工作与客户的距离为区分，如图 4-3 所示。

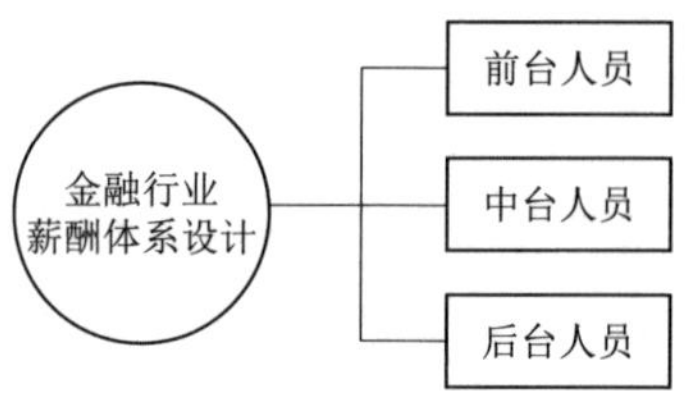

图 4-3　金融行业薪酬体系设计

前台人员主要为一线销售人员及销售团队、区域销售团队管理人员；中台人员主要为与销售产品相关的职能人员，包括产品、市场、法律、风控等职能人员；后台人员主要为企业内开展相关管理工作的职能人员，例如行政、人力资源、财务等。金融业务产品方面的主要特点是收益与风险的时滞性，主要体现为金融产品在销售完成后当期可获得相应资金，但是其资金收益与运营风险是在后续一段时间后才产生，而这一特点对金融行业的奖励分配体系设计拥有较大的影响。

金融行业与房地产行业相似，属于高资本、高投入、高风险、高收益的行业，企业运营在资金规模和人员规模方面均有较高要求，需要有对业务、产品和市场拥有足够深刻理解的优质核心人才，才能够支撑企业长远发展。因此结合金融行业的业务和组织结构特征，其薪酬体系的设计也围绕其前、中、后台的管理特点，拥有对应的设计方式，具体如下。

(1)前台人员采用类销售人员的薪酬体系设计

对于前台人员的薪酬体系设计与销售人员的薪酬体系设计相似，其薪酬构成为“固定薪酬＋绩效薪酬＋销售提成＋各类活动奖金”，一般情况下金融行业的前台人员不设置年终奖金，所有个人收入均与业务完成情况直接关联。

金融行业的竞争非常激烈，而销售人员所需具备的知识、能力、素质、资源等也相对较高，所以基本工资的水平要求相对较高，为平衡人员素质与公司人工成本，在金融行业对前台人员常采用定期定级的薪酬管理方式，即根据前台人员月度或季度的业绩达成情况确定其所在等级，并给予相应的定级工资，而前台人员的固定薪酬构成则进一步细化为“基本工资＋定级工资”，以此种方式尽可能保持前台人员的价值贡献与其固定薪酬水平相一致。

绩效薪酬一般是用于控制前台人员某些行为并引导其完成某些销售工作而设立，行业内主要有两种绩效薪酬的管理方式，一种是按照固定薪酬的一定比例来确定绩效薪酬的基数，另一种是以员工的当期销售提成作为绩效薪酬的基数，两种方法各有优劣。在销售提成方面，金融行业的前台人员常采用分段累进的提成比例设置方法，近些年有些企业也开始采用超额分段累进的提成比例设置方法，因金融行业产品的金额一般较大，提成收入一般成为前台人员的主要部分，在此方面的测算工作成为薪酬体系设计过程的重中之重。

在销售提成比例设置方面，金融行业在各区域采用的提成政策是相同的，其主要原因在于金融行业销售的多为标准化的金融产品，这一点是与房地产行业不同的。各类奖金也是在金融行业内常用于对前台人员的一种薪酬激励方式，企业通常会定期组织一些销售竞赛活动并设置部分奖项，例如新客奖、销售奖、产品推送奖等，从而引导前台人员的某些销售活动。另一方面，对于前台人员的销售提成和各类活动奖金，行业内常采用分批支付的方法，按照40％、30％、30％或50％、30％、20％等方式进行支付，主要是考虑到金融产品后续风险性的原因，采用这种方法尽可能减少前台人员的短期行为。

(2)中台人员与前台销售情况联动设计

对于中台人员的薪酬体系设计，主要是基于产品与前台销售人员工作完成情况来决定其收入水平，薪酬构成为“固定薪酬＋绩效薪酬＋奖金包分配”。中台人员的主要工作人员集中于公司总部，需要拥有相对较高的专业知识、管理能力及个人素质，所以薪酬水平通常较高并且相对稳定，固定薪酬与绩效薪酬占到其整体收入的60%～70%，剩余部分主要由其所负责管理的产品、区域业绩完成情况等支付的产品分红和业绩达成奖金包组成，对于后者会将其中一部分金额以风险金的形式留存，并根据产品的运行情况分批次进行支付。

(3)后台人员以常规职能人员薪酬体系设计

对于后台人员的薪酬体系设计，与其他行业的职能人员设置方式基本相同，薪酬构成为“固定薪酬＋绩效薪酬＋年终奖”，其固定薪酬与绩效薪酬的比重设置根据职位层级与序列特点进行设置，绩效薪酬主要与其岗位工作职责的完成情况直接挂钩，在±20%～30%浮动，年终奖金主要与企业整体的业绩完成情况关联，正常或较好的时候可以有 4 个月至 6 个月，而不好的时候可能只有 1 个月，年终奖较大程度地受到企业经营情况的影响。

总体概括金融行业的薪酬体系设计是前、中、后台人员分类管理，前台人员分级激励管理、中台人员与产品业绩关联、后台人员与公司整体挂钩，保证人员的收入水平与其和业务的关联紧密程度相一致，并且在过程中保证个人收益与公司风险的一致性。

【行业 4】制造生产行业薪酬体系设计

制造生产行业是主要从事采掘业产品和农产品等原材料加工，或对加工工业的产品进行再加工和修理，或对零部件进行装配等工作而产生价值增值的行业。制造生产行业相比其他行业，公司人员规模相对较大且生产工人在其人员组成中占比较大，并且伴随着市场竞争加剧，行业内企业的管理重心多集中于成本管理与技术管理两个方面，通过更低的单位生产成本和更高的产品技术含量在市场中获取竞争优势，但同时行业整体的利润水平也因竞争而相对有限。

制造生产行业的企业在组织结构方面多采用直线职能制，其管理链条一般为经营管理层→各职能部门→生产工厂→生产车间→生产小组，并且因工厂的管理方式较为特殊，所以多数企业在总部与各工厂之间的管控模式为运营型管控，例如招聘、薪酬、绩效、培训、质量控制等方面的管理活动均由总部各相应职能部门负责制定规则和执行，各工厂在总部的统一指挥和管理下开展日常生产工作，所以对于总部职能管理工作而言，管理范围广、管理内容多，自然对在岗人员的能力素质要求较高。

在企业人员能力素质方面，制造生产行业企业内的员工在能力素质、专业知识、工作技能等方面的跨度较大，有从事专业管理的MBA，也有一线生产车间的中专技师，而对于不同特点的人群，在薪酬、绩效等方面的管理方式和管理风格需要进行差异化处理，尤其是在企业人员数量中所占比例较高的生产工人。

在日常经营过程中，因制造生产行业多是流水线生产，在采购、生产、加工、运输、验收等各个步骤之间环环相扣，上一工作环节的完成情况很大程度上会影响之后各环节的工作开展，所以行业内在管理方面十分关注交付质量、交付数量、工作进度等各环节的衔接，从而保证企业生产流水线可以正常、顺利地运转。

制造生产行业因竞争激烈，具有高强度、高压力、多工时的工作特点，并且员工之间的差异性较大，所以在进行制造生产行业的薪酬设计时需要注意以下三点。

(1)相比于薪酬外部竞争性，内部公平性对于企业薪酬体系更加重要

制造生产行业的成本因激烈竞争相对透明，企业间的标准化程度较高，而企业内职能之间的跨度较大，涉及职能、技术、生产、管理等多类型的岗位。

在进行岗位价值评估时建议采用美世、海氏、太和顾问等可与业内其他企业进行横向对比的评价方法，一方面评价结果可以直接与其他企业薪酬数据进行比对，便于企业决策薪酬策略，另一方面采用科学、标准的岗位价值评价方法可以更为准确地评估与衡量各岗位之间的价值差异，能够提升员工对评价方法和评价结果的信任程度，有助于员工对薪酬矩阵的接纳程度。员工对整个薪酬体系公平性的认知，在制造生产行业企业的薪酬体系构建中是十分重要的，如果员工能够在薪酬方面感受到公平，他们将在日常工作中更加积极与主动，这一点对生产工人而言尤其有效。

(2)总部职能部门薪酬体系设计体现企业管理通性

在薪酬构成和固浮比设置方面，制造生产行业的总部职能部门与其他行业的总部设置大体相似，其薪酬构成一般为“基本工资＋岗位工资＋绩效薪酬＋年终奖金/

业绩奖金”。在固浮比方面，高层管理者通常采用年薪制，固定薪酬的比例在30%～40%，浮动薪酬的比例在60%～70%，从而保证企业战略目标的实现；各总部职能人员根据层级不同，在固定薪酬与浮动薪酬方面自上而下可按照5∶5、6∶4、7∶3、8∶2、甚至9∶1的比例设置，并在各职能之间略体现一定的差异性，越接近生产管理、质量管理、业务销售等岗位，其固浮比可以适当降低，从而促进岗位员工更好地完成工作目标。

在年终奖金方面，总部各职能部门员工主要由企业整体的经营情况决定，同时结合部门绩效与个人绩效进行适当浮动，从而使总部员工均对生产整体结果负责，而不是个人或部门的工作结果，强调工作目标的整体一致性。

(3)生产线人员薪酬体系设计体现行业特点

在生产线员工的管理方面，制造生产行业相对特殊，企业通常采用计件工资制，生产员工的薪酬构成为“基本工资＋岗位工资＋技能工资＋计件工资＋加班费＋节约奖＋专项奖金”，其计件薪酬多由员工在流水线上完成的合格产品数量决定，以此方法来保证流水线产品的品质与数量，并且为激励员工生产更多产品，随着员工的生产件数达到一定数值，单件产品的奖励金额也会上升，使员工能够获得更多收益。同时，生产车间有时浪费会比较严重，可以增设节约奖，如按照产能或者省电的总量进行节约奖设置。

有的企业为了保证绩效管理体系的一致性，对生产线员工也采用设置目标值的绩效管理方法，在这种情况下生产员工的薪酬构成为“基本工资＋岗位工资＋技能工资＋计件工资＋加班费＋专项奖金”，并将交付数量、交付时间、交付质量等指标设置为考核指标，从而由生产线员工的工作结果与其收入关联，但是因生产线的变动情况相对较多，如果采用绩效管理的方法，则需要企业在生产线员工的目标值设置方面进行更多的投入并具备可灵活调整的管理机制，从而能够应对生产条件的各种变化。

加班费在生产线员工的薪酬构成中是十分重要的，因为生产线员工与职能部门员工的工作节奏不同，经常会面临加班工作安排，并且加班持续的天数相对较长，所以在其薪酬构成中将加班费作为一种薪酬项目固定存在，表达出企业对加班行为的认可，也表达支付加班费用的管理思想，可以增加员工对企业的信任，使员工更加努力地工作。

专项奖金是对制造工厂、生产班组、生产一线员工等特定行为的奖励措施，例如技术工艺创新奖、生产保量奖、质量优异奖等，对于生产工厂之间的奖励可以同时奖励厂长与其员工，而对员工专项的奖金可将奖金金额设定为正常年度收入的 30%～40%，以这种方式突出其价值贡献。一般业内对生产线员工不设置年终奖，即便发放也不会金额太高，主要通过专项奖金对优异的生产线员工进行奖励，通过这种有限资源的竞争管理，促进员工之间的良性竞争，并从中提高生产工厂的产能水平。

总体概括制造生产行业的薪酬体系设计是注重内部公平、薪酬水平与产能高度关联、生产线员工特殊管理，通过最大程度构建公平、公正、系统的薪酬环境，提升员工公平和整体感受，从而激发员工的工作积极性与主动性，打破本位壁垒，从而保障企业在生存的同时，能够促进成长与发展。

【行业 5】网红薪酬体系设计【核心新兴行业】

网红，是网络红人的简称，是在现实或者网络生活中因为某个事件或者某个行为而被网民关注从而走红的人或长期持续输出专业知识而走红的人，是近年来依托于互联网发展而产生的一种新兴的职业。

目前在网络中的网红多数是由专门的运营团队负责经营，从挑选、包装、文案、策划、摄像等方面均有专门的人员负责完成。网红的主要收入主要来自两个方面，一方面是通过现场直播，观众在直播互动过程中赠送的礼物获得收入；另一方面是通过代言、引流线上或线下店铺某些商品，从其带来的店面营业利润中获得提成，或者独立成为一个大的 IP 平台，依靠互联网中的流量，并通过某种方法将巨大流量进行转化与变现，从而获得收入。

时至今日，网红市场竞争相对激烈，每时每刻都有新的网红诞生，从原有的流量库中分食流量。对于网红来说，每一天的流量波动都可能是十分巨大的，很可能因为某个事件而使得流量爆炸性地增加或减少，所以每一位网红在每一天的工作中都要时刻保持紧张，以防止自己的流量流失而对收入情况产生损失，同时还要制造或寻找热点、爆点以获取更多的流量，从而在激烈的市场竞争中求得生存与发展。

网红一般是由专门的孵化公司或团队运营与管理，而网红作为孵化公司或团队中的核心人员，对于其薪酬体系的设计自然是公司利益分配的核心，网红的薪酬构成相对简单，与多数公司的业务人员类似，但是其收入中一般不进行绩效考核，所以网红的薪酬构成为“基本薪酬（可选）＋礼物提成＋网店利润分红＋额外奖金”，如图 4-4 所示。

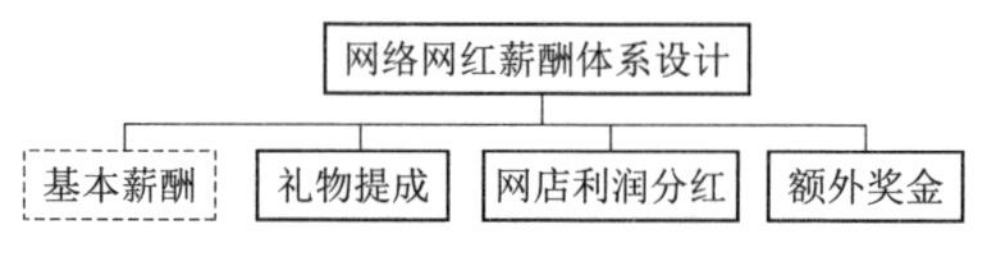

图 4-4　网络网红薪酬体系设计

有的公司对网红也不设置基本薪酬，而采用更为简单的佣金模式，即仅由礼物提成和网店利润分红两部分组成，不过多数公司为了将网红这一核心资源留存于公司内部，更多地采用前者的薪酬构成方式。对于网红提成收入的主要两个方面，在薪酬体系设计时常采用不同的处理方法。

对于网红在直播互动过程中获得的礼物提成，公司通常采用类似于销售员工等级管理的薪酬设计方法。根据网红在一定周期（例如月度）内通过礼物获取金额数量，确定其所在等级，并根据确定的薪级确定网红的基础薪酬标准以及相应的礼物金额提取比例。

对于网红通过网店获取的利润分红，通常采用正常的利润分红设计方法。例如某家公司对网红年利润的计算公式为：网红年利润＝网店总销售额×45％－库存成本－推广费－人工成本－运营成本－公司分成，在此基础上根据网红所处于的等级范围，确定其网店的分红比例范围，而具体的分红比例还需要根据其当月/当年所带来的利润金额而定。

一般情况下，网红的等级越高，基本薪酬水平、礼物的提成比例、网店分红比例也是越高的，由此可以激励网红向获取更高的等级而努力。常用的网红薪酬等级表格结构如表 4-3 所示。

关于表 4-3 中的具体金额，需要根据各家企业的实际经营情况，通过具体的历史经营数据以及经营情况测算出具体的数值。同时为了避免和减少网红之间在店面利润方面产生纠纷，一般一家网店只由一个网红来负责引流和介绍，通过这样的方法来避免流量划分不清的问题。

表 4-3　网红薪酬等级表

等级	礼物收入金额(元)	基本薪酬(元/月)	礼物提成比例	网店分红比例范围
1				
2				
3				
4				
5				
6				
7				
8				
9				

网红还有一部分收入是额外奖金，这一部分主要是对与孵化公司建立劳动关系的网红所采取的一种激励方法。孵化公司会定期组织一些比赛项目并设置相应奖项和奖金来引导网红有倾向性地开展某些行为，例如最佳人气奖（流量、观看数量最多的网红）、礼物王（获取礼物金额最高的网红）、网店引流王者（网店销量最高者）等，引导网红更加积极、努力地创造更高的业绩水平。

网络网红因其高风险、高波动的工作特定，决定了其收益方式具有短、快的特点，而其薪酬体系也是围绕这种特点进行设计，总体概括网络网红的薪酬体系设计是分等级、共捆绑、快兑付，通过网红效应所带来的收入，建立多收多得的分配机制，来实现孵化公司或团队与网红个人的共赢与发展。

第三节　不同企业薪酬设计案例

本节学习要点

本节主要对市场中某些公司的薪酬体系设计进行分析与讲解，通过学习市场中较为成熟与成功的薪酬体系设计案例，可加深读者对薪酬体系设计的理解，案例中的部分设计方法、设计理念也可以为读者构建薪酬体系时提供一定参考作用，在解决特定问题时提供一些方法和思路。

【案例 1】华为公司薪酬体系设计

华为技术有限公司成立于 1987 年，是一家主要从事生产、销售通信设备的民营科技公司，同时华为也是全球领先的信息与通信技术（ICT）解决方案供应商，其总部位于广东深圳。目前华为的业务已经扩展至全球领域，员工数量高达 18 万人以上，因公司的高薪政策、狼性文化以及规范管理而著称，那么华为公司的薪酬体系设计究竟如何，让我们细细道来。

首先，华为公司的薪酬管理理念奠定了其薪酬体系设计的整体思路，其管理理念具体阐述为如下四点。

（1）薪酬管理应基于员工的贡献、责任、能力与工作态度的报酬认可

华为公司员工的收入组成包括职能工资、奖金、安全退休金、股权分红等，采取与能力、贡献相吻合的职能工资制。公司根据员工的知识能力、解决问题、应负责任、个人贡献等确定任职资格，并按照任职资格来确定员工的职能工资。奖金分配则完全与部门的关键绩效指标和个人绩效挂钩，体现业绩贡献与个人收益相关联、组织业绩与个人收益相关联。安全退休金等福利的分配则依赖于公司对员工工作态度的考评结果，福利级别按照级别和价值贡献拉开差距。在华为公司，员工几乎所有的收入项目均与其个人的表现和贡献挂钩。

（2）通过薪酬构建公司与员工之间的利益共同体

华为公司实施员工普遍持股制，其员工持股情况为 30％的优秀员工集体控股，40％的员工有一定比例持股，10％～20％的新员工和低职级员工适当参股。这种普遍的员工持股机制使员工形成一种当家作主的感觉，有利于员工增强主人翁意识与企业归属感，也充分体现了公司对知识价值的认可与重视。通过普遍持股的方式，在公司与员工之间结成利益共同体，兼顾了公司发展过程中的各方利益，充分激励员工推动公司发展，实现双方共赢。

(3)薪酬管理坚持报酬的合理性与竞争性,确保吸引优秀人才

在华为公司工作标志着“高薪收入”,这在业内已经成为不争的事实,而这一理念主要源于公司总裁任正非的企业精神。在“华为基本法”第六十九条中明确说明,“华为公司保证在经济景气时期和事业发展良好的阶段,员工人均收入高于区域行业相应的最高水平”,这一刚性政策为企业执行高薪策略提供了制度依据,增强了其合法性与可信度。高额薪酬一方面可以通过市场价格机制,吸引到市场中的高价值优秀人才,另一方面在增加现有员工薪酬满意度的同时也增加了在职员工的离职成本,发挥出留存现有优秀人才的作用。

(4)薪酬管理始终关注三个公平

华为公司的薪酬管理始终关注三个公平,即对外公平、对内公平以及员工公平。对外公平是根据业界最佳企业与市场调研数据,华为公司员工与同类人员相比具有社会竞争力;对内公平是公司内不同岗位的员工,根据工作分析与职位评估确定薪资结构与政策,公正、公平地衡量职位在企业整体价值体系中的位置;员工公平是同岗位、同性质的员工,依据员工自身绩效考核和能力资格认证确定合理差别,综合确定员工个人薪酬标准。

在薪酬策略方面,华为公司依托于“华为基本法”的公司政策支撑,对绝大多数岗位均采用领先型薪酬策略,其岗位薪酬往往在区域内、甚至在全国范围内均是最高水平。但是这一高薪也不是容易获得的,华为的薪酬构成中,根据人员所处岗位工作性质、岗位层级不同,其薪酬构成有所不同,如表 4-4 所示。

表 4-4 华为公司不同层级人员薪酬构成及比例

员工类型	基本工资比例	奖金比例	股金比例
高层管理者	40%	20%	40%
中层管理者	50%	30%	20%
专业人员	60%	25%	15%
操作人员	90%	10%	—

从表4-4可以看出，在华为公司工作的员工，除了操作人员以外，其浮动薪酬都在40%以上，高层管理者甚至达到60%。在具体薪酬项目设置方面，华为公司主要设置基本工资、业绩奖金、年终奖、福利补助、股权分红等。下面详细说明。

1. 基本工资

基本工资的薪酬水平根据员工的职位、学历确定薪级薪档，以职位价值为基础，个人学历、能力为浮动指标确定，在员工工作1～2年后，基本工资就不再以学历为主要依据，而主要根据员工的工作完成情况来确定。从社会招聘的拥有工作经验的员工实行协议工资制，一般情况下比应届毕业生高20%～30%，在所应聘的岗位正式工作半年左右进行调薪（通常是加薪），依据其在半年内的个人工作表现、所在公司和所在部门当时的盈利情况决定调薪幅度。在基本工资的薪酬调整方面，首先保证在研发、市场、客户服务等业务一线部门，此类部门的涨薪幅度一般高于行政、后勤、财务等职能服务部门。

2. 业绩奖金

华为公司员工的绩效工资以业绩奖金的形式发放，其基数根据员工所在的岗位、级别确定比例，结合员工的薪酬水平确定，并根据员工在考核周期（管理者为半年度、普通员工为季度）内对自身岗位所负责的KPI（关键绩效指标）完成情况确定具体的业绩奖金金额。绩效考核成绩分为A（优异）、B（胜任）、C（合格）、D（需改进），除高层管理者外，所有员工在其所在范围的群体内需进行强制排序并确定当期绩效考核成绩，考核成绩结果将确定当期的业绩奖金金额。

3. 年终奖

年终奖根据员工的全年贡献、表现、职务等进行发放，工作刚满一年的员工一般在1～3万元，工作时间较长的员工其年终奖相对较为可观。通常公司内市场系统、研发系统的骨干员工年终奖金额最高，秘书、生产线工人等重复性工作岗位的员工年终奖金额最少。

4. 福利

华为公司的福利全部进行货币化，福利主要包括公司补贴和法定福利（五险一金）。其中交通补贴、膳食补助每月都是直接以货币形式发放给员工；医疗补贴除办理社保医疗卡外，其余金额也均打入到个人门诊账户；交通补贴和出差补贴则是每月发到员工的工卡中，平时不得提现，但是在年底高于一定数额或离职时可以办理提现并征收20%的个人所得税，国内出差和海外出差则根据员工职位、出差地艰苦程度、出差地危险性等因素确定补贴标准，并以实际出差天数核算发放金额，在出差返回后随报销一起领取。

5.加班费

华为公司日常工作强度较高，员工经常根据工作需要而加班，所以在员工薪酬项目中就有加班费的项目，而加班费的标准是根据国家法定要求，其计算公式为：

$$\text{加班费} = \sum \text{基本工资} \div \text{当月法定工作日天数} \times \text{加班天数} \times \text{加班系数}$$

其中工作日加班系数为1.5，周六、日加班系数为2，法定节假日加班系数为3。

6.股票分红

华为公司的股票分红成为员工工资与奖金之外的第三种激励手段，老员工每年通过股票分红的收入在其个人当年收入中构成相当可观的一部分，而这也是一种变相留住人才的管理方式。华为公司员工持股的原则是“入股自愿、股权平等、收益共享、风险共担”，员工在入职1～2年时间后就会根据其所在职位，在职表现、工作业绩等分配一定数额的内部股票，通常员工可使用自己的年度奖金购买内部股票从而获得分红。内部股票在员工在职期间是不可转让的，只有当员工离职时，可根据员工的工作年限由公司按照一定比例进行回购，而员工可因回购获得一次性兑现的可观收入。

通过以上描述可以发现，华为的薪酬体系设计与其企业文化价值观保持高度一致，围绕“奋斗者为本”的企业精神进行设计，从基本工资、绩效工资、年终奖金、福利、股权分红等薪酬项目均与员工的岗位、责任、价值贡献情况高度关联，并且向业务一线、向“听得到炮火”的人倾斜，从而激励与保障前线人员高昂的工作斗志与良好的工作状态。

除了高薪给予员工足够的物质激励外，华为公司在管理过程中还同时设置精神激励（公开表扬、培训和晋升机会、特殊称号等）、奖励激励（荣誉奖项、优惠餐厅/酒店/影院等)、晋升激励(管理通道与专业技术通道的双通道职业发展路径)和文化激励(提供给能力者发展自身实力的空间和舞台)等方式,通过综合激励的方式满足员工的不同需要,用以弥补物质激励边际效用递减的问题。

【案例 2】阿里巴巴薪酬体系设计【核心完整表单】

阿里巴巴于 1999 年在浙江杭州创立的互联网公司,经过 20 年的经营发展,目前的阿里巴巴集团公司已经成为集多项经营业务于一身的综合型企业,形成了具有自身特点的经营商业生态系统,其主要业务和关联业务包括淘宝网、天猫、聚划算、全球速卖通、阿里巴巴国际交易市场、1688、阿里妈妈、阿里云、蚂蚁金服、菜鸟网络等,涉及电商、金融、健康、物流等多个行业。2014 年 9 月 19 日,阿里巴巴集团在纽约证券交易所正式挂牌上市,成为一家上市企业。

阿里巴巴的薪酬体系十分注重薪酬的内部公平性与外部公平性,实现公司内员工在市场中薪酬满意,在公司中有劳有得。

阿里巴巴的薪酬体系主要采用岗位工资制,并通过公司内的职位通道设置以及岗位价值评估来实现公司内部的价值公平。在阿里巴巴的职位体系中主要由两种系列组成,针对技术岗位的 P 序列和管理岗位的 M 序列,其二者存在一定的对应关系,如表 4-5 所示。

表 4-5　阿里巴巴职位通道——P 序列及 M 序列

管理通道		专业通道	
级　　别	级别名称	级　　别	级别名称
M9	—	P14	—
M8	CXO	P13	首席科学家
M7	资深副总裁	P12	科学家
M6	副总裁	P11	高级研究员
M5	资深总监	P10	研究院
M4	总监	P9	高级专家
M3	资深经理	P8	资深专家
M2	经理	P7	专家

续表

管理通道		专业通道	
级　别	级别名称	级　别	级别名称
M1	主管	P6	高级专员
		P5	资深专员
		P4	专员
		P3	助理
		P2	
		P1	

公司所有岗位除了拥有序列级别外，每个岗位还细分为 3 个级别，即高层管理核心层 A、中层骨干层 B 和基层 C，同时专业通道还细分为行政类、财务类、销售类、技术类四大类。在同一级别的薪级中设置 10 个薪档，简称“一岗十薪”，通过这种方式展现员工在学历、技能、能力、经验等方面的差异，并且使员工在职等不发生变化的情况下能够拥有更多的薪酬上升空间。在员工岗位发生变动时，其薪酬相关因素（如薪酬构成、岗位工资等）也会随之变动，以体现付薪依据的统一性。

在对各通道岗位开展岗位价值评估时，阿里巴巴使用的方法为要素评价法，通过将岗位工作按照所需技术、能力、知识、经验、责任、承担压力等维度进行评价，从而得到各岗位在公司价值观下的分布情况，体现出内部公平性，并以岗位工资的形式体现于薪酬体系中。当公司经营情况发生变化，企业战略、价值导向等均会发生对应调整，也会由公司统一调整岗位价值矩阵和岗位工资标准，最终经董事会批准后执行。

在薪酬构成与薪酬项目方面，阿里巴巴员工的薪酬构成为：

员工薪酬＝基本工资＋岗位工资＋工龄工资＋福利津贴＋专项奖金＋员工持股＋其他

其中基本工资一般以员工所在城市职工平均生活水平收入确定；岗位工资根据岗位价值矩阵与个人能力素质情况确定；工龄工资根据员工在公司服务的累计时间确定；福利津贴除了常规的交通补贴、通信补贴等之外，还有一些很有“人情味”的福利设置，例如 30 万元的无息贷款用于支持员工购房首付、每人每年 3 个名额的公费体检、豪华食堂等；专项奖金则根据员工所在通道不同，根据通道工作特点采用不同的激励方法；员工持股则是对公司一定级别以上的员工授予一定数量的股票期权；其他主要是一些专项比赛或奖项收入。下面我们对专项奖金与员工持股进行详细讲解。

专项奖金是阿里巴巴对员工激励的主要部分，其激励政策采用“181”的政策方式，即对排在前10%的员工进行个性激励、大额激励，对80%的员工要正常激励，而对最后10%的员工实行负面淘汰，用前有榜样、后有惩罚的激励管理方式去激励中间最多的80%员工。在激励方法的选择上，对销售序列和非销售序列的员工采用不同的方法。

(1)对销售序列的管理者和普通员工，阿里巴巴分别设置了团队激励和个人激励两种方式，个人激励的主要组成是PK奖金/奖品和业绩提成，以某区域月度激励方案为例。

①个人PK：输的一方给赢的一方购买一件阿里总部T恤。

②部门PK：输的部门给赢的部门全体员工购买总部T恤，公司补贴赢的部门500元。

③破蛋PK：截至当月17日17时，破蛋率最低的部门主管和未破蛋的人请其他主管500元欢畅，而如果全员破蛋则由团队老板请客晚餐。

通过以上事例可以看到，阿里巴巴对于销售人员是采用内部比赛、良性竞争的方式实现相互激励，而业绩提成方面则采用分段累进提成比例的设置方式，根据成交单数设置不同的提成比例。

在团队激励方面，阿里巴巴对销售经理的激励方式为：

销售经理专项奖金＝(管理津贴＋诚信通提成＋新签第2年提成＋服务包提成)×考核系数

其中团队管理者的提成收入与团队完成总单数直接关联，具体如表4-6。

表4-6　阿里管理团队提成设定

管理津贴	部门总单	提成核算方式
1 500	≤20单	0
1 500	20单＜X≤30单	(部门总单量－20)×120
3 500	30单＜X≥40单	(部门总单量－30)×200
6 000	＞40单	(部门总单量－40)×220

(2)对非销售序列的员工，阿里巴巴通常给予0～6个月的年底奖金作为专项奖金，用于员工激励，而通常情况下90%的员工可以拿到3个月的奖金，具体年终奖金的多少是与员工当年度的绩效考核结果相关联，同时绩效考核结果也会影响员工的晋升与调薪，从而实现薪酬模块与绩效模块的联动管理，增加两个模块对员工的激励作用。

除了专项奖金激励外，阿里巴巴还通过员工持股计划来实现对公司核心人才的激励与留存，因阿里巴巴的股票价值相对较高，所以即便获得少量股份也意味着获得了较高的可变现货币。在员工持股计划中，阿里巴巴给其专业序列P7以上及对应管理序列员工一定数额的期权，并分为四年兑付，每年四分之一，具体情况如表4-7所示。

表4-7　阿里巴巴不同级别对应薪酬范围及股票数量

级　别	薪资范围	股票数量(四年兑付)
P5	15万元～25万元	—
P6	20万元～35万元	—
P7	30万元～50万元	2 400股
P8	45万元～80万元	6 400股
P9	80万元～100万元	16 000股

如果员工进入公司分配的期权是10 000股，那么他在之后的四年内每年可以兑付2 500股。但是在获得股票之后如果想要兑现，员工需要支付金额高昂的税款，并且这些税款需要在取得股票收入之前先交付，所以如果员工想要将股票变现就需要提前准备大量的现金，这使得阿里巴巴的员工在获得股票前就需要拼命工作，为准备税款而努力。阿里巴巴通过在期权规则方面的有效设置，实现了在激励员工的同时尽可能避免了员工的短期行为，并在企业与员工之间达成共赢的同时留住了企业的核心人才，可谓一举多得。

【案例3】腾讯公司薪酬体系设计

腾讯公司，全称深圳市腾讯计算机系统有限公司，是1998年创立的互联网公司，目前已经成为中国最大的互联网综合服务提供商之一，同时也是中国服务用户最多的互联网企业之一，其旗下拥有QQ、微信、QQ空间、QQ游戏、腾讯网、腾讯新闻、腾讯视频等多元化产品与服务。在2004年，腾讯公司在中国香港联交所主板公开上市，正式成为上市公司。截至2018年底，腾讯公司已拥有5万多名员工，成为一家多元化的大型综合公司。为了保障企业日常的正常运转，必然需要有相对完善的管理体系进行支撑，而薪酬体系便是其中不可或缺的重要组成部分。

腾讯公司薪酬体系建设的整体思想为建立一套能够有效促进公司战略和目标实现的激励体系，在其中充分体现个人贡献和公司战略目标实现之间的紧密联系，并建立公司的绩效导向文化与认同感。基于管理效率优先的原则，在统一管理平台上需要体现各业务族群的特点和绩效差异。整个薪酬体系建设要在确保外部竞争力的前提下体现内部公平，有利于公司内团队和个人的发展与激励，要正确奖励与回报高效员工，从而有助于公司对优秀人才的招聘、保留和吸引，对公司人力资源管理系统提供有效支持。其薪酬体系设计主要从市场定位、薪酬组合与风险、绩效导向三个方向展开。

1. 市场定位

薪酬策略应位于劳动力市场较为领先水平，结合员工职业发展通道，向绩效优秀和公司需要保留的优秀员工倾斜。员工总体现金收入水平应位于市场中位值偏上水平，在统一核心理念的基础上体现各业务差异。

2. 薪酬组合与风险

整个薪酬体系设计应加强体系性、系统性与透明度，充分与职位体系相配合，在员工职位发展体系的基础上延展与设计薪酬体系，在薪酬体系中体现各职位特点、所负责任大小和能力差异以及其市场价值，以薪酬激励为牵引促进员工的职业化发展和能力的不断提升，并保持薪酬的市场竞争力。

3. 绩效导向

薪酬体系与绩效体系应充分结合，发挥彼此激励作用共同增进员工绩效提升，两者还应共同配合公司整体战略发展，将公司、部门、团队和个人绩效有机联系起来，保持业务目标的一致性并使业务目标的完成情况成为激励的主要因素与内容，且在可控制的成本范围内尽可能增加薪酬体系的激励性，平衡人工成本和激励效果之间的关系。

在以上薪酬体系思想指导下，腾讯公司的薪酬体系以市场、岗位、任职资格和绩效四个维度进行具体设计，各维度在薪酬体系中的体现如下。

1. 市场

腾讯公司在设计薪酬体系时，与外部标杆企业和市场数据进行对比分析，并将公司整体薪酬水平定位于外部市场领先水平，同时需要每年定期审阅标杆企业名单，收集与更新外部市场的薪酬数据，回顾公司的薪酬构成，以保证公司的薪酬水平时刻具有外部竞争性。

2. 岗位

在腾讯公司中一共拥有四大通道（也可以称为族），分别为产品/项目通道（P族）、技术通道（T族）、市场通道（M族）以及职能序列（S族），每个通道内均设6个等级且每一级之内又含有3个子级，在每级中均有对应的岗位和相应的任职资格。以技术通道（T族）为例，T1为助理工程师、T2为工程师、T3为高级工程师、T4为专家工程师、T5为科学家、T6为首席科学家。在薪酬体系设计过程中，薪酬体系与员工职业发展通道体系需要相互结合，薪酬水平应能够正确体现不同序列、不同等级、不同岗位在公司整体价值体系中的相应位置。

3. 任职资格

固定工资主要体现员工职位性质与任职能力，同一职位的员工在能力、工作经验方面的差异应在薪酬水平中得以体现。

4. 绩效

薪酬体系中的绩效奖金应该能够充分体现员工的业绩完成情况与价值贡献，充分、有效发挥激励作用以实现绩效导向。

基于以上薪酬体系思想和设计维度，腾讯公司员工的薪酬构成主要由固定薪酬、浮动薪酬和长期激励三个部分组成，其中固定薪酬主要体现职位和能力差异，在设计时注重外部竞争性和内部公平性的平衡，以市场为导向；浮动薪酬体现绩效和贡献差异，主要用于激励员工工作绩效和工作行为，包括奖金、奖励等形式，激励比例的设置则根据具体业绩性质、所在职位等级等进行差异设计，从而充分发挥激励作用；长期激励主要用于体现公司长期发展和个人潜力，侧重应用于管理层和关键人才。其具体薪酬项目设置如表 4-8 所示。

表 4-8 腾讯公司薪酬项目组成

薪酬类型	薪酬项目	相关说明
固定薪酬	职位工资	根据职位性质和职位职责以及个人能力差异所提供的保障性现金报酬
	固定津贴	对全体员工每月提供的津贴，包括住房补贴、保密津贴、竞业限制津贴、知识产权转让费等专项津贴
浮动薪酬	年度服务奖	在年末向当年在职员工提供的奖金，一般标准为员工的一个月工资
	年度绩效奖金	在达成年度总体绩效目标的基础上，对在该年度完成和超额完成个人绩效目标的员工所给予的现金奖励，一般在 1～5 个月工资
	特别激励奖金	对工作超预期完成或对公司发展有重大推动、创新或贡献的员工所提供的一种现金奖励
长期激励	股票期权	对各通道 3 等级以上的员工会根据其业绩完成情况，授予一定的公司股票，员工每年可根据持股情况获得企业分红，并可通过售出股票从差额中获取一定收益

在薪酬调整方面，腾讯公司以年度为周期对员工固定工资进行统一调整，一般为每年 4 月进行，调薪依据主要为员工上一年度的绩效表现情况，同时为了进一步加强激励效果，调薪幅度还与员工当前薪酬水平存在一定关系：薪酬水平一致的员工，上一年度绩效表现越高者，所获得的调薪幅度越大；绩效水平一致的员工，当前薪酬水平较低者，所获得的调薪幅度较大。通过这种方法逐渐使公司内的员工薪酬与其绩效产出水平相一致，实现薪酬内部公平，同时也有助于公司在调薪激励时对于人工成本增长进行控制。

【案例 4】某国有企业薪酬体系设计【核心完整展现】

某国有企业是一家成立于 2008 年，以工程机械制造为主营业务的多元化集团型公司，旗下拥有研究设计院、加工车间以及工程服务等多家全资子公司，围绕“技术为先”为核心的发展战略持续发展，目前全体公司已拥有员工 3 000 余人，其中集团总部 400 人左右。但是在企业发展的过程中，集团总部逐渐出现员工活力不足、工作积极性下降、核心员工流失等问题，经初步诊断，是因集团公司在职位通道建设缺失以及薪酬体系存在缺陷所致，所以对公司进行薪酬体系优化设计，通过构建新的激励机制，重新激发员工活力与工作积极性，从而促进企业各项战略目标的实现和进一步发展。

为了使薪酬体系能够更加完整，对此国有企业首先进行了职位发展通道的设计与建设，根据集团总部的职能定位与部门、岗位设置情况，建立起由管理序列、技术序列、专业序列三个通道构成的职位体系，专业通道内再细分为战略、业务、党务、职能支持等子序列。管理序列中按照“总经理→副总经理→部门经理→部门副经理→部门主管”构建5个层级。技术序列中按照“高级专家→专家→高级专业经理→专业经理→高级专员→专员→助理”构建7个层级。专业序列中按照“专家→高级专业经理→专业经理→高级专员→专员→助理”构建6个层级。这不仅为员工构建起不同的发展路径与晋升空间，同时也为员工薪酬发展提供上升空间与基础依据，如表4-9所示。

在此基础上，基于“3P＋M”的经典薪酬体系构建模型对公司薪酬体系进行优化，其核心优化设计思想为基于岗位价值、员工能力和业绩表现(3P)并参照市场薪酬水平(M)，从而保证公司薪酬体系能够兼顾外部竞争性与内部公平性。

表4-9　某国有企业职位发展通道

管理序列	技术序列	专业序列			
		战略	业务	党务	职能支持
总经理					
副总经理	高级专家				
部门经理	专家	专家	专家	专家	
部门副经理	高级专业经理	高级专业经理	高级专业经理	高级专业经理	高级专业经理
部门主管	专业经理	专业经理	专业经理	专业经理	专业经理
	高级专员	高级专员	高级专员	高级专员	高级专员
	专员	专员	专员	专员	专员
	助理	助理	助理	助理	助理

在薪酬策略方面，公司受到《央企工资总额管理办法》的政策限制以及往年经营情况下滑的影响，其整体薪酬水平相对有限，所以采取了混合型的薪酬策略。

结合企业“技术为先”的发展战略，集团公司的薪酬策略为对管理序列和技术序列的薪酬水平采用竞争型策略，保持在市场 75 分位水平，确保企业在技术与管理方面能够吸引与保留优秀人才，保持企业在市场中的核心竞争能力与管理效率；对专业序列的战略、业务、党务子序列采用追随型薪酬策略，保持在市场 50 分位水平，实现对现有核心骨干员工的保留；对职能支持子序列采用拖后型策略，保持在市场 30 分位水平，达到对企业人工成本进行控制与平衡的目的。

在确定薪酬策略的同时，对企业内各序列内岗位通过采用 28 因素法进行岗位价值评估，从责任、知识技能、工作负荷三大维度共计 28 个因素进行评价，形成企业内岗位价值评估结果，并根据企业的管理需要，以 0 分为起始点，按照 75 分值为级差的方式划分了企业内的薪级，具体结果如表 4-10 所示。

表 4-10　薪级划分结果

所在部门	岗位名称	分　值	等　级
战略规划部	规划投资高级经理	612	9
市场营销部	国内业务高级经理	644	9
市场营销部	海外业务高级经理	663	9
战略规划部	规划投资经理	539	8
财务部	资金管理高级经理	568	8
市场营销部	国内业务经理	567	8
市场营销部	海外业务经理	585	8
战略规划部	风险管理经理	465	7
战略规划部	企业管理经理	452	7
纪检监察部	审计经理	452	7
运营部	安全管理经理	470	7
运营部	质量管理经理	463	7
战略规划部	法律经理	489	7
战略规划部	经营计划统计高级经理	487	7
人力资源部	培训开发高级经理	494	7
人力资源部	招聘配置高级经理	489	7
战略规划部	企业管理高级经理	516	7
人力资源部	绩效管理高级经理	502	7
财务部	税务筹划高级经理	506	7

续表

所在部门	岗位名称	分　值	等　级
财务部	资金管理经理	515	7
战略规划部	规划投资主管	384	6
人力资源部	薪酬管理经理	380	6
财务部	资金管理主管	382	6
党群工作部	党建高级经理	385	6
纪检监察部	纪检监察部高级经理	387	6
运营部	安全管理主管	391	6
运营部	科技项目管理经理	384	6
运营部	信息化管理经理	376	6
战略规划部	法律主管	409	6
人力资源部	培训开发经理	414	6
财务部	税务筹划经理	407	6
运营部	采购管理经理	420	6
运营部	供应商与平台管理经理	405	6
运营部	成本管理经理	400	6
运营部	科技技术管理高级经理	420	6
人力资源部	绩效管理经理	431	6
运营部	科技项目管理高级经理	434	6
运营部	生产管理经理	442	6
公司办公室	行政管理主管	321	5
战略规划部	经营计划统计主管	311	5
人力资源部	绩效管理主管	316	5
人力资源部	培训开发主管	310	5
人力资源部	薪酬管理主管	306	5
党群工作部	宣传与企业文化主管	305	5
运营部	供应商与平台管理主管	322	5
运营部	成本管理主管	316	5
运营部	信息化管理主管	314	5
财务部	会计经理	348	5
党群工作部	党建经理	337	5
纪检监察部	纪检监察部经理	331	5

续表

所在部门	岗位名称	分　值	等　级
纪检监察部	审计主管	337	5
运营部	采购管理主管	338	5
公司办公室	行政管理经理	360	5
战略规划部	企业管理主管	354	5
财务部	财务信息化经理	351	5
运营部	生产管理主管	360	5
运营部	科技技术管理经理	375	5
财务部	出纳主管	230	4
纪检监察部	纪检监察部主管	243	4
运营部	采购管理专员	246	4
运营部	供应商与平台管理专员	234	4
公司办公室	司机专员	252	4
战略规划部	规划投资专员	274	4
财务部	财务信息化主管	269	4
财务部	会计主管	257	4
党群工作部	党建主管	256	4
纪检监察部	审计专员	255	4
战略规划部	法律专员	283	4
人力资源部	招聘配置主管	293	4
财务部	税务筹划主管	292	4
党群工作部	党办经理	300	4
公司办公室	档案管理主管	169	3
人力资源部	干部管理专员	165	3
财务部	财务信息化专员	156	3
党群工作部	党办专员	169	3
党群工作部	工会会计专员	152	3
党群工作部	工会事务专员	162	3
纪检监察部	纪检监察部专员	157	3
公司办公室	行政管理专员	197	3
公司办公室	文秘专员	181	3
战略规划部	董、监办事专员	190	3

续表

所在部门	岗位名称	分　值	等　级
财务部	出纳专员	193	3
财务部	会计专员	186	3
党群工作部	党建专员	180	3
公司办公室	行政后勤主管	214	3
战略规划部	经营计划统计专员	219	3
战略规划部	企业管理专员	224	3
人力资源部	培训开发专员	212	3
人力资源部	招聘配置专员	207	3
财务部	财务管理专员	214	3
财务部	税务筹划专员	218	3
党群工作部	党办主管	221	3
党群工作部	工会会计主管	200	3
党群工作部	工会事务主管	205	3
党群工作部	宣传与企业文化专员	210	3
公司办公室	档案管理专员	94	2
公司办公室	行政后勤专员	147	2

在此基础上结合公司所在区域的市场薪酬数据与公司薪酬策略，最终完成了公司 9 级 7 档薪酬矩阵表，具体如表 4-11 所示。

表 4-11　薪酬矩阵表　　单位：元

薪级＼薪档	1 档	2 档	3 档	4 档	5 档	6 档	7 档
9	237 500	249 400	261 900	275 000	288 700	303 100	318 300
8	209 300	221 900	235 200	249 300	264 200	280 100	296 900
7	184 400	195 500	207 200	219 700	232 800	246 800	261 600
6	153 600	164 400	175 900	188 200	201 400	215 500	230 500
5	128 000	136 900	146 500	156 800	167 700	179 500	192 000
4	106 600	114 000	122 000	130 600	139 700	149 500	160 000
3	88 800	95 000	101 600	108 800	116 400	124 500	133 200
2	74 000	79 100	84 700	90 600	96 900	103 700	111 000
1	61 600	65 900	70 500	75 500	80 700	86 400	92 400

在薪酬构成设置方面，公司员工统一采用“岗位薪酬＝固定薪酬＋浮动薪酬＋福利”的设置方式，其中浮动薪酬包括绩效薪酬与年终奖金两部分，并且在本次薪酬体系优化中为强调职责大小与激励性的正向关系，在不同序列、不同层级设置了不同固浮比，具体如表4-12所示。

表4-12　不同序列薪酬固浮比

所在序列	通道层级	固定薪酬比例	浮动薪酬比例
管理序列	总经理	30%	70%
	副总经理	40%	60%
	部门经理	50%	50%
	部门副经理	50%	50%
	部门主管	65%	35%
技术序列	高级专家	45%	55%
	专家	45%	55%
	高级专业经理	60%	40%
	专业经理	65%	35%
	高级专员	70%	30%
	专员	70%	30%
	助理	80%	20%
专业序列	专家	60%	40%
	高级专业经理	70%	30%
	专业经理	70%	30%
	高级专员	75%	25%
	专员	80%	20%
	助理	90%	10%

此薪酬构成下，高薪酬高等级的员工固浮比更低，其高收入更加依赖于业绩完成情况，而低薪酬员工的固浮比相对较高，使其日常生活有所保障，保证薪酬体系的保障性作用与激励性作用并存，并维护了企业内的薪酬公平。

为保障员工对日常工作业绩与全年工作业绩保持相同的关注，浮动薪酬中绩效薪酬与年终奖金的比例设置均为50%，其中绩效薪酬在每个季度的绩效考核后随月度工资一并发放，受到员工当季度绩效成绩的影响，计算公式为：

当季度绩效薪酬＝绩效薪酬基数×当季度绩效系数

年终奖金主要用于强调员工对公司整体发展的价值贡献，所以并未与员工个人薪酬直接挂钩，而是按照员工浮动薪酬比例的50％计算出所在组织奖金包总额，并根据员工年终绩效成绩在组织内进行二次分配，此种方法通过在同一组织内形成竞争氛围，促进员工在自身岗位上努力创造更高的业绩水平，并获得更多的年终奖金，具体计算公式为：

员工年终奖金＝所在组织奖金包×员工年终绩效成绩÷所在组织员工年终绩效成绩总和

在福利设置方面，公司除法定福利（社会保险与住房公积金）以外，设置司龄津贴（体现员工在公司长期服务的价值）以及伙食补贴、交通补贴和通信补贴，其中伙食补贴、交通补贴以及通信补贴根据员工所在职级不同设置不同的福利金额标准。

第五章

薪酬制度范本及设计工具

薪酬制度作为薪酬体系的重要构成,是薪酬体系制度化的具体体现,也是公司管理制度的重要组成部分,是开展薪酬管理工作的重要依据,因此制定出规范、完整的薪酬制度对薪酬体系设计是十分重要的。在进行薪酬体系设计时,我们将会使用 Excel 进行大量的数据处理与运算,例如分位值、中位值、薪级上下限、叠幅等的计算,通过掌握恰当的公式能够极大程度提升处理数据的工作效率,真正做到事半功倍。

第一节　薪酬制度范本

本节学习要点

薪酬制度是薪酬体系在企业管理中的正式管理文件，其用于规范并说明薪酬体系的主要内容，主要包括管理原则、管理范围、管理机构、薪酬构成与组成、薪酬核算方法、发放时间等，是薪酬体系进行日常管理的重要依据，同时也是公司员工了解薪酬体系管理规则的正式渠道，所以薪酬制度对企业薪酬体系以及薪酬管理方面拥有十分重要的作用。作为正式管理文件，为强调其权威性与正式性，薪酬制度在行文语句、排版格式、表达内容等方面均应做到规范、严谨和细致，才能使之充分发挥作用。本节提供多家企业的薪酬管理制度范本，供读者学习与参考其中的制度结构、行文方式、规范用语等。

【范本 1】某互联网公司薪酬制度

1. 管理目的

为适应公司发展要求，充分发挥薪酬的激励作用，进一步拓展员工职业上升通道，建立相对密闭、循环、科学、合理的薪酬体系，根据公司现状，特制定本规定。具体原则如下。

1.1　激励和约束并存。

1.2　个人收入与公司发展相结合。

1.3　短期激励与长期激励相结合。

1.4　薪酬与绩效相结合，绩效以结果为导向。

1.5　薪资实行保密制度。

2. 适用范围

公司全体人员，总公司及湖南分公司员工执行本管理制度。

3. 制定原则

本制度本着公平、竞争、激励、经济、合法的原则制定。

3.1 公平：相同岗位的不同员工享受同等级的薪酬待遇，同时根据员工绩效、服务年限、工作态度等方面的表现不同，对职级薪级进行动态调整，可上可下同时享受或承担不同的工资差异。

3.2 竞争：使公司的薪酬体系在同行业和同区域有一定的竞争优势。

3.3 激励：制定具有上升和下降的动态管理，对相同职级的薪酬实行区域管理，充分调动员工的积极性和责任心。

3.4 经济：在考虑公司承受能力大小、利润和合理积累的情况下，合理制定薪酬，使员工与公司能够利益共享。

3.5 合法：方案建立在遵守国家相关政策、法律法规和公司管理制度基础上。

4. 管理机构

4.1 薪酬管理委员会是公司薪酬管理工作的决策机构，由委员会主任与委员会成员组成。薪酬管理委员会主任由总经理担任，委员会成员为总经理助理、财务、行政人事经理。

4.2 薪酬委员会职责。

4.2.1 审查行政人事部提出的薪酬调整策略及其他各种货币形式的激励手段(如年终奖、专项奖等)。

4.2.2 审查个别薪酬调整及整体薪酬调整方案和建议，并行使审定权。本规定所指薪酬管理的最高机构为薪酬管理委员会，日常薪酬管理由行政人事经理负责。

5. 制定依据

本规定制定的依据是根据内、外部劳动力市场状况、地区及行业差异、员工岗位价值(对企业的影响、解决问题、责任范围、监督、知识经验、沟通、环境风险等要素)及员工职业发展生涯等因素。

6. 岗位职级划分

6.1 公司所有岗位分为 5 个层级(详情对照《××互联网有限公司组织架构岗

位说明书》），如下表所示。

一层级（A）	高管级
二层级（B）	中层管理级
三层级（C）	普通管理级
四层级（D）	基层管理级
五层级（E）	专员级（普通员工）

具体岗位、职级、晋升通道见下表。

序号	职级	各部门对应岗位
1	A	总经理、总经理助理、副总经理、分公司总经理
2	B	销售总监、推广总监
3	C	研发经理、行政人事经理、销售经理
4	D	销售主管、行政人事主管
5	E	总公司及分公司承担某一具体工作事项的执行者

职务职级			晋升通道		
层级	职级	对应系数	管理线	技术线	专业线
高层管理	A0		总经理		
	A1	15＋	副总经理		
	A2	15＋	分公司总经理		
	A3	15＋	总经理助理		
中层管理	B1	10＋	资深总监		
	B2	10＋	高级总监		
	B3	8＋			
	B4	8＋			
	B5	7＋	总监		
	B6	7＋			
	B7	6＋			
	B8	6＋			

职务职级			晋升通道		
层级	职级	对应系数	管理线	技术线	专业线
普通管理	C1	14+	高级经理	资深工程师	
	C2	13+			
	C3	11+			
	C4	10+	中级经理	高级工程师	
	C5	9+			
	C6	8+			
	C7	7+	经理	中级工程师	
	C8	6+			
基层管理	D	4+	主管	初级工程师	中/高级专员
基层员工	E	2+	专员	技术员	初级专员

6.2　各岗位薪资层级级差、同岗位薪资层级具体级差详见具体薪级表。

6.3　各岗位薪资层级级差体现管理者之间的职级划分，不同管理部门管理者管理能力、管理经验、管理学识。

6.4　同岗位薪资层级级差体现同岗位之间的工作能力、工作经验、工作态度所产生的价值不同而定。

7.薪酬构成

全员薪酬构成为：

基本工资＋绩效工资＋业务提成＋全勤奖＋工龄工资＋各类补贴＋个人相关扣款＋奖金

7.1　基本工资：薪酬的基本组成部分，根据相应的职级和职位予以核定。基本工资按照不同岗位、不同等级等决定相应的比例。

7.2　绩效工资：员工完成岗位责任及工作，公司对该岗位所达成的业绩而予以支付的薪酬部分。绩效工资的结算及支付方式详见《××互联网有限公司绩效考核管理制度》。

7.3　业务提成：按公司业务提成管理规定执行。

7.4　全勤奖：公司鼓励员工满额出勤，对于全勤员工特别设立全勤奖。

7.5　司龄工资:公司鼓励员工稳定,对于在公司工作满一年的员工特别给予的嘉奖。

7.6　各类补贴:详见公司福利制度。

7.7　个人相关扣款:扣款包括各项福利的个人必须承担的部分及因员工违反公司相关规章制度而被扣除罚款的情形。

7.8　奖金:公司为了完成专项工作或对具有突出贡献的一种奖励,包括专项奖、突出贡献奖、优秀员工奖等。

7.9　年终奖:年终奖金计算截止时间为每年 12 月 31 日,具体发放金额视公司经营情况而定,在年终奖发放前中途离职的员工不享受此项奖金,对于入职未满一年的,按照员工在公司工作月数进行一定折算。

8. 试用期薪酬

试用期间的工资标准为基本工资与绩效工资之和的 80%。

9. 薪酬调整

薪酬调整分为整体调整和个别调整。

9.1　整体调整:公司根据国家政策和物价水平等宏观因素的变化、行业及地区竞争状况、公司发展战略变化以及公司整体效益情况而进行的调整,包括薪酬水平调整和薪酬构成调整,调整幅度由公司薪酬管理委员会根据经营状况决定。

9.2　个别调整:主要指薪酬级别的调整,分为定期调整与不定期调整。

薪酬级别定期调整:公司在年底根据年度绩效考核结果对员工岗位工资进行的调整。

薪酬级别不定期调整:公司在年终由于职务变动等原因对员工薪酬进行的调整。

9.3　各岗位员工薪酬调整由薪酬管理委员会审批,审批通过的调整方案和各项薪酬发放方案由行政人事部执行。

10. 薪酬的发放和计算

10.1　薪酬发放方式。

10.1.1　支付日期:每月 15 日为工资支付日,公司以网银等方式支付员工上月 1 日到月底的实际出勤工资。如适逢节假日,则在节假日前的最后一个工作日支付。

10.1.2　试用期工资：员工入职时，双方根据《××互联网有限公司各部门薪酬等级表》议定转正工资，试用期满经考核后确定转正工资。

10.1.3　转正工资：员工在预定的试用期满后，经申请并核准转正后，开始领取转正工资。员工转正后，自规定的生效日期起，计算发放转正对应的工资标准、工作补贴。

10.1.4　离职工资：员工申请离职后，其离职当月工资在办理离职手续后的次月发薪日计算支付。

10.2　薪酬的计算。

月平均计薪天数＝(365 天－104 天)÷12 月＝21.75 天。

在具体计算工资时，21.75 参与计算，即如果约定月工资标准为 X，员工全勤就可得到工资 X。

10.2.1　员工月请假 X 天以内时，请假天数内无薪酬，则其核算方式为：

当月薪酬＝月工资标准－(月工资标准÷21.75×请假天数 X)。

10.2.2　员工新入职。

(1)实际出勤在一星期之内，当月薪酬核算公式为：

当月薪酬＝月工资标准÷21.75×实际出勤天数。

(2)实际出勤一星期以上且不满一个月，当月薪酬核算公式为：

当月薪酬＝月工资标准－(月工资标准÷21.75×缺勤天数)。

10.2.3　员工离职。

(1)实际出勤在一星期之内，当月薪酬核算公式为：

当月薪酬＝月工资标准÷21.75×实际出勤天数。

(2)实际出勤一星期以上且不满一个月，当月薪酬核算公式为：

当月薪酬＝月工资标准－(月工资标准÷21.75×缺勤天数)。

11.薪酬保密

11.1　总公司行政人事部、财务部等部门及分公司所有经手工资信息的员工及管理人员必须保守薪酬秘密。非因工作需要，不得将员工的薪酬信息透漏给任何第三方或公司以外的任何人员，薪酬信息传递必须通过正式渠道。有关薪酬的书面材料(包括各种有关财务凭证)必须加锁管理。工作人员在离开办公区域时,不得将相关保密材料堆放在桌面或容易泄露的地方。有关薪酬方面的电子文档必须加密存储,密码不得转交给他人。员工需查核本人工资情况时,必须由行政人事部会同财务部门出纳进行核查。违反薪酬保密相关规定的一律视为严重违反公司劳动纪律的情形予以解除劳动关系。

11.2　任何员工探询、讨论他人工资或向他人泄露工资情况的,一经查实,对员工双方视为严重违反公司劳动纪律并进行解除劳动关系处理。

11.3　员工对本人工资如有疑问或异议,应报请直级领导或部门负责人向财务部、行政人事部查明处理,不得自行理论。

12.附则

12.1　如遇到本管理制度未说明的其他情况,由行政人事部进行最终裁定、处理。

12.2　各部门薪酬标准及执行补充规定为本制度的有效附件,总公司各部门及分公司员工参照执行。

12.3　本管理制度由行政人事部负责最终解释,并根据实际情况进行修订、完善、发布。

12.4　本管理制度自20××年××月起生效。

【范本2】某金融公司薪酬制度

第一章　总则

第一条　目的。

为进一步建立健全××财务有限公司(以下简称“公司”)的价值评价与价值分配体系,完善激励、约束机制,充分调动员工的工作积极性、主动性,推动公司快速、健康发展,根据国家相关法律法规、政策和上级单位有关规定,结合公司实际情况,特制定本办法。

第二条　薪酬管理的基本原则。

(一)价值导向:坚持“为岗位职责付薪、为绩效表现付薪、为个人能力付薪”的支付理念,体现不同岗位的职责差异,鼓励员工关注绩效、提升能力。

（二）适应市场：在不突破上级单位工资总额管控的前提下，确保公司关键管理人才的薪酬水平具有市场竞争力，能够有效吸引、激励、保留关键人才。

（三）适度增长：在兼顾国家、企业和员工个人三者利益的前提下，建立与经济效益和劳动生产率增长相适应的工资增长机制和约束机制。

（四）动态管理：员工的工资收入随公司的经济效益、绩效考核结果、能力评价及岗位变动等因素上下浮动，能增能减。

第三条　适用范围。

本办法适用于除公司领导班子成员以外与公司签订劳动合同的所有员工。

第四条　总额管理。

（一）公司对薪酬进行预算管理和总额控制，当年不得突破上级单位审批的薪酬总额。

（二）总额控制的原则：薪酬总额增长速度低于公司效益增长速度，平均薪酬增长速度低于劳动生产率增长速度。

第五条　薪酬定义。

本办法所称薪酬指以货币形式支付给员工的劳动报酬，包括岗位工资、绩效工资和总经理特别奖等，即列入工资总额统计范围的货币收入。

第二章　职责权限

第六条　董事会薪酬管理职责。

（一）审批公司薪酬管理办法及调整方案。

（二）审批年度薪酬预算（不能突破上级单位给定的薪酬总额）。

（三）根据公司章程等需董事会审批的薪酬管理有关事项。

第七条　总经理办公会管理职责。

（一）审议公司薪酬管理办法及调整方案。

（二）审议年度薪酬预算方案。

（三）审批年度绩效工资发放方案。

（四）审批年度总经理特别奖发放方案。

（五）审议或审批其他薪酬管理相关事项。

第八条　人力资源部薪酬管理职责。

（一）负责拟订公司薪酬管理制度，完善薪酬管理实施细则，并提请总经理办公会审议。

（二）负责公司薪酬管理各种文件、表单的流转签批、回收、存档。

（三）负责公司各部门薪酬优化建议的收集汇总。

（四）负责将审核后的薪酬调整建议提报总经理办公会审议。

（五）负责受理薪酬管理申诉事宜，拟定初步建议，提交总经理办公会审查，确保薪酬管理工作的公平、公开、公正。

（六）核算员工工资，编制工资发放审批表，报公司分管领导审批后执行。

（七）应当由人力资源部负责的薪酬管理其他事项。

第三章　薪酬体系

第九条　公司采用以岗位绩效工资制为主要分配形式的双通道薪酬管理体系。双通道包括管理序列和专业序列。公司管理、专业序列职级对应如下表。

公司职级序列表

职　级	管理序列	专业序列
1	公司总经理助理（M1）	
2	部门总经理（M2）	专家（P1）
3	部门副总经理（M3）	资深经理（P2）
4		高级经理（P3）
5		经理（P4）
6		主管（P5）
7		经办（P6）

注：公司总经理助理职级包括岗位：总经理助理、董事会秘书、副总法律顾问、副总会计师、副总经济师、纪工委副书记及工会工委副主任等同级别的相应岗位。

第十条　公司在册在岗的管理、专业序列岗位员工适用岗位绩效工资制。主要构成为：岗位工资、绩效工资、辅助工资、津补贴及福利、奖励及其他五部分。

第十一条　岗位工资。

岗位工资是基于岗位级别及岗位职责按月发放给员工的固定性现金收入。岗位工资标准主要根据工作职责、承担责任、重要性及同业水平等因素综合确定。岗位工资具有保障功能，兼具激励功能。

第十二条　绩效工资。

绩效工资是体现部门和员工个体贡献差异的工资单元。它以绩效考核为基础，按照任职者履行岗位职责、完成工作任务的情况进行考核发放，绩效工资具有激励功能。岗位工资和绩效工资的构成比例如下表。

岗位工资和绩效工资的构成比例

层　　级	岗位工资比例	绩效工资比例
M1	40%	60%
M2/M3/M4//P1/P2/P3	50%	50%
P4/P5/P6	60%	40%

第十三条　辅助工资。

辅助工资根据员工本人的工作年限和工作能力确定，由工龄工资、学历工资、专业技术职务工资三部分组成。

（一）工龄工资按实际工龄计算，工龄由综合管理部根据国家规定认定。

（二）学历工资按国家承认的学历核算。

（三）专业技术职务工资按国家承认且公司聘用的专业技术职务核算。

第十四条　津补贴及福利。

津补贴及福利按国家及公司相关规定执行。

第十五条　奖励。

奖励是根据公司整体效益确定的激励性报酬。主要包括以下两种。

（一）双薪奖励。

根据公司整体效益情况，奖励 2 个月的岗位工资。具体发放方式为在年中和年终各奖励 1 个月的岗位工资，或统一至年终一次性发放 2 个月岗位工资的奖励。

（二）总经理特别奖。

对于公司某部门（集体）或个人在生产、经营管理工作中做出了突出贡献，根据年中（终）考核结果经总经理办公会议审定可给予该部门（集体）或个人一次性奖励。

总经理特别奖在年底与绩效工资一起发放。奖金额度根据公司当年绩效完成情况确定。

部门负责人根据部门内员工当年的工作表现推荐奖励人选，报分管领导同意后，将人员名单及业绩材料报送综合管理部。综合管理部汇总相关材料并提出具体奖励方案，由总经理办公会议审定。

对部门或团队的奖励，由部门或团队负责人根据有关人员的实际贡献进行分配。

第四章 薪酬调整

第十六条 公司员工薪酬调整主要依据公司整体效益、个人绩效考核结果和外部市场水平的变动情况等因素进行。薪酬调整分为整体性调薪与个体性调薪。整体性调薪主要指根据公司经济效益、劳动力市场竞争等情况进行的普调和工龄工资等的例行调整；个体性调薪包括因岗位变动、学历/专业技术职务变动等因素调薪及其他特殊调薪。

第十七条 工龄工资每年1月调整一次，新录用毕业生从定级后的次月起发放；因工作关系调入或聘用的员工，从定薪当月起发放。

第十八条 学历、专业技术职务变动调薪：员工本人学历、专业技术职务发生变动后，经人力资源部核准，可调整相应的辅助工资，自次月起发放。

第十九条 年度绩效调薪。

年度绩效调薪每年度进行一次，公司将依据年度绩效考核结果调整部分人员的薪酬，具体方法参见《××财务有限公司绩效考核管理办法》。

第二十条 岗位变动调薪。

遵循“易岗易薪、岗变薪变”的原则对员工进行薪酬调整。岗位变动调薪原则上采取“就近归入”的方式进行。如该员工原年度薪酬处于新岗位所在年度薪酬等级最高最低薪档之间的，员工晋升，则就近高套一档；员工降级，就近低套一档。自岗位变动的次月起执行新的岗位级别工资。

第二十一条 特殊调薪。

对表现突出或有特殊贡献者及个人过失给公司造成重大损失者，不受定期调整时间限制，由员工所在部门、人力资源部提出调薪建议，报公司总经理办公会审议通过后执行。

第五章　新员工薪酬

第二十二条　社会招聘人员、调入人员(含军队转业干部)。

劳动合同已约定试用期薪酬标准的，按劳动合同执行。劳动合同中未约定试用期薪酬标准的，在试用期内，岗位工资及月度绩效工资按拟聘岗位对应薪级标准的80%确定；辅助工资按个人学历、职称等具体情况核定。试用期满后，由综合管理部根据定级岗位、个人学历等因素，按本办法规定重新核定其各项薪酬待遇，并从次月起执行。

第二十三条　新入职的应届毕业生。

(一)试用期薪酬标准：新入职的应届毕业生试用期的长短根据所签订劳动合同的期限、岗位特点区别确定，最长不超过6个月。试用期薪酬标准如下：博士8 000元/月；硕士6 000元/月；学士5 000元/月。

(二)新录用毕业生试用期满并通过考核后，原则上应届毕业博士确定为主管级1档；应届毕业硕士确定为经办级2档；应届毕业学士确定为经办级1档。

(三)应届新入职员工在试用期内不享受绩效工资。

第二十四条　其他人员。

外派人员、任职交流干部等特殊情况的薪酬按公司有关规定执行。

第六章　假期薪酬

第二十五条　病假期间的薪酬支付。

(一)员工患病休假在六个月以内的病假薪酬见下表：

连续工龄(N)	岗位工资比例	绩效工资比例
$N<2$年	60%	0
2年$\leqslant N<4$年	70%	0
4年$\leqslant N<6$年	80%	0
6年$\leqslant N<8$年	90%	0
$N\geqslant 8$	100%	0

连续休假期内，若有法定节假日或休息日的，予以剔除。

(二)员工患病休假在六个月以上的疾病救济费见下表：

连续工龄（N）	岗位工资比例	绩效工资比例
$N<1$ 年	40%	0
1 年$\leq N<3$ 年	50%	0
$N\geq3$	60%	0

（三）员工每月病假薪酬或疾病救济费不低于北京市最低工资标准的 80%。

第二十六条　因工负伤休养期的薪酬支付。

（一）员工因工作遭受事故伤害，需要暂停工作接受工伤医疗的，在停工留薪期内，原薪酬待遇不变。停工留薪期一般不超过 12 个月。伤情严重或者情况特殊，经市级劳动能力鉴定委员会确认，可以适当延长，但延长不得超过 12 个月。

（二）工伤员工评定伤残等级后，停发原薪酬待遇，按照《中华人民共和国工伤保险条例》（国务院令第 375 号）有关规定享受伤残待遇。

第二十七条　事假期间的薪酬支付。

员工因事休假，岗位工资按照实际休假天数扣除，计算公式为：

扣除金额＝月工资标准÷21.75 天×实际休假天数×（出勤天数比例）

出勤天数比例＝21.75÷（当月应出勤天数＋法定节假日天数）

事假期间不享受绩效工资。

第二十八条　探亲假、婚丧假、年休假期间的工资支付。

员工按规定享受探亲假、婚丧假期间，岗位工资全额发放，不享受绩效工资。年休假期间，岗位工资和绩效工资全额发放。

第二十九条　女员工产假期间的工资支付。

（一）女员工按国家和北京市有关规定休产假的，产假期间可享受社保生育津贴（一般标准不超过 128 天），生育津贴标准为生育保险缴费基数÷30×产假天数，生育津贴即为产假期间的产假薪资，产假结束后进行津贴申领。产假期间员工的日常工资及绩效工资由公司正常发放，若发放总额高于生育津贴标准的，差额部分由公司承担，若生育津贴标准高于公司日常发放总额，差额部分将返还个人。

（二）女员工经批准延长产假期限的，延长期间发放岗位工资，不发绩效工资。

第七章　薪酬发放

第三十条　每月 15 日为员工薪酬发放日，遇法定节假日或公休日提前至节假日或公休日前最后一个工作日发放。

第三十一条　岗位工资依据上月考勤结果按月度计发。

第三十二条　绩效工资的发放分两部分。第一部分根据公司绩效考核管理办法确定的每季度绩效工资发放标准，按月随其他工资一起发放；第二部分根据公司业绩考核管理办法，以年度考核情况计算应发放的金额后，于次年初发放。

第三十三条　员工当期社会保险、住房公积金和企业年金的个人缴费部分及个人所得税，由公司代扣代缴。

第三十四条　对自动离职、辞职或被公司解除劳动合同的人员，自离开公司之日起停止发放一切薪酬；退休、调动、死亡等正常减员，自减员次月起停止月度薪酬发放，绩效工资根据其在职时间及绩效考核结果发放。

第八章　监督与管理

第三十五条　公司董事会负责对公司薪酬水平、薪酬政策制定、修订和执行情况进行监督和评价。

第三十六条　公司薪酬管理部门要建立薪酬管理台账，完整记录、统计薪酬发放。

第三十七条　对不遵守公司有关薪酬制度，自定薪酬、超发、滥发补贴和奖金的，给予责任人通报批评；情节严重的，给予党纪、政纪处分。

第三十八条　公司员工有权检举、揭发薪酬计算、发放过程中的违规违纪行为。

第九章　附则

第三十九条　本办法由人力资源部负责解释、修订。

第四十条　本办法自颁布之日起执行。

【范本 3】某集团公司总部薪酬制度

第一章　总则

第一条　目的。

为适应××集团有限公司（简称“集团”）发展需求，建立健全集团人力资源管理体系，充分发挥集团总部价值评价及价值分配作用，以薪酬为杠杆调动集团总部各级员工工作积极性，吸引、留住、激励优秀人才，依据国家相关政策及集团总部实际情况，制定本制度。

第二条　适用范围。

本制度适用于集团总部（除领导班子成员之外）全体员工。

第三条　薪酬设计原则。

（一）价值导向原则：薪酬分配主要依据岗位价值、员工实际绩效表现及个人能力，充分体现付薪依据。

（二）公平性原则：薪酬水平设计遵循公平性原则，使集团总部薪酬水平具有一定的外部市场竞争力和内部差异性。

（三）合法性原则：薪酬体系符合国家法律政策的要求，管理制度运行规范化。

（四）激励性原则：薪酬体系设计突出收入同个人绩效紧密联系，充分调动员工积极性和创造性。

（五）适度增长原则：在兼顾国家、企业和员工个人三者利益的前提下，建立与经济效益和劳动生产率增长相适应的薪酬增长机制和约束机制。

（六）动态管理原则：员工收入随着集团经济效益、个人绩效考核结果、岗位变动上下浮动，实现动态管理。

第四条　薪酬总额管理。

集团总部薪酬实行总额预算管理，具体实施办法参见《××集团有限公司薪酬总额预算管理（暂行）办法》。

第二章　薪酬管理机构与职责

第五条　薪酬管理机构的设置。

集团总部薪酬管理机构及人员由集团领导班子、集团总部人力资源部、集团总部各部门负责人构成。

第六条　集团领导班子。

集团领导班子是集团总部薪酬管理的审议及决策机构，其主要职责为：

（一）审批集团总部薪酬管理制度及绩效管理制度。

（二）审批集团总部年度薪酬预算方案。

（三）审议集团总部薪酬普调方案。

（四）审批集团总部其他薪酬调整方案。

（五）审批集团总部员工奖金发放方案。

（六）审批集团总部战略性人才引进定薪方案。

（七）审议集团总部员工薪酬管理重大申诉事宜处理结果。

（八）其他需由集团领导班子审议或审批的有关事项。

第七条　集团总部人力资源部。

集团总部人力资源部是集团总部薪酬管理日常工作具体推进和执行机构，其主要职责为：

（一）拟定、修订、完善集团总部薪酬管理相关制度及实施细则。

（二）编制集团总部员工薪酬预算、调整方案。

（三）拟定集团总部战略性人才引进定薪方案。

（四）负责解释薪酬相关制度，核算、发放员工薪酬。

（五）负责集团总部薪酬管理各类文件、表单的流转签批、回收、存档。

（六）收集、汇总、审核集团总部各部门薪酬调整、优化建议，并提请集团领导班子审议，根据审议结果做出相应调整。

（七）受理集团总部员工薪酬管理申诉事宜，拟定相关建议，必要时提请集团领导班子审查、决议。

（八）其他须由集团总部人力资源部负责的薪酬管理有关事项。

第八条　集团总部各部门负责人。

各部门负责人协助集团总部人力资源部开展薪酬管理相关工作，其主要职责为：

（一）协助集团总部人力资源部落实集团薪酬政策、制度，提出相关改进建议。

（二）按要求完成并提交相关表单、文档。

（三）审核总部门员工工资调整申请相关资料。

（四）协助开展集团总部薪酬管理其他相关事项。

第三章　薪酬构成

第九条　员工薪酬由工资、奖金、福利、津贴四部分构成，其中工资包括基本工资和绩效工资，集团总部员工工资采用岗位绩效工资制。具体公式如下：

员工薪酬＝工资＋奖金＋福利＋津贴

工资＝基本工资＋绩效工资

第十条　基本工资是基于岗位职责大小、劳动强度、工作环境等因素，结合岗位市场薪酬定位确定的固定性现金收入。

第十一条　绩效工资是以员工在岗履职情况为基础进行考核，根据员工贡献大小而发放的浮动工资，体现绩效工资的激励功能与多劳多得的分配原则。

第十二条　奖金是依据集团整体经营效益而确定的额外激励性报酬，主要包括年度效益奖与个人业绩奖两种。

（一）年度效益奖。

年度效益奖是根据集团整体效益情况，结合员工年度绩效总成绩，给予员工金额不等的奖金。

（二）个人业绩奖。

个人业绩奖是对于集团总部员工个人在生产、经营管理工作中做出突出贡献，经集团领导班子审议决定而给予员工个人的一次性奖励。

第十三条　福利是对员工给予的间接报酬，包括法定福利（五险一金、工龄薪酬等）和公司福利（补充养老、医疗等各类补充保险等），具体项目参照集团总部福利相关管理制度。

第十四条　津贴指补偿职工在特殊条件下的劳动消耗及生活费额外支出的薪酬补充形式，主要包括生活补贴、通信补贴等，具体项目参照集团总部津贴相关管理制度。

第四章　薪酬确定

第十五条　集团总部各岗位依据岗位职责、工作任务、任职资格条件等因素进行岗位价值评估，通过岗位价值评估正确衡量集团总部各岗位的相对价值，确定岗位工资相对等级矩阵及年度工资总矩阵表。

第十六条　为充分体现各岗位之间的差异，集团总部薪酬管理体系针对不同序列、不同职级、不同岗位采用分层分类管理，基本工资同绩效工资之间比例进行区分见下表。

管理序列	专业序列	基本工资比例	绩效工资比例	奖金比例	福利津贴比例	合计
部长	—	50%	50%	—	—	100%
副部长	—	50%	50%	—	—	100%
—	高级经理	60%	40%	—	—	100%
—	经理	60%	40%	—	—	100%
—	主管	70%	30%	—	—	100%
—	专员	70%	30%	—	—	100%

第十七条　基本工资依据集团所在行业外部市场工资水平定位，结合集团各岗位工资相对等级矩阵分布情况，构建集团总部岗位基本工资等级表。

第十八条　根据基本工资与绩效工资之间的比例关系，绩效工资基数确定公式为：

月度绩效工资基数＝(月度基本工资÷基本工资比例)×绩效工资比例

第十九条　奖金的确定依照本制度第十二条执行。

第二十条　福利及津贴的确定依照国家及集团相关制度执行。

第二十一条　新入职应届毕业生工资标准。

(一)新入职应届毕业生在一年后转正定级，转正定级前工资标准如下表所示。

学历	专科	本科	硕士	博士
工资标准				

(二)应届毕业生转正定级前不享受绩效工资。

(三)转正定级后，基本工资执行标准如下表所示。

岗位＼学历	专科	本科	硕士研究生	博士研究生
高级经理				
经理				
主管			2档	3档
专员	2档	3档		

第二十二条　社会招聘人员、调入人员工资标准。

(一)社会招聘人员、调入人员试用期工资标准依照劳动合同约定工资的80%执行,其他薪酬参照所在岗位相应标准执行。

(二)试用期通过考核后,基本工资标准依照劳动合同约定执行。

(三)对未能胜任岗位的员工,集团总部人力资源部可提出重新核定其基本工资标准或换岗、解除该劳动合同的建议,由用人部门确认具体调整方法。

第二十三条　副职享受正职待遇的,按照正职岗位所在薪酬标准执行。

第二十四条　集团总部引入战略性高端人才的薪酬标准,由集团总部人力资源部编制战略性人才引进定薪方案,并由集团领导班子审议。

第二十五条　外派、任职交流等其他特殊情况人员薪酬按照集团相关制度执行。

第五章　薪酬核算及发放

第二十六条　每月5日为集团总部员工工资发放日,若遇法定节假日或公休日,则提前至节假日或公休日前最后一个工作日发放。

第二十七条　月度基本工资发放根据当月考勤结果发放。其计算公式为:

月度基本工资实际发放额=月度基本工资×月实际出勤天数÷当月应出勤天数

第二十八条　加班工资是针对员工在规定的工作时间之外继续劳动而给予员工的劳动补偿,按照《中华人民共和国劳动法》相关条例计发员工月度加班工资,其计算公式为:

月度加班工资发放额=∑[月度基本工资÷(21.75×8)×加班小时数×提取系数]

加班日	提取系数
标准工作日	1.5
休息日	2
法定休假日	3

第二十九条　绩效工资的发放分为两部分。第一部分为预发绩效,按照月度绩效工资基数的50%提取,按月预发,随其他薪酬一起发放。第二部分为补发绩效,在季度绩效考核后,根据员工考核成绩确定员工当季度应发绩效工资,扣除预发部分后,随其他薪酬一起发放。

季度绩效工资应发额=季度绩效工资基数×绩效考核等级系数

第三十条　若员工季度绩效考核后应发绩效工资低于季度绩效工资基数的50%，核算后于次季度开始，逐月进行扣减。

第三十一条　奖金具体发放方式依据奖金发放方案执行。

第三十二条　福利及津贴发放依照国家及集团相关规定发放。

第三十三条　员工探亲假、婚丧假、产假工资以所在岗位基本工资为标准进行发放，员工岗位工资低于本市最低工资标准的以本市最低工资标准计发；年休假期间工资全额发放。

第三十四条　员工患病或非因公负伤治疗期间，依据《企业职工患病或非因工负伤医疗期规定》相关条例确定员工最长医疗期限，在医疗期内每月工资发放标准见下表：

累计工龄(N)	在本单位工作年限(M)	医疗期限(W)	基本工资发放标准(6个月及以下)
$N\leqslant10$年	$M<2$年	$W\leqslant3$个月	50%
	2年$\leqslant M<5$年	$W\leqslant3$个月	60%
	$5<M\leqslant10$年	$W\leqslant6$个月	70%
$N\geqslant10$年	$M<5$年	$W\leqslant6$个月	60%
	$5\leqslant M<10$年	$W\leqslant9$个月	70%
	$10\leqslant M<15$年	$W\leqslant12$个月	80%
	$15\leqslant M<20$年	$W\leqslant18$个月	90%
	$M\geqslant20$年	$W\leqslant24$个月	100%

备注：

1. 治疗期内，若遇法定节假日或休息日，予以剔除。

2. 员工患病或非因公负伤治疗期间，在本单位累计医疗期休假6个月以内的实际支付工资若低于本市最低工资标准，则以本市最低工资标准发放。

(一)员工在本单位累计医疗期休假6个月及以下，按上述计算方法确定工资；在本单位累计医疗期休假6个月以上，按照本市最低工资标准确定工资。

(二)员工患病或非因公负伤，医疗期满，仍不能胜任原岗位工作，应给予换岗建议，并按照新岗位薪酬标准执行。

(三)企业职工非因工致残和经医生或医疗机构认定患有难以治疗的疾病，医疗期满，应当由劳动鉴定委员会参照工伤与职业病致残程度鉴定标准进行劳动能力的鉴定。被鉴定为一至四级的，应当退出劳动岗位，解除劳动关系，并办理退休、退职手续，享受退休、退职待遇。

第三十五条　员工因工伤，需暂停工作接受工伤医疗的，在停工留薪期内，原工资待遇不变，由集团总部按月支付。原则上停工留薪期不超过 12 个月，伤情严重或特殊情况，经本市劳动能力鉴定委员会确认，可适当延长，但延长不得超过 12 个月。工伤员工评定伤残等级后，停发原工资待遇，按照《中华人民共和国工伤保险条例》相关规定享受伤残待遇。

第三十六条　员工对个人薪酬有疑义或不满，有权向集团总部人力资源部提出申诉并填写薪酬申诉表，人力资源部在接到绩效申诉后，应在 3 个工作日内反馈处理结果。

第三十七条　员工离职或任职期间退休，自离职或退休次月起，不再领取任何薪酬，当月基本工资和绩效工资按照实际情况进行核算。

第六章　薪酬的调整

第三十八条　员工薪酬水平调整主要包括工资普调、基于岗位价值变化的工资调整、基于年度绩效考核的工资调整、基于岗位调整的工资调整等。

第三十九条　工资普调。

集团总部员工工资水平考虑国家政策、上级单位政策和本市人均收入水平、集团员工的人均收入水平、行业及地区竞争状况、集团经营效益等情况后确定薪酬普调幅度，原则上每年 3 月进行工资普调工作，并于次月执行。

第四十条　基于岗位价值变化的工资调整。

集团总部岗位由于集团战略、定位发生变化而变化，应当对岗位重新进行岗位价值评估，依照岗位价值评估结果，对工资标准进行相应调整。

第四十一条　基于年度绩效考核的工资调整。

基于年度绩效考核的工资调整主要是以集团总部员工年度绩效考核等级为依据，对员工工资档位进行调整，主要调整情况为：

（一）员工年度考核等级为 A 级，基本工资可上调 2 档。

（二）员工年度考核等级为 B 级，基本工资可上调 1 档。

(三)员工连续2年年度考核等级为C级,基本工资可上调1档。

(四)员工年度考核等级为D级,基本工资下调1档,直至下调到所在基本工资等级最低档位为止。

第四十二条　员工基本工资上调至所在工资等级最高档位后,若满足涨薪条件,则一次性补足发放调整后年度工资与所在岗位年度工资之间的差额。计算公式为:

一次性补发金额=调整后薪级薪档年度工资-所在岗位薪级薪档年度工资

第四十三条　基于岗位调整的工资调整。

集团总部员工因任职岗位发生变化的,基于员工原有工资水平,按照新的岗位所在工资等级和档位,以“就近就高”原则进行调整。

第四十四条　福利津贴的调整依照国家及集团具体相关政策执行。

第四十五条　因员工个人绩效、岗位价值变化可能带来的工资调整在规定的时间内由员工自行填写薪酬调整申请表,并将相关资料交由部门领导审核无误后提交至集团总部人力资源部审核,汇总,出具调整建议并报集团领导班子审批。

第七章　监督与管理

第四十六条　集团董事会、领导班子负责对集团总部薪酬水平、薪酬总额控制、薪酬政策制定、修订及执行情况进行监督和评价。

第四十七条　对不遵守集团总部薪酬相关制度、规定的,给予集团总部内部通报批评;情节严重者,依照集团总部相关规章制度处理。

第四十八条　员工有检举、揭发薪酬计算、发放过程中出现违规违纪行为的权力。

第八章　附则

第四十九条　若本制度在执行过程中与政府新颁布的法律、法规存在抵触的,以有关法律、法规为准。

第五十条　本制度同《××集团有限公司总部绩效管理制度》配合使用,其他事宜依照相关制度及办法执行。

第五十一条　本制度由集团总部人力资源部负责解释与修订。

第五十二条　本制度自发布之日起施行。

【范本4】某餐饮公司薪酬制度

第一章　总则

第一条　为了规范××餐饮公司各餐厅的薪酬管理制度，增强岗位薪酬的激励约束机制，达成公司的营运与管理目标，实现公司和餐厅员工价值双赢最大化，特制定本制度。

第二条　本公司有关薪酬标准、薪酬构成、薪酬计算、薪酬发放、薪酬调整、薪酬控制等内容，均依本制度规定办理。

第二章　岗位薪酬管理原则

第三条　贴近市场原则：根据公司的实际情况，餐厅的岗位薪酬水平要依据行业特点，岗位性质和市场供求状况确定，在本地区同行业处于中上游水平。

第四条　公开透明原则：考核制度透明，奖励办法透明，晋升规则透明。

第五条　餐厅各岗位员工因工作性质与工作内容存在差别，薪酬制度设计时，使薪酬特点符合工作性质，激励功能得到充分发挥。

第六条　满足需要原则：由于餐厅发展的需要，在特定时期餐厅所急需的高层管理人员、特聘专业技术人员可破例聘请。

第七条　合理控制营运成本的原则。

第三章　岗位薪酬构成

第八条　根据餐厅的行业特点和餐厅现行的薪酬制度，餐厅员工的岗位薪酬构成为：岗位薪酬＝固定工资（基本工资＋岗位工资＋加班津贴）＋绩效奖金＋福利

备注：公司制定的各项薪酬标准均为税前值。

（一）固定工资

餐厅员工的固定工资由基本工资、岗位工资和加班津贴构成，按照公司薪酬管理制度的规定，公司将以员工的基本工资作为加班津贴的核算基数。

（二）绩效奖金

为了有效达成公司制定的各项战略目标，切实推动餐厅营运目标的完成，同时激励餐厅员工努力工作，因此将绩效奖金作为餐厅薪酬的重要组成部分。绩效奖金构成见下表。

绩效奖金构成

奖项＼岗位	餐厅总经理/总厨	餐厅管理组	餐厅员工
业绩达成奖	√	√	
业绩超额奖	√	√	√
可控利润率达成系数	√		
评估检查奖惩	√	√	√
离职率奖惩	√		

备注：

1. 餐厅月度绩效奖金计算公式：

（1）餐厅总经理/总厨＝（业绩达成奖＋业绩超额奖）×可控利润率达成系数×评估检查奖惩系数＋离职率奖惩。

（2）餐厅管理组＝业绩达成奖＋业绩超额奖＋评估检查奖惩。

（3）餐厅员工＝业绩超额奖＋评估检查奖惩。

2. 餐厅管理岗位包括见习经理、前厅班长、见习前厅班长、全星级训练厨师、后厨班长、星级训练厨师。

3. 餐厅员工岗位包括厨师、调味师、训练员、库管员、服务员、厨工、保洁员。

1. 业绩达成奖（适用于餐厅管理组）

（1）根据餐厅实际的业绩达成数据，针对餐厅管理组按下表发放对应的奖金等级。

（2）计算业绩达成率，四舍五入处理，业绩达成率与奖励系数挂钩。业绩达成率低于 90％时，奖励系数为 0.5；业绩达成率为 90％～95.9％时，奖励系数为 0.8；业绩达成率为 96％～100％时，奖励系数为 1.0。（如果餐厅业绩达成低于业绩预估，则按照业绩预估下限核算业绩达成率）

（3）餐厅业绩达成超过业绩预估上限 100％的部分按业绩超额奖计算，具体内容见下表。

业绩达成奖　　单位：元

营业额	60 万以下	60～90 万	90～120 万	120～150 万	150 万以上
餐厅总经理餐厅总厨	500	700	900	1 100	1 300
见习经理全星级训练厨师	350	450	550	650	750
前厅班长星级训练厨师	200	250	300	350	400
见习前厅班长	100	100	150	150	200

备注：后厨班长、见习后厨班长按照前厅班长/星级训练厨师标准执行，一年时限通过考试的政策与前述相同。

2. 业绩超额奖(适用于餐厅管理组和餐厅员工)

为了更好地激励餐厅员工,公司将会发放业绩超额奖奖励,超额奖励系数分别为15%和20%。餐厅全体员工分享超额奖励的比例。

(1)餐厅总经理/餐厅总厨共分享15%。

(2)餐厅管理组共分享30%。

(3)餐厅员工共分享55%。

业绩超额奖=(餐厅当月营业额－餐厅当月预估营业额)×超额奖励系数

备注:当餐厅当月达成业绩超出当月预估业绩上限规定5万元以内时,按照超额部分15%的比例核算超额奖;当餐厅当月达成业绩超出当月预估业绩上限规定5万元以上时,按照超额部分20%的比例核算超额奖。

3. 可控利润率达成系数(公司会按照餐厅具体情况,分别制订每月可控利润率目标)

(1)如果餐厅当月可控利润率达成高于当月预估目标,奖金系数为1.2。

(2)如果餐厅当月可控利润率达成在目标范围中,奖金系数为1.0。

(3)如果餐厅当月可控利润率达成低于目标底限3%内,奖金系数为0.7。

(4)如果餐厅当月可控利润率达成低于可控利润率目标底限超过3%,奖金系数为0.5。

利润率达成	远低于目标	低于目标	达成目标	高于目标
假设某餐厅可控利润	<17%	17%～20%	20%～23%	23%以上
奖金系数	0.5	0.7	1.0	1.2

备注:高于目标的可控利润率达成与月度绩效奖金挂钩后先发放,次月需对餐厅进行稽核,不属于管控到位而产生的利润达成要扣回,奖金系数以1.0为核算标准。

4. 评估检查奖惩(按照总公司营运稽核经理的检查区域排名)

餐厅评估检查的成绩由:(1)神秘顾客30%;(2)总公司营运稽核经理评估检查70%所构成。

餐厅评估检查成绩为两部分加权求和而成,公司根据评估检查的成绩对餐厅总经理、总厨和餐厅其他员工发放不同标准的对应奖金或罚金,具体如下。

(1)对餐厅总经理、总厨的奖惩标准:

评估检查成绩	80分以下	80~85分	85~90分	90分以上
评估检查系数	0.7	0.9	1.1	1.3

(2)对餐厅管理组和餐厅员工的奖惩标准(餐厅总经理、总厨除外):

评估检查成绩	80分以下	80~85分	85~90分	90分以上
奖金(元/人)	-50	50	100	150

备注:

(1)餐厅评估检查成绩如果低于80分,餐厅管理组扣款50元/人,包括见习经理、前厅班长、见习前厅班长、全星级训练厨师(后厨班长)、星级训练厨师;餐厅员工不扣款(厨师、调味师、训练员、库管员、服务员、厨工、保洁员)。

(2)当月评估检查总成绩第一名的餐厅:餐厅总经理、总厨各奖励300元现金和200元礼品,餐厅管理组和餐厅员工在标准基础上另再加50元奖金。

(3)当月评估检查总成绩最后一名的餐厅:餐厅总经理、总厨各处罚200元。

5.离职奖惩率。

(1)如果餐厅当月员工离职率在4%以下,餐厅总经理、总厨各奖励200元。

(2)如果餐厅当月员工离职率在4%~5%,餐厅总经理、总厨不奖也不罚。

(3)如果餐厅当月员工离职率在5%以上,餐厅总经理、总厨各处罚200元。

餐厅离职率数据务必准确,如果餐厅对员工离职有漏报瞒报现象,一经查实,餐厅经理和厨师长分别处以500元/人的罚款。

备注:新餐厅开业两个月内,业绩达成奖、业绩超额奖、评估检查奖惩三项暂不进行考核,从第三个月开始执行考核。

(三)福利

1.常规福利

为了切实保障员工利益,公司建立了完善的福利体系,包括社会保险、带薪年假、工龄工资、生日餐券等福利项目的具体规定请查阅《××餐饮公司员工休假与福利管理制度》。

2. 团队成长奖

为了激励各餐厅做好训练工作，积极培养公司未来发展所需要的各岗位人才，公司专门制订了团队成长奖(通过公司考核后按照标准发放)。具体标准如下：

团队成长奖　　单位：元

岗　位	奖励标准
见习餐厅总经理/见习餐厅总厨	300
见习经理/全星级训练厨师	200
见习前厅班长/星级训练厨师	100
训练员/厨师	50

发放说明：公司以季度为单位，按照通过公司考核后的岗位数量，对餐厅的训练工作进行奖励，奖励基金只能作为餐厅管理组的团队活动经费。

3. 餐厅积分奖惩

对于餐厅现行积分奖惩制度，餐厅在月末进行工资核算的时候，以 100 分作为奖惩基数，按照 1 分对应 1.5 元的标准对员工进行奖惩。如果员工的积分超过 100 分，则按照超过 100 分以后的分值进行奖励；如果员工的积分等于 100 分，则不奖也不罚；如果员工的积分少于 100 分，则按照少于 100 分以后的分值对员工进行处罚(假设员工当月积分 130 分，则奖励 45 元，假设员工当月积分 80 分，则处罚 30 元，依此类推)。

第四章　薪酬计算

第九条　员工的薪酬自报到工作之日起薪至退职之日停薪。

第十条　岗位薪酬的计算原则：因岗设薪，同工同酬，岗变薪变。

第十一条　按照公司的行业特点，公司向劳动部门申请执行不定时工作制或综合计算工时制，因此餐厅员工每月的加班津贴将按照国家规定的标准核算。

第十二条　如果公司安排餐厅员工在国家法定节假日加班(元旦节 1 天、春节 3 天、劳动节 1 天、清明节 1 天、端午节 1 天、中秋节 1 天、国庆节 3 天，合计 11 天/年)，而且无法安排员工换休，公司将按照员工基本工资的 300％核算加班津贴。

第十三条　如果餐厅员工因为个人原因出现超休的情况，餐厅将按照员工当月超休时间乘以员工当月的日平均工资进行工资扣除。如果因为餐厅排班管理出现问题，导致餐厅员工无法正常排休而出现加班，则员工的加班津贴按照员工当月的日平均工资发放(日平均工资包括：基本工资、岗位工资、加班津贴和当月绩效奖金等)。

第五章　薪酬发放

第十四条　××餐饮公司在每月第10个工作日前(如遇周末则提前)发放上月的工资。

第十五条　作为公民和纳税人，依法缴纳个人所得税是员工的义务，根据税法相关规定，公司有义务代扣代缴员工的个人所得税并代为申报缴纳。

应纳税额＝(应付工资－扣缴社会保险－法定扣除额)×适用税率－速算扣除数

第十六条　离职人员于批准离职并停止工作之日为停薪日，办妥离职移交手续后由各餐厅财务干部核算工资，由餐厅总经理批准后，随餐厅当月发薪日现金发放。

第十七条　员工领薪时需对所领薪资总额进行确认，如有薪资计算上的疑问或错误，应于3日内向所在餐厅求证，以免日后发生纠纷。

第六章　试用期薪资

第十八条　新录用人员，依其学历、经历及所应聘岗位确定工资标准等级，实行1～3个月的见习试用期，试用期工资标准原则上为转正工资标准的80%。

第十九条　员工试用期间有加班津贴但无绩效奖金。

第二十条　员工试用期满考核合格后正式录用，可直接享受其所在岗位的工资标准。

第七章　薪酬制度检讨

第二十一条　每年年底公司人力资源中心将组织公司营运管理部召开餐厅薪酬检讨会议，薪酬制度检讨分两个层次进行。

(1)各子公司负责人组织各餐厅总经理召开薪酬检讨会议，检讨各餐厅年度薪酬制度的合理性及执行情况，并形成相关书面修改意见。

(2)总公司人力资源中心组织各门店负责人召开薪酬检讨会议，针对提出的薪酬修改意见进行汇总，然后将薪酬制度改进建议以书面形式上报公司常务副总裁审批。

第八章　附则

第二十二条　××餐饮公司拥有本制度解释权和修改权，本制度经公司人力资源中心和常务副总裁批准后实施，修改时亦同。

【范本5】通用薪酬制度

第一章　宗旨

第一条　为了充分调动员工工作积极性、加强对员工的激励作用、增强企业的经济效益，特制定本制度。

第二条　本制度适用于公司的试用、正式员工，兼职、实习、退休返聘、临时等员工不适用于本制度，其薪酬管理通过单独的协议进行约定。

第二章　管理原则

第三条　“按预算调控”的原则。即在核定的工资总额预算内，公司对于工资实行集中、统一管理，并进行动态调控。

第四条　“以结果为导向”的原则。即薪酬管理体现“以结果为导向”的利益分配机制、强调薪资的激励功能，充分调动员工的工作积极性和主动性。

第五条　“外部公平、内部公平”的原则。即先后管理要参照公司外部的行业、地区薪酬水平，在公司内部要保证员工间薪酬的公平性。

第三章　薪酬构成

第六条　公司原则上采用组合薪资制，其结构由基本工资、岗位/技能工资、绩效工资、附加工资四部分组成。

第七条　基本工资是保障员工基本生活所确定的工资。

第八条　岗位/技能工资是按照员工所在的岗位（职系、职级、职等）等各项劳动要素评测结果和岗位所需员工的技能而综合确定的工资。

第九条　绩效工资是依据员工个人绩效考核结果、部门经营业绩和企业整体经营业绩情况而确定的工资，包括各类绩效工资、提成、奖金、超额奖等。

第十条　附加工资、包括年资工资、各类津贴、补贴等，具体规定参观公司相关制度。

第四章　职位薪资

第十一条　公司根据不同职位体系的不同工作性质制定不同的薪资结构。

第十二条　具体职位的薪酬构成规定参见不同职位体系的薪资、绩效考核管理办法。

第五章　薪资考核

第十三条　基本工资、岗位/技能工资标准根据员工所任岗位确定。原则上薪随岗变，所有员工均执行“易岗易薪”。岗位变动后，一律从变岗下月起执行新的基本工资、岗位/技能工资标准。

第十四条　绩效工资根据员工本人的绩效考核结果、部门/公司的经营目标或计划的完成情况考核后发放。绩效工资的发放可以月、季、半年、年及项目等周期支付。

第十五条　附加工资的发放是否结合考核结果根据具体规定执行。

第十六条　考虑到各种岗位工作性质各有不同，因此薪资的考核方式也不尽相同。具体的薪资考核管理规定参见《公司绩效考核管理制度》。

第六章　薪资调整

第十七条　薪资调整包括整体调整与个别调整。

(1)公司整体的薪资调整参照每年物价上涨指数、地区规定的最低工资标准、平均工资标准等情况进行。

(2)薪资调整方案，工资水平的增长应低于公司经济效益的增长并符合公司的人力资源计划及工资总额管理制度的要求。

(3)薪资调整除参照社会平均薪资福利水平外，还要考虑企业的实际支付能力、员工基本生活需要、员工以往的薪资福利水平等因素。

第十八条　公司每年的薪资晋级调整分两次。

第一次为每年____月，为常规晋级；第二次为每年____月，为特别情况晋级。工资调整均应按照人力资源计划和本级别职位工资进行核定。

(1)常规晋级薪资调整。根据部门上一年度完成经营计划的情况、员工个人年终考核结果以及新一年工作计划等，以部门整体为单位工资总额总体调整。

(2)特别情况晋级薪资调整。根据员工半年考核结果，由员工直属上级提出特别晋级薪资调整。享受特别情况晋级薪资调整的员工不超过部门总人数的20%。

第十九条　公司及部门未完成经营计划时，在实际支出工资时应下浮总额，以控制经营风险。

第二十条　岗位变动调整引起薪资调整。若员工岗位发生变动，则员工工资等级变动为相应岗位当前职级系列的工资等级。

第二十一条　在工资等级调整过程中，若目前等级已经达到相应岗位、职级系列的最高档次，则工资等级不再改变。

第二十二条　工资调整与职位职等的调整直接挂钩。

第二十三条　对于能力突出的员工或具备相应能力但资格尚未达到有关职级要求的员工，允许越级或者破格加薪和晋升，破格晋升比例不超过部门总人数的5%。

第二十四条　因绩效考核涉及的薪资调整具体规定参见《绩效考核管理制度》。

第七章　薪资审批

第二十五条　薪资及相关制度(包括但不限于职位管理制度、绩效考核管理制度、福利管理制度)报董事会审批通过后执行。

第二十六条　薪资的确定与调整，由人力资源部组织，各部门根据董事会审批通过的薪资标准及相关制度要求执行。

第二十七条　年度薪资整体调整的具体调整比例报董事会审批通过后执行。

第八章　薪资发放

第二十八条　薪资由人力资源部负责制作与发放。

第二十九条　公司计薪月周期为自然月、计薪年为自然年。

第三十条　薪资发放原则上采用银行代发方式。

第三十一条　日常薪资由人力资源部负责指标、审核，根据薪资确定审核的相关规定，逐级审批后发放。

第三十二条　加班工资根据法律相关规定依法发放。

第三十三条　病假工资按工资的____%执行。

第三十四条　事假当天无工资。

第三十五条　生育工资按原工资标准执行。

第三十六条　待岗工资按当地最低生活保障工资标准发放，绩效工资自待岗之日起停发。

第三十七条　试用期工资标准按转正后岗位/技能工资的____%执行。

第九章　薪资扣除

第三十八条　薪资发放中的个人所得税扣除依照国家和地方有关法规执行。

第三十九条　交通补贴、话费补贴等按月在税前工资中列支。

第四十条　绩效工资按规定方式扣除个人所得税。

第四十一条　按照劳动法、劳动合同规定的解除劳动合同补偿金税后列支。

第四十二条　社会保险的缴纳按国家及地方政府相关政策执行，社会保险、住房公积金个人部门依法税前扣除。

第四十三条　对于工资中涉及的考勤扣款详见《公司考勤管理制度》。

第十章　薪资保密

第四十四条　薪资保密规定要求规范员工薪资保密行为，保证薪资作业过程的保密性，确保薪资资料不泄密。

第四十五条　薪资保密规定适用于公司全体职工的薪资操作过程，适用于监督全体职工的薪资保密行为，也适用于薪资泄密行为的举报、处理等过程。

第四十六条　薪资保密涉及的主要人员包括参与薪资确定、调整、核算、发放、调阅的各部门负责人及人力资源人员、财务人员。

第四十七条　薪资保密的整体要求：薪资操作过程保密，全体员工不得探听别人的薪资水平，全体员工不得向别人透露自己的薪资水平，任何职工发现薪资泄密情况都须及时申诉汇报，相关部门处理应及时有效。

第四十八条　确保薪资保密的总体部署。

(1)公司制定薪资保密相关制度，向全体员工宣贯薪资保密制度。

(2)安排专人用专柜、专匙保持薪资资料，确保薪资资料保持过程不泄密。

(3)加强薪资作业人员及薪资作业过程管理，确保定薪、调薪、薪资核算、薪资发放过程不泄密。

第四十九条　为保证薪资的保密性，对薪资作业过程做出以下规定。

(1)薪资作业过程包含但不限于新进员工定薪过程、员工调薪过程、薪资资料保密过程、薪资核算过程、薪资发放过程、薪资资料查阅过程等。

(2)调薪资料(包含转正、调薪等)经核准后,应由人力资源部统一保存于薪资资料专柜中。

(3)各部门负责人因工作需要调阅本部门人员薪资资料时,需经人力资源部负责人核准;财务人员在薪资发放流程中应保证薪资保密。

第五十条　各部门负责人在与新进员工确定薪资时,应及时宣贯薪资保密意识;新进员工入职后,由人力资源部在职前培训中宣贯薪资保密制度。

第五十一条　公司欢迎员工参与检举薪资泄密情况,并对举报人员给予奖励。

第五十二条　为确保公司薪资保密得以实施,凡有以下情况之一的,一经公司查实,立即解除当事人的劳动合同关系。

(1)因薪资作业人员的行为做出薪资泄密的。

(2)员工之间询问其他员工薪资情况的。

(3)向其他员工泄露自己薪资情况的。

第十一章　附则

第五十三条　本制度自规定之日起执行。

第五十四条　本制度由公司人力资源部负责解释、修订与说明。

第二节　薪酬设计工具

本节学习要点

企业薪酬体系在构建时,需要使用到我们常用的工作伙伴——强大的数据表格处理软件——Microsoft Excel,其强大的数据处理能力会帮助我们完成薪酬调查数据分位值的计算、薪级上下限和薪档差的计算以及在职员工新旧体系套入的测算工作等,但是需要我们完成相应的表格结构、数据录入与计算公式设置之后才能实现。而在日常的薪酬管理过程中,HR需要使用薪酬矩阵表、薪酬调整申请表、薪酬问题反馈表以及薪酬保密协议等表单或工具的配合帮助,使管理工作更加顺畅。本节主要对薪酬体系设计时常用的表单、工具以及 Excel 公式进行讲解，提高企业在薪酬管理中的工作效率。

【公式 1】薪酬分位值测算公式

分位值指在某部分数据中有一定比例的数据小于此数值，详细概念请见本书“附录(一)基本词汇定义：15. 分位值、中位值”对应内容，在薪酬体系设计过程中主要用于对薪酬调研获得的数据进行整理与提炼。在使用 Excel 进行分位值数据计算时，我们可使用 QUARTILE 和 PERCENTILE 两个函数进行求解。其中 QUARTILE 只可用于 25 分位、50 分位和 75 分位的求解，而 PERCENTILE 可用于对更多种分位值的求解，具体说明如下。

QUARTILE 函数主要用于返回一组数据的四分位点，其语法为 QUARTILE(Array，Quart)，其中 Array 为需要求得四分位数值的数组或数字型单元格区域，而 Quart 为制定返回具体的哪一个值，可以填写 0～4 的整数，其返回的具体数值与 Quart 值的关系如表 5-1 所示。

表 5-1 QUARTILE 函数规则

Quart	返回的数值
0	最小值
1	第一个四分位值(25 分位值)
2	中位数(50 分位值)
3	第三个四分位值(75 分位值)
4	最大值

PERCENTILE 函数主要用于返回区域中数值的第 K 个百分数($0<K<1$)，其语法为 PERCENTILE(Array，K)，其中 Array 为相对位置的数组或数据区域，K 为 0 到 1 之间的百分点值，必须在此范围内才能计算，例如 50 分位值的 K 值为 0.5。

表 5-2 为某家公司进行薪酬调查时获得的薪酬专员岗位的年薪水平情况，我们分别用函数 QUARTILE() 和 PERCENTILE() 求解，同时为了保证结果的位数一致，我们统一使用 ROUND 函数进行四舍五入保留整数。

表 5-2　函数 QUARTILE( )和 PERCENTILE( )使用对比示例　　单位:元

序　号	A	B	C	D
1	岗位名称	年薪水平	薪酬专员薪酬情况	
2	薪酬专员	110 406	最小值	85 059
3		99 308	25 分位值	95 153
4		117 023	50 分位值	108 048
5		98 272	75 分位值	113 356
6		109 260	最大值	118 810
7		87 967		
8		109 551		
9		109 567	10 分位值	87 967
10		117 355	25 分位值	95 153
11		89 542	50 分位值	108 048
12		90 347	75 分位值	113 356
13		118 810	90 分位值	117 374
14		114 339		
15		87 627		
16		105 367		
17		90 971		
18		102 503		
19		106 835		
20		104 445		
21		114 919		
22		117 212		
23		85 059		
24		87 963		
25		109 650		
26		117 543		
27		109 907		
28		101 482		
29		118 019		
30		110 387		
31		94 113		

如表 5-2 所示，D2 至 D6 单元格为使用 QUARTILE 函数处理的结果，在 D2 单元格输入公式“＝ROUND(QUARTILE(＄C＄2:＄C＄31,0),0)”即可求得 B 列 30 个数据的最小值，将 QUARTILE 中的 0 改为 1 即可求得 25 分位值，依此类推求得其他数值。D9 至 D13 单元格为使用 PERCENTILE 函数处理的结果，在 D9 单元格输入公式“＝ROUND(PERCENTILE(＄C＄2:＄C＄31,10％),0)”即可求得 B 列 30 个数据的 10 分位值，将 PERCENTILE 中的 10％改为 25％即可求得 25 分位值，依此类推求得 25 分位值、50 分位值、75 分位值与 90 分位值。我们也从表 5-2 中可以看到，使用函数 QUARTILE()和 PERCENTILE()所求得的 25 分位值、50 分位值与 75 分位值是相同的，但是函数 PERCENTILE()比 QUARTILE()在应用方面更具灵活性与广泛性。

【公式 2】薪级中位值计算公式

薪级中位值是某一薪级中薪级上限与薪级下限的平均数，其主要是辅助我们设计与计算薪级上下限的过程变量，根据公司的薪酬策略与市场的相关薪级数据计算得出，其计算公式主要依据数学计算的内插法，选取不同的分位值，采用 IF 公式判断并分类计算，求得各薪级中位值，具体设置方式如表 5-3 所示。

表 5-3　薪酬中位值计算示例　　单位：元

序号	A	B	C	D	E	F	G	H
1	职级	10P	25P	50P	75P	90P	分位	中位值
2	18	427 812	640 590	940 281	1 217 899	1 490 868	60	1 051 328
3	17	365 938	543 351	790 942	1 024 766	1 257 966	50	790 942
4	16	313 013	460 873	665 321	862 259	1 061 448	50	665 321
5	15	267 743	390 914	559 652	725 522	895 630	50	559 652
6	14	229 020	331 575	470 766	610 469	755 716	50	470 766
7	13	195 897	281 243	395 997	513 662	637 659	45	373 046
8	12	167 565	238 552	333 103	432 205	538 045	45	314 193
9	11	143 330	202 341	280 198	363 666	453 992	45	264 627
10	10	122 600	171 626	235 696	305 996	383 070	40	210 068

续表

序号	A	B	C	D	E	F	G	H
11	9	104 869	145 574	198 262	257 472	323 227	40	177 187
12	8	89 702	123 476	166 773	216 642	272 733	40	149 454
13	7	76 728	104 733	140 285	182 287	230 127	40	126 064
14	6	65 631	88 835	118 004	153 380	194 177	30	94 669
15	5	56 139	75 350	99 262	129 057	163 843	30	80 132
16	4	48 020	63 912	83 497	108 591	138 247	25	63 912
17	3	41 075	54 211	70 236	91 371	116 650	25	54 211
18	2	35 134	45 982	59 080	76 881	98 427	25	45 982
19	1	30 053	39 002	49 697	64 689	83 051	25	39 002

表 5-3 中 A2 至 F19 的区域为某家公司在薪酬调查中整理后的数据情况，H 列为我们需要根据公司的薪酬策略而求得的薪级中位值数值，以 H2 单元格所表示的职级 18 为例，我们在 H2 单元格中输入公式"＝ROUND(IF(G2＞＝75,E2＋(G2－75)＊(F2－E2)/(90－75),IF(G2＞＝50,D2＋(G2－50)＊(E2－D2)/(75－50),IF(G2＞＝25,C2＋(G2－25)＊(D2－C2)/(50－25),IF(G2＞＝10,B2＋(G2－10)＊(C2－B2)/(25－10),0)))),0)"，配置好后我们便可以在 G2 输入公司薪酬策略确定的分位值，在 H2 单元格中即可自动计算出职级 18 的薪级中位值。之后我们对 H 列从 H2 到 H19 进行快速填充，并在 G2 至 G19 单元格中填写好各分位置，即可完成各职级(薪级)中位值的计算工作。

【公式 3】薪级上下限计算公式

薪级上下限是各薪级的最大值(上限)与最小值(下限)，主要用于规定各薪级的带宽范围，其由薪级中位值与薪酬幅度两个变量决定，计算公式为：

薪级下限＝2×薪级中位值÷(2＋薪酬幅度)；薪级上限＝薪酬下限×(1＋薪酬幅度)

在设计表格时我们仅需要在薪级中位值确定的基础上，进一步确定各薪级的薪酬幅度即可求得所在薪级的上下限，一般情况下薪酬幅度的设置在 40％～65％相对合理，详细讲解请见本书“附录（一）基本词汇定义：20. 薪级幅度、薪酬档差、薪酬叠幅”相应内容，具体设计如表 5-4 所示。

表 5-4　薪酬上下限计算　　单位：元

序号	A	B	C	D	E
1	职级	中位值	薪酬幅度	薪级下限	薪级上限
2	18	1 051 328	60%	808 714	1 293 942
3	17	790 942	60%	608 417	973 467
4	16	665 321	55%	521 820	808 821
5	15	559 652	50%	447 722	671 583
6	14	470 766	50%	376 613	564 920
7	13	373 046	50%	298 437	447 656
8	12	314 193	50%	251 354	377 031
9	11	264 627	40%	220 523	308 732
10	10	210 068	40%	175 057	245 080
11	9	177 187	40%	147 656	206 718
12	8	149 454	40%	124 545	174 363
13	7	126 064	35%	107 289	144 840
14	6	94 669	35%	80 569	108 768
15	5	80 132	35%	68 197	92 066
16	4	63 912	35%	54 393	73 431
17	3	54 211	35%	46 137	62 285
18	2	45 982	35%	39 134	52 831
19	1	39 002	35%	33 193	44 811

表 5-4 中 A 和 B 列为已求出的职级（薪级）与对应的薪级中位值，以职级 18 为例，根据薪级上下限计算公式，在 D2 单元格中输入公式“=ROUND(B2 * 2/(2+C2),0)”和 E2 单元格中输入公式“=ROUND(D2 * (1+C2),0)”，在 C2 单元格中输入职级 18 的薪酬幅度（60%）即可求出此薪级下限和上限。在此之后对 D2 和 E2 所在 D 列和 E 列分别进行快速填充，填写完成 C 列各薪级薪酬幅度，便可完成各薪级上下限的制作。如果公司在薪酬上下限的金额方面需要以百取整（薪级金额的十位和个位均为 0），我们只需要将 ROUND 函数中的 0 调整为 −2 即可，例如 D2 单元格

公式调整为"＝ROUND(B2 * 2/(2＋C2)，－2)"，示例中的表格调整结果如表 5-5 所示。

表 5-5　薪酬上下限计算示例　　单位：元

序号	A	B	C	D	E
1	职级	中位值	薪酬幅度	薪级下限	薪级上限
2	18	1 051 328	60%	808 700	1 293 900
3	17	790 942	60%	608 400	973 400
4	16	665 321	55%	521 800	808 800
5	15	559 652	50%	447 700	671 600
6	14	470 766	50%	376 600	564 900
7	13	373 046	50%	298 400	447 600
8	12	314 193	50%	251 400	377 100
9	11	264 627	40%	220 500	308 700
10	10	210 068	40%	175 100	245 100
11	9	177 187	40%	147 700	206 800
12	8	149 454	40%	124 500	174 300
13	7	126 064	35%	107 300	144 900
14	6	94 669	35%	80 600	108 800
15	5	80 132	35%	68 200	92 100
16	4	63 912	35%	54 400	73 400
17	3	54 211	35%	46 100	62 200
18	2	45 982	35%	39 100	52 800
19	1	39 002	35%	33 200	44 800

【公式 4】薪级叠幅计算公式

薪酬叠幅指相邻两个薪级之间重叠部分所占的比例，根据比较对象的部分，分为向下叠幅和向上叠幅两种，主要用于衡量薪级带宽的重叠程度，详细内容请见本书"附录(一)基本词汇定义：20. 薪级幅度、薪酬档差、薪酬叠幅"相应内容，两种叠幅的计算公式为：

向下叠幅＝(下一级薪酬最大值－上一级薪酬最小值)÷下一级薪级幅度

向上叠幅＝(下一级薪酬最大值－上一级薪酬最小值)÷上一级薪级幅度

薪级叠幅是在薪级上下限设置完成后所进行的验证工作,用以衡量薪级带宽的设置情况,一般情况下薪酬叠幅控制在35％～75％较为合适。因薪酬叠幅的算法原因,我们无法计算职级1(薪级1)的向下叠幅以及职级18(薪级18)的向上叠幅,我们继续以上述表格数据为例,对叠幅的计算公式进行讲解,具体如表5-6所示。

表5-6　薪酬叠幅计算示例　　单位:元

序号	A	B	C	D	E	F	G
1	职级	中位值	薪酬幅度	薪级下限	薪级上限	向下叠幅	向上叠幅
2	18	1 051 328	60%	808 714	1 293 942	45.00%	
3	17	790 942	60%	608 417	973 467	70.00%	34.00%
4	16	665 321	55%	521 820	808 821	67.00%	55.00%
5	15	559 652	50%	447 722	671 583	62.00%	52.00%
6	14	470 766	50%	376 613	564 920	48.00%	52.00%
7	13	373 046	50%	298 437	447 656	63.00%	38.00%
8	12	314 193	50%	251 354	377 031	65.00%	53.00%
9	11	264 627	40%	220 523	308 732	35.00%	46.00%
10	10	210 068	40%	175 057	245 080	54.00%	28.00%
11	9	177 187	40%	147 656	206 718	54.00%	45.00%
12	8	149 454	40%	124 545	174 363	54.00%	45.00%
13	7	126 064	35%	107 289	144 840	5.00%	41.00%
14	6	94 669	35%	80 569	108 768	48.00%	4.00%
15	5	80 132	35%	68 197	92 066	27.00%	41.00%
16	4	63 912	35%	54 393	73 431	49.00%	22.00%
17	3	54 211	35%	46 137	62 285	49.00%	41.00%
18	2	45 982	35%	39 134	52 831	49.00%	41.00%
19	1	39 002	35%	33 193	44 811		41.00%

首先我们将F列和G列的单元格格式设置为“百分比”,之后在F2单元格中输入向下叠幅公式“＝ROUND((E3－D2)/(E3－D3),2)”,在G3单元格中输入向上叠幅公式“＝ROUND((E3－D2)/(E2－D2),2)”,之后对F列和G列进行快速填充,公式加入后Excel会自动计算出各职级(薪级)的叠幅情况。从表5-6的验证情

况来看，需要对职级 6 和职级 7 的宽带设置再进一步地优化与调整。

【公式 5】薪档档差及薪档金额计算公式

薪酬档差指在某一薪级中各薪档之间的差距，在某一薪级中各薪档之间的差值是固定的，通常有两种方法设计档差，分别为等金额法和等比例法，其计算公式为：

$$\text{等差值法档差}=(\text{薪级上限}-\text{薪级下限})\div(\text{薪档数量}-1)$$

$$\text{等差值法薪档金额}=\text{薪级下限}+(\text{薪档档位}-1)\times\text{薪级档差}$$

$$\text{等比例法档差}=(\sqrt[(\text{薪级薪档数量}-1)]{1+\text{带宽}}-1)\times100\%$$

$$\text{等比例法薪档金额}=\text{薪级下限}\times(1+\text{档差})\hat{}(\text{薪档档位}-1)$$

如表 5-7 所示，构建 7 档档差的薪级薪档表，并用两种方法分别设置公式。

表 5-7　薪档档差及薪档金额计算示例　　单位：元

序号	A	B	C	D	E	F	G
1	职级	中位值	薪酬幅度	薪级下限	薪级上限	等差档差	等比档差
2	18	1 051 328	60%	808 714	1 293 942	80 871	8.15%
3	17	790 942	60%	608 417	973 467	60 842	8.15%
4	16	665 321	55%	521 820	808 821	47 834	7.58%
5	15	559 652	50%	447 722	671 583	37 310	6.99%
6	14	470 766	50%	376 613	564 920	31 385	6.99%
7	13	373 046	50%	298 437	447 656	24 870	6.99%
8	12	314 193	50%	251 354	377 031	20 946	6.99%
9	11	264 627	40%	220 523	308 732	147 02	5.77%
10	10	210 068	40%	175 057	245 080	11 671	5.77%
11	9	177 187	40%	147 656	206 718	9 844	5.77%
12	8	149 454	40%	124 545	174 363	8 303	5.77%
13	7	126 064	35%	107 289	144 840	6 259	5.13%
14	6	94 669	35%	80 569	108 768	4 700	5.13%
15	5	80 132	35%	68 197	92 066	3 978	5.13%
16	4	63 912	35%	54 393	73 431	3 173	5.13%
17	3	54 211	35%	46 137	62 285	2 691	5.13%
18	2	45 982	35%	39 134	52 831	2 283	5.13%
19	1	39 002	35%	33 193	44 811	1 936	5.13%

以职级 18 为例，在 F2 单元格中输入公式"=ROUND((F3−E3)/(7−1),0)"即可计算得到等差档差，在 G2 中输入公式"=ROUND((1+D3)^(1/(7−1))−1,4)"即可计算得到等比档差（百分比），之后分别在 F 列和 G 列完成快速填充即可得到所有职级的等差档差和等比档差。完成之后我们接下来就可以进行各薪档的计算，并制作薪级薪档表，如表 5-8 所示。

表 5-8　薪级薪档表（等差档差）　　单位：元

序号	A	B	C	D	E	F	G	H	I
1	职级	1 档	2 档	3 档	4 档	5 档	6 档	7 档	档差
2	18	808 714	889 585	970 456	1 051 327	1 132 198	1 213 069	1 293 940	80 871
3	17	608 417	669 259	730 101	790 943	851 785	912 627	973 469	60 842
4	16	521 820	569 654	617 488	665 322	713 156	760 990	808 824	47 834
5	15	447 722	485 032	522 342	559 652	596 962	634 272	671 582	37 310
6	14	376 613	407 998	439 383	470 768	502 153	533 538	564 923	31 385
7	13	298 437	323 307	348 177	373 047	397 917	422 787	447 657	24 870
8	12	251 354	272 300	293 246	314 192	335 138	356 084	377 030	20 946
9	11	220 523	235 225	249 927	264 629	279 331	294 033	308 735	14 702
10	10	175 057	186 728	198 399	210 070	221 741	233 412	245 083	11 671
11	9	147 656	157 500	167 344	177 188	187 032	196 876	206 720	9 844
12	8	124 545	132 848	141 151	149 454	157 757	166 060	174 363	8 303
13	7	107 289	113 548	119 807	126 066	132 325	138 584	144 843	6 259
14	6	80 569	85 269	89 969	94 669	99 369	104 069	108 769	4 700
15	5	68 197	72 175	76 153	80 131	84 109	88 087	92 065	3 978
16	4	54 393	57 566	60 739	63 912	67 085	70 258	73 431	3 173
17	3	46 137	48 828	51 519	54 210	56 901	59 592	62 283	2 691
18	2	39 134	41 417	43 700	45 983	48 266	50 549	52 832	2 283
19	1	33 193	35 129	37 065	39 001	40 937	42 873	44 809	1 936

表 5-8 为等差档差的薪级薪档表。将各薪级下限与档差粘贴至 B 列与 I 列，以职级 18 为例，在 C2 单元格输入公式"=ROUND($B2+(VALUE(LEFT(C$1,LEN(C$1)−1)−1)*$I2),0)"即可求得 18 级 2 档的薪酬水平。公式中的$代表固定行或固定列，$在字母前表示固定列、$在数字前表示固定行，这样设置是为了

便于我们在之后进行单元格快速填充公式时不用再进行调整，而 VALUE 和 LEFT 公式的组合，使我们可以从薪档中提取数字并直接参与到计算之中，不再需要对各个薪档手动输入，最大化通过公式实现办公自动化，我们只需以 C2 单元格为起点，对 C2 至 H19 区域进行快速填充即可完成整张薪级薪档表的制作，如表 5-9 所示。

表 5-9　薪级薪档表(等比档差)　　单位:元

序号	A	B	C	D	E	F	G	H	I
1	职级	1 档	2 档	3 档	4 档	5 档	6 档	7 档	档差
2	18	808 714	874 624	945 906	1 022 997	1 106 372	1 196 541	1 294 059	8.15%
3	17	608 417	658 003	711 630	769 628	832 353	900 190	973 555	8.15%
4	16	521 820	561 374	603 926	649 704	698 951	751 932	808 928	7.58%
5	15	447 722	479 018	512 501	548 325	586 653	627 660	671 533	6.99%
6	14	376 613	402 938	431 104	461 238	493 478	527 972	564 878	6.99%
7	13	298 437	319 298	341 617	365 496	391 044	418 378	447 622	6.99%
8	12	251 354	268 924	287 721	307 833	329 351	352 372	377 003	6.99%
9	11	220 523	233 247	246 706	260 940	275 997	291 922	308 766	5.77%
10	10	175 057	185 158	195 841	207 141	219 094	231 735	245 106	5.77%
11	9	147 656	156 176	165 187	174 718	184 800	195 463	206 741	5.77%
12	8	124 545	131 731	139 332	147 372	155 875	164 869	174 382	5.77%
13	7	107 289	112 793	118 579	124 662	131 057	137 781	144 849	5.13%
14	6	80 569	84 702	89 047	93 616	98 418	103 467	108 775	5.13%
15	5	68 197	71 696	75 373	79 240	83 305	87 579	92 072	5.13%
16	4	54 393	57 183	60 117	63 201	66 443	69 852	73 435	5.13%
17	3	46 137	48 504	50 992	53 608	56 358	59 249	62 289	5.13%
18	2	39 134	41 142	43 252	45 471	47 804	50 256	52 834	5.13%
19	1	33 193	34 896	36 686	38 568	40 546	42 627	44 813	5.13%

与等差档差的处理方式相似，我们完成了表 5-9 等比档差薪级薪档表的制作。将各薪级下限与档差粘贴至 B 列和 I 列，以职级 18 为例，在 C2 单元格中输入公式“=ROUND($B2 * (1+ $I2)^(VALUE(LEFT(C$1,LEN(C$1)−1)−1)),0)”即可求得 18 级 2 档的薪酬水平，公式中的^表示乘幂的计算方式，之后我们以 C2 单元格为起点完成对 C2 至 H19 区域的快速填充，即可完成整张薪级薪档表的制作。

【公式 6】薪酬套入计算公式

薪酬套入是在我们进行薪酬体系设计或优化时，需要将公司现有人员的薪酬转换进入新体系时所进行的操作步骤，在套入过程中我们常使用就近就高套入方法（选择高于员工目前薪酬水平且差值最小的薪级薪档进行套入），因为这种方法员工接受程度较高且人工成本增长幅度最小。在公司员工少的时候我们可以通过人工比对薪级薪档表的方式将员工逐个完成套入。但是当公司员工较多的时候，显然这种方法耗时耗力且无法保证正确率，这种时候就需要我们使用 Excel 公式的方法，通过自动计算的方式来完成，薪级薪档表如表 5-10 所示。

表 5-10　薪级薪档表　　单位：元

序号	A	B	C	D	E	F	G	H
1	职级	1 档	2 档	3 档	4 档	5 档	6 档	7 档
2	18	808 714	889 585	970 456	1 051 327	1 132 198	1 213 069	1 293 940
3	17	608 417	669 259	730 101	790 943	851 785	912 627	973 469
4	16	521 820	569 654	617 488	665 322	713 156	760 990	808 824
5	15	447 722	485 032	522 342	559 652	596 962	634 272	671 582
6	14	376 613	407 998	439 383	470 768	502 153	533 538	564 923
7	13	298 437	323 307	348 177	373 047	397 917	422 787	447 657
8	12	251 354	272 300	293 246	314 192	335 138	356 084	377 030
9	11	220 523	235 225	249 927	264 629	279 331	294 033	308 735
10	10	175 057	186 728	198 399	210 070	221 741	233 412	245 083
11	9	147 656	157 500	167 344	177 188	187 032	196 876	206 720
12	8	124 545	132 848	141 151	149 454	157 757	166 060	174 363
13	7	107 289	113 548	119 807	126 066	132 325	138 584	144 843
14	6	80 569	85 269	89 969	94 669	99 369	104 069	108 769
15	5	68 197	72 175	76 153	80 131	84 109	88 087	92 065
16	4	54 393	57 566	60 739	63 912	67 085	70 258	73 431
17	3	46 137	48 828	51 519	54 210	56 901	59 592	62 283
18	2	39 134	41 417	43 700	45 983	48 266	50 549	52 832
19	1	33 193	35 129	37 065	39 001	40 937	42 873	44 809
20								
21	员工薪酬		102 538		就近就高	104 069	套入档位	6 级 6 档

以表 5-10 的薪级薪档设置情况进行套入，若员工的现有薪酬为 102 538 元/年，我们如果根据就近套入的话，只需要在 F21 单元格内输入（数组）公式"＝MIN(IF($B$2:$H$19>$C$21,$B$2:$H$19))"，并按下"Ctrl＋Shift＋Enter"三键即可得到就近就高的数值结果——104 069，在套入档位 H21 单元格中输入公式"＝(18－(MAX((F21＝$B$2:$H$19)*ROW($B$2:$B$19))－1)＋1)&"级"&(MAX((F21＝$B$2:$H$19)*COLUMN($B$1:$H$1))－1)&"档""即可获得就近就高套入时对应的薪级薪档位置。通过此方法进行的公式设置，可以将公司现有在职员工的薪酬按照就近就高原则完成快速套入，并且得到员工套入后的薪级薪位置。

为有助于读者对以上 6 项公式的掌握与应用，我们将 6 个公式表格放置于网络存储平台，如读者有需要，可在通过扫描二维码下载所需文件。

在本节的最后，为读者送上 4 张薪酬设计工作中必不可少的表单，希望对读者提供帮助。

【表单 1】薪酬矩阵表

薪级	薪档						
	1 档	2 档	3 档	4 档	5 档	6 档	7 档
11 级							
10 级							
9 级							
8 级							
7 级							
6 级							
5 级							
4 级							
3 级							
2 级							
1 级							

【表单2】薪酬调整申请表

<table>
<tr><td colspan="4">××公司薪酬调整申请表</td></tr>
<tr><td>姓　　名</td><td></td><td>部　　门</td><td></td></tr>
<tr><td>岗位名称</td><td></td><td>入职日期</td><td></td></tr>
<tr><td colspan="4">调整原因：</td></tr>
<tr><td colspan="2">目前薪级____薪档____</td><td colspan="2">调整后薪级____薪档____</td></tr>
<tr><td>本人意见</td><td colspan="3">签字：　　　年　　月　　日</td></tr>
<tr><td>部门负责人意见</td><td colspan="3">签字：　　　年　　月　　日</td></tr>
<tr><td>人力资源部意见</td><td colspan="3">签字：　　　年　　月　　日</td></tr>
<tr><td>人力资源部负责人意见</td><td colspan="3">签字：　　　年　　月　　日</td></tr>
<tr><td>总经理意见</td><td colspan="3">签字：　　　年　　月　　日</td></tr>
<tr><td colspan="4">备注：
公司部门经理薪酬调整审批：人力资源部→人力资源部经理→总经理。
公司一般员工薪酬调整审批：部门经理意见→人力资源部→人力资源部经理</td></tr>
</table>

【表单3】薪酬问题反馈表

××公司______年______月薪酬问题反馈表								
序号	工号	姓名	公司	部门	岗位	金额	问题说明	处理结果
1								
2								
3								
4								
5								
6								
7								
8								
9								
10								
11								
12								
13								
14								
15								
16								
17								
18								
19								
20								

【表单4】薪酬保密协议

××公司薪酬保密协议

甲方：____________________________

乙方：____________________________　身份证号：____________________________

甲方所有员工薪酬数据属于甲方商业秘密，甲方员工负有保密义务。根据甲方有关规定，乙方受聘于甲方任职服务期间工资实行密薪制，甲乙双方参与薪酬管理的人员均应承担保密义务，负有保密责任，经双方平等协商，订立本协议，以共同遵守。具体内容如下：

1.乙方在甲方任职，按照《××公司薪酬制度》及《××公司员工绩效考核办法》等规定，甲方根据乙方的工作岗位职责、工作能力和工作业绩，按薪酬分配办法给予乙方相应的工作报酬，并为乙方薪酬情况进行保密。

2.未经甲方授权，乙方不得将本人的薪酬告知公司内外的其他人员，更不能有意或无意打听其他员工的薪酬情况。

3.乙方的薪酬信息为其个人的保密信息，甲方不得将所掌握的乙方薪酬信息给除相关主管负责人及人力资源管理人员外的其他任何员工。

4.乙方如对薪酬分配或实际发放有疑问，可向甲方人力资源部咨询沟通，人力资源部负责人应与乙方积极沟通，在规定时间内及时给予答复，因甲方核定发放有错之处应及时调整并安排补发。

5.甲方薪酬管理人员和乙方任何一方违反本协议而发生薪酬泄密行为，当事人在年度考核中不能评为优秀等级。并根据泄密所造成后果，按照《××公司纪律管理制度》确定违纪级别，确定相应惩罚措施，直至与当事人解除劳动合同。

6.本协议自双方签订后有效，有效期延伸至乙方劳动合同有效期终止，各方在有效期内须严格履行协议内容。

本协议作为甲乙双方所签订劳动合同的补充协议，与劳动合同具有相同法律效力，经双方签字后生效，双方各执一份。

甲方（盖章）：　　　　　　　　　　乙方（签字）：

日期：_____年_____月_____日　　　　　　日期：_____年_____月_____日

附录

薪酬设计的基本常识及常见问题

（一）基本词汇定义

1. 薪酬

我们在日常工作中会听说薪酬这一概念，但是更多情况下员工们谈论的是个人工资（薪金）、奖金、津贴、补贴、福利这些具体的事项，很多人（包括不少HR）也将薪酬这一概念等同于工资，外加专项激励方案/奖金方案。其实不然，薪酬所涵盖的范围远远大于这些内容，那么薪酬具体指什么呢？

薪酬是整个薪酬体系中最为基础的概念之一。严格意义上，薪酬指员工以其向所在单位提供劳动或服务，由劳动者所在单位向其支付的各种形式的劳动报酬，平时所说的工资、奖金、津贴等都属于薪酬的范围之内。

广义来说，薪酬可以分为经济性薪酬和非经济性薪酬两类。

（1）经济性薪酬

经济性薪酬是工作单位按照一定标准以"货币形式"支付给员工的薪酬，用于满足员工的各种物质性需要提供基础保障，我们通常所说的工资、奖金、津贴等均属于经济性薪酬，可以理解为薪酬中"钱"的部分，也是薪酬的主要组成部分。

（2）非经济性薪酬

非经济性薪酬是通过工作给予员工心理上的愉悦、满足感等无法用货币等方式衡量的收益，主要来源于工作环境、能力提升、挑战性的工作内容等，非经济性薪酬可以提升员工的精神感受，改善员工的工作满意度与成就感等，属于薪酬中"非钱"的部分。

2. 薪酬体系

薪酬明确之后，我们接下来看一看薪酬体系又指什么？

薪酬体系，亦可称为薪酬管理体系，是维护和提高员工工作积极性、激发工作动力的最有效激励手段，属于人力资源管理整个系统的一个重要子系统，在现代企业管理制度中发挥着不可或缺的关键功能与作用，主要体现在保障功能、激励功能、调节功能以及凝聚功能四个方面。薪酬体系在公司管理过程中，通过构建公司与员工之间利益分配规则的方式，实现公司价值观念向员工的传递，并对员工的价值导向与工作行为产生影响，所以在薪酬体系设计时应充分考虑与组织战略规划相结合，只有这样才能将员工的努力和行为引导至有利于公司竞争和发展的方向，实现员工个人与公司的共同前进与成长。

薪酬体系主要以薪酬制度为载体，由薪酬水平、薪酬结构、薪酬构成(薪酬项目)、调整机制等内容组成，具体体现为薪酬管理制度、薪酬矩阵等，从多个方面的内容呈现统一的利益价值导向。常见的薪酬体系类型包括职务工资制、职能工资制、绩效工资制与年薪制等。

3.薪酬外部竞争性与内部公平性

对于薪酬体系而言，有两个重要属性用于衡量体系建设的科学性与有效性，它们就是薪酬的外部竞争性与内部公平性。好的薪酬体系设计应达到外部竞争性与内部公平性之间的平衡。

(1)薪酬外部竞争性

薪酬外部竞争性可以概括为薪酬在市场中的“高低问题”，是本公司与其竞争对手在“薪酬水平”方面的比较，本质是公司在劳动力市场上产生竞争能力的大小，具有相对性的特点。通常意义上讲，在相同或相似岗位上薪酬水平较高的公司，其薪酬外部竞争性较强，则可以吸引更多人才加入，从而增强公司综合竞争力。较强的薪酬外部竞争性在吸引、保留和激励员工方面发挥十分核心的作用，一方面是对市场展现公司的用人观念，吸引高价值、高素质的优秀人才，另一方面可以控制员工的工作机会成本，达到很好的留人作用，但同时也会对公司人力成本产生较大负担，增加公司经营的风险性。

(2)薪酬内部公平性

薪酬内部公平性可以概括为薪酬在公司中的“位置问题”。是公司内部不同岗位或技能之间相对价值比较的结果情况，其主要体现在相同部门不同岗位之间、相同岗位不同人员之间、不同部门相同岗位之间以及不同部门不同岗位之间的价值比较，其比较结果决定了岗位或人员在整个公司价值体系内的高低位置，而这种高低位置分布情况的合理程度即表现为薪酬的内部公平性，通常公司内的这种价值分布通过进行“岗位价值评估”的方式确定，也是薪酬体系建设中的重要环节。

相比于薪酬外部公平性而言，薪酬内部公平性更容易受到员工的关注，主要原因在于公司内部的信息相对容易获取，比较对象在自己身边，日常的工作行为、成果等比较容易观察，便于按照自己的认知情况进行公平判断，即个人收益与个人成本的比例结果。一旦两个人的比值相差较大，则会使员工产生较大的不公平感，从而影响员工的工作积极性与工作满意度，进而影响员工的工作产出与工作效率，因此在构建薪酬体系过程中，很多公司更为关注薪酬的内部公平性。

4. 薪酬模式

薪酬模式这一概念相比于前面三个词而言会相对陌生，它指公司中薪酬的构成及其组合的统称，薪酬模式的设计需要高度遵循公司的发展战略以及公司自身性质与特征。目前市场中根据薪酬的主要依据不同而划分为五种基本薪酬模式，即年薪制、岗位绩效工资制、项目工资制、计件(时)工资制以及业绩提成制，五种薪酬模式拥有相应的适用对象、薪酬构成以及优缺点，对比说明情况如表 6-1 所示。

表 6-1　五种常见薪酬模式对比

模式 项目	年　薪　制	岗位绩效工资制	项目工资制	计件(时) 工资制	业绩提成制
适用对象	核心管理人员	中层管理人员/职能管理序列岗位	依据项目制方式工作的岗位	生产操作序列相关岗位	销售序列岗位
常用结构	基本工资+年度绩效工资+效益奖金	基本工资+绩效工资	能力基本工资+绩效工资+项目奖金	计件(时)工资+加班工资	基本底薪+销售提成奖金
模式优点	薪酬与公司整体效益直接挂钩，充分激励核心管理人员对公司经营业绩负责，促进内部资源利用效率最大化	兼顾岗位对公司的贡献价值与具体个人的工作业绩表现，具有良好的保健功能，增强员工安全感与稳定性，有助于公司达成目标	以能力为基础有助于吸引相关领域的优秀人才，项目奖金的设置有助于项目相关目标的达成	与劳动产出和工作成果紧密联系，容易量化	基本底薪一般设置较低，保障基本生活的同时最小化人工成本，提成的工资弹性较大，激励效果显著，且与业绩完成情况直接挂钩

续表

模式 项目	年　薪　制	岗位绩效工资制	项目工资制	计件(时) 工资制	业绩提成制
模式 缺点	年度的统计周期容易导致核心管理人员的短期行为，不利于公司的长远、持续发展	需要基于科学的岗位价值评估体系，基本工资较高会弱化激励作用	项目奖金的管理规则具有一定难度	对生产管理水平有一定要求，拥有相对规范的生产工时定额	普遍性较差，需要行业与产业特点的深入认知与理解，且员工压力较大

5. 薪酬水平、薪酬结构、薪酬构成(薪酬项目)

薪酬水平、薪酬结构以及薪酬构成(薪酬项目)是薪酬体系的主要组成和体现部分，完整的薪酬体系设计在这三方面都有具体的设置考虑。

(1)薪酬水平

薪酬水平是公司薪酬高低的直接体现，指公司内部各类岗位人员的平均薪酬，或指公司内部某个岗位在职人员的平均薪酬，具体指代内容依据具体情景确定。薪酬水平的高低在很大程度上决定了公司在劳动力市场中获取劳动力能力的强弱，从而影响公司在劳动力市场的竞争力，通常受到劳动力市场情况、公司经济效益、管理取向、员工规模与配置效率等多方面因素的影响。

一般而言，公司薪酬水平策略可分为领先型(高于竞争对手或市场的薪酬水平)、跟随型(接近竞争对手的薪酬水平)、滞后型/拖后型(低于竞争对手或市场的薪酬水平)和混合型(对不同职位采取不同薪酬水平策略的组合)四种类型。

(2)薪酬结构

薪酬结构是公司组织中各种工作或岗位之间薪酬水平的比例关系，主要体现在不同层次工作之间薪酬差异的相对比值和绝对水平两个方面，用于说明在同一公司内部不同职位或不同技能员工薪酬水平的排列形式，反映出公司对不同职务和能力的重要性及其价值的看法与观点。薪酬结构通常以薪酬层级数量、档位数量以及层级之间关系(跨层级差异和本层级上下限差异)表现。一般我们在谈论与分析公司薪酬结构时，主要是看薪级、薪档的数量、薪级之间的叠幅程度以及各薪级与职位序列在固浮比方面的设置情况。本书中的薪酬结构指薪酬层级数量、档位数量及层级之间的关系。而固定＋绩效＋提成指薪酬构成，即中国当前主流的叫法“薪酬结构＝固定＋绩效＋提成”，为本书中的“薪酬构成”。

(3)薪酬构成

薪酬构成(薪酬项目)设计是对公司各层级、各岗位员工固浮比方面进行设置环节，通过对员工薪酬收入总额进行有效切分，使其中一部分以日常工资的形式发放，而另一部分则与员工的工作结果相关联而上下浮动，或者与员工业绩达成水平以提成的形式发放，从而在员工个人收益与公司经营情况之间构建起一定联系，促进员工在个人负责的工作内容追求更高的完成水平，激发员工更多的工作动力。薪酬构成设计，也就是我们平时所说的员工薪酬中含有哪些具体的薪酬项目，用于说明薪酬水平与薪酬构成中的具体组成。例如员工薪酬可以细分为基本薪酬、绩效薪酬、奖金、津贴、福利补贴等均属于薪酬项目，薪酬项目的设计和选择一般与企业文化特征关联度较高，各家公司设置的薪酬项目具有一定的独特性。

6.固浮比

固浮比指薪酬构成中固定工资与浮动薪资的比例设置关系，其表现方式为固定工资金额总额:浮动工资金额总额，例如某岗位薪酬标准为10 000元/月，其中固定工资部分为8 000元/月，则此岗位的固浮比为8:2。

(1)固定工资

固定工资是薪酬构成中最为稳定的一部分，是劳动者在一定工作时间内所获得的固定数额的报酬，在公司正常经营的情况下确保支付给劳动者的一部分报酬。固定工资一般可由基本工资、职位工资等构成，各家公司的设置方式各有特色，有的公司将固定工资等效于基本工资，有的公司将基本工资和岗位工资定义为固定工资，还有的公司将基本工资、职位工资、司龄补贴均纳入固定工资之中，这些都是可以的，固定工资主要是表示员工获得的稳定收入部分。

(2)浮动工资

浮动工资是相对固定工资而言的概念，是在薪酬构成中随公司经营成果及员工个人业绩结果而变动的一种劳动报酬形式。浮动工资可以由多种形式组成，常见的形式主要有绩效薪酬、绩效工资、效益奖金、项目奖金、年终奖等。

固浮比的设置表示公司在用工方面的偏好，即公司希望多少程度上将自身经营风险与员工个人收益关联的倾向。一般而言，某个员工的薪酬总额用于衡量其在公司中整体的价值贡献，而固定工资部分则代表公司对其基本价值（能力、个人综合素质等）的认可。

（3）固浮比设置规律

岗位层级越高、责任越大、固浮比越小，例如高层管理者的固浮比是 3∶7或者 4∶6，中层管理者的固浮比是 5∶5，基层管理者与员工的固浮比是 7∶3或 8∶2等。因为岗位层级越高意味着在岗人员的权力越大，可以在更大程度上影响某一范围的工作结果，所以在薪酬水平一定的情况下，将其浮动工资所占比例提高能驱动其更好地完成当期工作目标或工作任务。

岗位越接近于市场（即前线岗位），与公司核心经营结果关联程度越高的岗位固浮比越小，例如销售序列岗位一般的固浮比在 3∶7至 5∶5，也有一些营销性质的公司，如房地产中介公司，100％采用浮动工资，职能序列岗位一般固浮比在 6∶4至9∶1之间。通过增加浮动工资所占比例，进一步提高公司经营结果的完成情况，从而保证公司的正常经营与发展。

7. 基本工资、绩效工资

（1）基本工资

基本工资是员工固定工资中的重要组成部分，是公司与员工约定的每个薪酬周期内必定发放给员工的薪酬部分，其相比于薪酬的其他组成部分具有稳定性的特征，一般根据员工所在职位、个人能力素质、价值等进行核定与确认。

（2）绩效工资

绩效工资以对员工绩效的有效考核为基础，是将工资与考核结果相挂钩的工资制度，其基本特征是员工的部分薪酬收入与个人业绩或工作产出结果挂钩，通过激励个人提高绩效产出水平促进组织绩效的达成与发展。

绩效工资有利于将激励机制融于公司目标和个人业绩的联系之中，保证个人发展与公司发展的一致性，同时也有利于薪酬收入向业绩优秀者倾斜，提高公司资金使用效率并节省人工成本，提升公司薪酬支付的有效性。但是绩效工资如果想有效实现其激励与引导作用，需要有科学的绩效体系设计以及严格的绩效考核执行作为基础，而这两项在国内多数公司中还有待提升与改善。

8.短期激励、长期激励

薪酬具有保障和激励的双重属性，实际管理过程中更加关注于其激励作用。按照时间的划分，薪酬的激励作用可以分为短期激励和长期激励。

(1)短期激励

短期激励指激励周期相对较短(一般以小于 1 年的时间为周期)的一种薪酬模式，短期激励的一般体现形式有绩效工资、年终奖、专项奖金等，主要特征是与员工在相对较短的激励周期内完成的工作业绩成果相挂钩，比如销售额、工作业绩完成情况、产品质量、进度准时等。短期激励的特点是货币性(即通过现金或工资等方式发放)、及时性(当期完成当期兑付)以及有效性(短期激励与员工的稳定收入应保持一定的比例范围)。

(2)长期激励

长期激励指激励周期相对较长(一般在 3 年或 3 年以上的时间为周期)的一种薪酬模式，长期激励的一般体现形式有任期激励、延期支付、股权激励等，主要特征是将员工个人收益的一部分与公司长期经营发展成果建立联系，通过构建共同利益的机制避免员工为获得短期收益而做出有损公司长期利益的行为。例如有的公司对销售部门只考核销售收入，其部门负责人为了在某一年中获得高额奖金，很有可能做出以低价多销的方式获取较高的销售额，但是从长期来看，低价销售会使公司的利润减少，也会破坏公司产品在市场中的品牌形象，不利于公司长期发展。

短期激励与长期激励是公司整体激励体系中的两个主要方面，分别发挥着不同的作用，短期激励主要强调于当下的成果交付，有助于公司年度经营目标的达成，保证公司战略的实施与执行效果，通过当期收益的方式影响员工的工作行为与决策，属于“用人”的领域范围；长期激励主要强调于公司的长远、持续的经营发展与员工个人利益之间构成的一种关系，属于“留人”的领域范围，短期激励与长期激励不是相互独立的，两者相辅相成实现公司与员工共同的健康发展。因此公司在构建短期激励与长期激励时，需要特别关注二者之间的协调与配合，避免两者之间存在矛盾，减少不必要的管理内耗和成本。

9.提成、销售提成、利润提成、佣金

薪酬中有一部分在人工成本中所占比例较高，并且和其他薪酬要素有着明显的不同，它就是提成。多数薪酬项目是基于员工按照要求完成本职工作内容而给予的劳动报酬，在财务领域中属于费用(因为没有直接产生经营收益)，但是提成不同，它是基于员工销售或者贩卖公司产品而使公司获得某种实际收入而按照一定比例(提点)进行金额核算的一种奖励报酬。

提成根据核算基数的不同可分为销售提成、利润提成等，其中销售提成指以某个时间段内员工完成的销售收入额或销售回款额作为核算基数的一种提成奖励，而利润提成则是以某段时间或某个项目的利润额作为核算基数的一种奖励提成，两种方法反映的是不同的利益分配思想。销售提成是以纯销售收入作为基数，员工只需要专心于业务开发与市场拓展，相关费用只需要符合公司的预算管理要求即可，在这种情况下员工通常会最大化利用预算管理以换取销售收入，从而增加个人收益并为公司营业收入带来增长，但另一方面也对公司预算管理提出了相对高的要求，否则就会导致公司营业收入虽然在增长，但是因成本同样增长而导致利润没有明显上升，反而影响了公司发展；而利润提成则不同，因其将项目或者销售利润作为基数，那么员工在进行销售或开展工作过程中会自然产生对成本进行适当控制的想法，通过机制实现了自发成本控制的效果，从而提升了项目或者销售的利润率，但是另一方面这也对销售人员或项目管理者的工作水平提出了更高的要求，同时还需要避免为过度压缩成本而导致项目质量或销售过度承诺等短期行为，这样就对公司管理也提出了更高的要求，所以在使用利润提成时，公司应该对自身以及员工的管理能力进行准确的衡量与权衡，之后再进行设计与使用。

佣金与提成在核算方式上较为相似，两者主要的区别在于公司与获得者之间的关系。提成主要是公司雇佣劳动者，以劳动关系的方式向提供销售收入或项目

服务所给予的一种劳动报酬，而佣金是代理人或经纪人为委托人介绍生意或代买代卖而收取的费用，两者之间是业务关系而非雇佣关系，这也是佣金与提成最主要的区别。

10.股权激励

前面提到了激励的方式分为短期激励与长期激励，股权激励即是目前公司常用的长期激励的方式之一。股权激励是通过给予激励对象一定公司股票的方式，使激励对象与公司利益关系相一致的方法，从而使得激励对象更加关注于公司长期发展，而不是获取短期利益目标。

对于股权激励这种长期激励方式，有三个要素的确定是十分关键的，它们分别是激励对象、股票授予方式以及授予数量。其中激励对象主要包括公司高层管理人员、中层核心管理干部、核心/关键技术岗位人才等，因股权激励涉及公司的股东变化，并且其激励专项性较强，所以一般不推荐对全体员工实行，这种方式也能促进员工工作积极性与主动性，内在推动其向激励对象范围努力工作；股票授予方式属于股权激励的核心要素，一般而言股权激励分为实股授予和虚股授予，实股授予指给予员工公司实际的股票并享有对等的权力与收益，并在公司的资本结构和股东构成中予以体现，也就是给员工公司的实际股票。授予虚股是赋予员工以股票的相应权利，如分红权、投票权，但没有给予实质性股票的激励方式，即不给员工实质性股票但是享受一定的股票权力。实股授予与虚股授予各有优劣，其中实股授予因为涉及实际股票，所以可以最大限度地绑定激励对象与公司的关系，但是也会受到一系列政策的限制和要求；相比之下虚拟股票则更加灵活，在多方面具有一定自由发挥的能力，但是因为其股票虚拟性的特点，激励对象与公司的关系也相对较远，激励性方面不如实股授予。在现实股权激励设计过程中，选用哪种方式还要根据公司的实际情况进行确定，关于股权激励其中具体项目的设计，可参考北青博雅出品的《股权激励实战手册》。

关于股权激励还有一方面需要特别注意，那就是政策方面的限制要求。因近年来股权激励在国内发展迅速，并且涉及金额相对较多，所以国家在关于股权激励方面出台了多项政策，公司在制定股权激励方案时需要根据自己的公司特征，在符合政策要求下开展股权激励工作，以避免造成不必要的麻烦。目前关于上市公司的政策有《上市公司股权激励管理办法》，而关于非上市国有企业也有相关政策，如《财政部、科技部中关村国家自主创新示范区企业股权和分红激励实施办法》《财政部、科技部、国资委关于印发国有科技型企业股权和分红激励暂行办法的通知》等。

11.部门奖金包

部门奖金包是短期激励的一种方式，又称为部门奖金总包，是根据部门完成全年工作任务和工作目标的情况，按照事先约定的规则进行核算并发放的一种激励奖金。部门奖金包的设计通常根据部门的工作内容进行区分。在实际操作过程中很多公司都是在年底经营业绩核算完成后，才公布部门奖金包，或者根本不公布就直接发放了，可是之后 HR 却发现一种奇怪的情况：奖金虽然发了，但是好像多数人不是很满意或者激励效果不好，这是为什么呢？原因在于部门奖金包的规则不明晰，大家都不知道自己部门的奖金包是如何确定的，以及自己又是如何获得自己的奖金部分，所以无法感知奖金是否与自己的付出相一致，无法感受到“公平”，所以对于奖金大家都持一种怀疑或不满的态度，自然无法得到想要的激励效果。

较为科学的部门奖金包设置是在每年年初制订工作计划和责任状的时候一并完成，即说明工作任务的同时也明确奖励方式。部门奖金包的金额确定是薪酬管理中的一种艺术，它需要在公司各部门之间寻求激励与公平的平衡，通常在奖金包设置时有两种模式，即定额度模式与定规则模式，两种方法体现了不同的管理思想。

（1）定额度模式

定额度模式指在各部门签订年度责任状时约定好年底的部门奖金包金额总额，并根据工作/业绩的各种完成情况，确定对应的奖金包金额，是明确额度的方式，这种方式在年初之时便根据公司想法，将各部门的奖金总包进行划定，明确而可控。

（2）定规则模式

定规则模式指在各部门签订年度责任状时约定好年底核算部门奖金包金额的规

则,如业务部门按照其业务营业收入金额的10%确定部门奖金包,人力资源部在公司业绩达成的情况下,按照3个月的标准确定部门奖金包等,定规则的方式不是直接确定部门奖金包的金额,但是各部门的核算规则提前确认,年底只是根据各部门的实际完成情况进行核算与兑付即可,最大程度调动部门工作的自主积极性,但同时对人力成本也存在一定压力和挑战。

12.福利

福利是公司在给员工支付工资、奖金、提成之外所给予的额外待遇的总称,一般可分为法定福利和补充福利。法定福利又称为法定基本福利,是按照国家法律法规和政策规定必须发生的福利项目,其特点是只要企业建立并存在,就有义务、有责任且必须按照国家统一规定的福利项目和支付标准支付,不受企业所有制性质、经济效益和支付能力的影响,法定福利包括社会保险、法定节假日、年假等。补充福利是企业根据自身经营情况,为员工设置相应的额外奖励项目,如常见的伙食补助、交通补贴、通信补贴等,有的公司还会为员工购买补充医疗保险、设立企业年金、定期组织生日会等。

福利项目种类多种多样,而且每家企业各具特色,但是福利项目也会占用一定的人工成本,所以对于福利的激励作用,仍然是我们薪酬体系设计中需要考虑的一部分,如何将福利成本进行有效控制的同时,又能实现提升员工满意度,发挥福利激励与留人的作用,是福利设计中的重要问题。目前不少企业福利项目设置很多,每年在福利方面的人力成本支出也不低,但是员工对福利的满意程度一直不高,有些企业领导和部门负责人对此十分烦恼。福利的特殊性导致其在设置方面应该集中体现两种属性,即灵活性与针对性,只有能够根据不同员工的特点,满足员工个性化需求的福利设置,才能最大程度发挥福利的功能与作用。

13.薪酬调研

薪酬调研是在薪酬体系设计过程中十分重要的环节。它是通过采用一系列标准、规范和专业的方法,将市场中的岗位按照一定的规则进行分类、汇总,并对各岗位的薪酬水平、薪酬结构、薪酬构成（薪酬项目）等方面的信息进行统计与分析，就各岗位薪酬特征进行研究并形成符合公司需求的薪酬调研报告，从而为公司在薪酬策略、薪酬水平、薪酬结构等方面的决策提供依据与参考。

薪酬调研的主要目的是能够准确地了解到市场中的薪酬情况，从而对目前公司现行的薪酬情况的水平、结构等进行评估与衡量，通过分析发现问题并开展有效的优化与改善行动，从而更好地支持公司战略发展，以适当的人力成本吸引公司发展所需要的各种人才，提升公司人力成本的使用效率。有关薪酬调研详细操作方法，请见本书“第二章第一节：薪酬调查与薪酬策略”相应内容。

14. 薪酬报告、对标企业、标杆岗位

薪酬报告是通过对薪酬调研阶段收集到的薪酬数据进行科学、规范的统计分析后得到的薪酬综合信息文档，其主要内容包括行业整体薪酬分析、部门薪酬分析和岗位薪酬分析，有的报告还会涉及部分宏观经济信息以及行业整体发展等方面的内容。薪酬报告的主要作用是通过对薪酬数据进行定期的跟踪与了解，分析其特点与未来发展趋势，为薪酬决策群体了解外部市场的薪酬情况，从而为其决定薪酬策略时提供可靠的依据。

在薪酬报告中涉及两个重要的概念，它们是对标企业和标杆岗位。一般在进行薪酬调研并撰写薪酬报告时，我们通常不会选择行业内的所有企业，因为收集工作量大，数据处理繁杂，而且可能并不能完全符合企业的薪酬体系设计或优化的需求，工作投入产出比不太划算，所以一般我们会选择行业内的部分企业作为薪酬报告中的调研对象，而这些企业则被称为对标企业。对标企业通常会选择行业内的知名企业或龙头企业，并选择几家与自身企业营业收入、利润或人员规模相当的几家企业，从而提升薪酬报告中信息的可比性与参照性。一般标杆企业的数量根据企业所在行业不同，选择 7～10 家为宜。

在选择完对标企业之后，我们便要选择薪酬调研的具体岗位，通常我们会有意识地选择一些标杆岗位进行对比。标杆岗位指在岗位职责、工作内容、任职资格等方面在行业内具有大体相似特点，并且能很大程度上反映出公司薪酬策略的一系列岗位。

标杆岗位一般选择行业内较为通用的技术/业务岗位、职能部门岗位，如人力资源岗、行政岗等，具体的标杆岗位选择需要根据公司薪酬调研的目的确定。

15.分位值、中位值

在薪酬体系设计的薪酬报告中，我们常能看到各种分位值，例如10分位值，25分位值，50分位值，75分位值以及90分位值，那么分位值和中位值究竟指什么呢？其实分位值和中位值是统计学中的两个概念，分位值指在某部分数据中有一定比例的数据小于此数值，例如10分位值表示在选取的数据中，有10%的数据小于此数值，25分位值表示在选取的数据中有25%的数据小于此数值，50分位值、75分位值、90分位值依此类推。其中50分位值又称为中位值，代表所选数据范围的中等水平。

在薪酬报告中，10分位值代表市场中的低端水平，25分位值代表市场中的较低水平，50分位值代表市场中的中等水平，75分位值代表市场中的中高水平，90分位值代表市场中的高端水平。将薪酬数据进行分析与整理，并进行分位值处理。通过将数据以分位值标记位置，可以帮助我们快速找到公司目前的薪酬水平在市场中的位置，判断公司现行的薪酬策略现状和激励政策在市场中的水平，从而对未来公司薪酬策略优化与改善提供帮助。

16.薪酬水平战略

薪酬策略，又称为薪酬水平战略，简单而言就是公司对其内部岗位在薪酬水平和薪酬结构方面设置的策略与方式，同时也是公司薪酬制度设计与实施的基础纲要。薪酬策略在确定的时候，需要综合考虑公司的发展战略和目标、企业文化、外部市场环境等多方面因素，它所强调的是公司相对于同规模的竞争性企业，其薪酬支付的标准和差异，反映出公司的价值导向以及薪酬哲学。

薪酬策略按照薪酬水平分类可以分为领先型薪酬策略、市场追随型薪酬策略、拖后型薪酬策略以及混合型薪酬策略。

（1）领先型薪酬策略

领先型薪酬策略指公司将薪酬水平定位于市场前列或高端水平，通过实行此种薪酬策略吸引并留住一流高素质人才，进而确保公司能够拥有一支技术熟练、工作高效的人才队伍，通常使用此策略的公司投资回报率较高、薪酬成本在公司经营总成本中所占的比率较低，多集中于高科技公司，我们所了解的华为就采用的是领先型薪酬策略。

(2)市场追随型薪酬策略

市场追随型薪酬策略指公司将薪酬水平确定在市场平均水平附近，采用这种策略的主要目的是确保自己的薪酬成本与其他竞争对手基本持平的同时，又具有一定的员工吸引和保留能力，同时这种薪酬策略对公司经营的风险也是最小的，它能够保证公司吸引到足够多的员工，但是对非常优秀的求职者吸引力不足。市场追随型薪酬策略是市场中多数公司的首选策略。

(3)拖后型薪酬策略

拖后型薪酬策略是公司将薪酬定位于市场较低水平，采用此种策略主要是由于公司在市场竞争环境中成本承受能力相对较弱，市场竞争激烈而公司盈利能力相对较低。实施拖后型薪酬策略的公司，员工流失率也相对较高。

(4)混合型薪酬策略

混合型薪酬策略是公司根据自身发展战略的侧重方向不同，对公司内不同岗位分别实行领先型薪酬策略、市场追随型薪酬策略以及拖后型策略，通过差异化的薪酬策略使得薪酬成本得到有效控制，同时最大化发挥薪酬的激励与保留作用。

17.岗位工资制、能力工资制、宽带薪酬

(1)岗位工资制

岗位工资制又称为“以岗定薪”，指根据员工在公司工作过程中所担任的岗位来确定工资标准，并根据岗位工作完成情况支付劳动报酬的一种工资制度。岗位工资制最大的特点是，员工的工资水平根据其所在的岗位决定，工资随岗变动，实行岗变薪变，岗位工资制适用于岗位职责明确、流程清晰、专业化程度较高的公司。

(2)能力工资制

能力工资制又称为“以能定薪”，指根据员工自身综合能力，反映其工作质量差

别，从而确定员工工资标准的一种工资制度。能力工资制最大的特点是，员工的工资水平是与员工个人的能力相联系的，随着员工在公司内工作时间与工作经验的积累，个人能力素质也在不断提高，伴随能力提升其所能承担与负责的工作任务和项目也在提高，从而工资水平有所增长。能力工资制下薪酬的变动方向很多情况是单向的，主要原因在于能力成长的单向性，因此能力工资制会随着公司运营时间的增长而导致人工成本的不断提高，并且员工能力成长需要寻找合适的工作内容与任务安排，对公司管理也提出了更高的要求。

(3)宽带薪酬

岗位工资制和能力工资制均属于传统工资制度，而宽带薪酬是一种符合现代企业管理需要的新型薪酬设计方式，其是对传统带有大量等级层次的垂直型薪酬结构的一种改进和优化。宽带薪酬的主要特征是打破了传统薪酬结构所维护和强化的等级观念，减少了企业内部的等级差别，有利于企业保持自身组织结构的灵活性以及对外部环境的适应性，等级减少与重叠区域的设置方式有利于企业内职位之间的轮换，便于企业综合全面地培育高潜力人才。具体如图 6-1、表 6-2 所示。

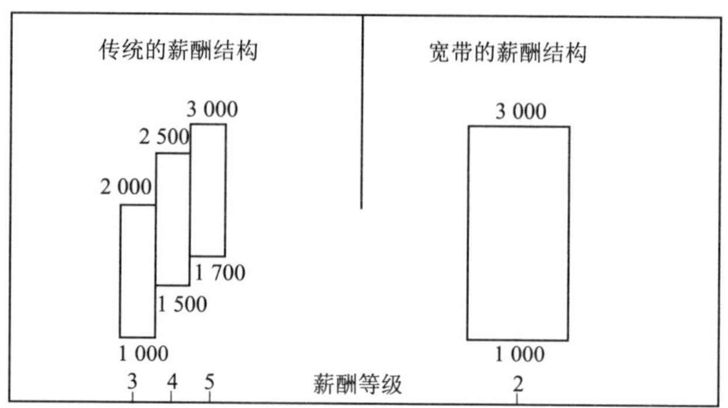

图 6-1　传统薪酬结构与宽带薪酬结构对比

表 6-2　宽带薪酬矩阵示例

薪　级	管理序列		技术序列			职能序列	
10	总经理						
9							

续表

<table>
<tr><th>薪　级</th><th colspan="2">管理序列</th><th colspan="3">技术序列</th><th colspan="2">职能序列</th></tr>
<tr><td>8</td><td></td><td rowspan="4">部门经理</td><td rowspan="4">高级工程师</td><td></td><td></td><td></td><td></td></tr>
<tr><td>7</td><td></td><td></td><td></td><td></td><td></td></tr>
<tr><td>6</td><td></td><td rowspan="4">中级工程师</td><td></td><td rowspan="4">主管</td><td></td></tr>
<tr><td>5</td><td></td><td></td><td></td></tr>
<tr><td>4</td><td></td><td></td><td></td><td></td><td rowspan="4">专员</td></tr>
<tr><td>3</td><td></td><td></td><td></td><td rowspan="3">初级工程师</td></tr>
<tr><td>2</td><td></td><td></td><td></td><td></td><td></td></tr>
<tr><td>1</td><td></td><td></td><td></td><td></td><td></td></tr>
</table>

18. 薪酬矩阵、薪级、薪档、薪点

在现代企业的薪酬体系设计中，薪酬矩阵是必不可少的内容之一，薪酬矩阵又称为薪酬矩阵表，是通过横纵二维表将公司现有的薪酬金额以矩阵制方式进行表示的表格。薪酬矩阵的行字段通常为薪级，列字段通常为薪档，具体如表 6-3 所示。

表 6-3　薪酬矩阵(表)示意图

薪　级	薪　档						
	1 档	2 档	3 档	4 档	5 档	6 档	7 档
9							
8							
7							
6							
5							
4							
3							
2							
1							

行字段的薪级，全称为薪酬等级，是基于公司完成岗位价值评估结果基础之上所建立起的基本框架，将岗位价值相近的岗位归入同一个薪酬等级，并采取相似的管理策略，代表岗位在公司价值体系下的分布位置与关系，通常情况下薪级对应的是公司

内的某一岗位或某一类岗位。

列字段的薪档，全称为薪酬档位，主要是用于对在同一岗位上工作，但工作年限、能力素质、业绩情况等存在差异的员工进行区分并进行精细化管理。

通过薪酬矩阵表就可以将公司的现有岗位以及在岗员工，以薪级－薪档的方式一一匹配对应，我们常说的员工的薪资标准为 8-4 档其实是说员工薪酬在薪酬矩阵中的位置。

一般情况下公司的薪酬矩阵中对应的是实际的薪酬金额，例如 1-1 档为 5 000 元，1-2 档是 5 200，1-3 档是 5 400 等，但是我们也会偶然见到有的公司的薪酬矩阵表中都是一系列非常小的数字，比如 1-1 档是 1，1-2 档是 1. 04，1-3 是 1. 08 等，其实这是由于公司采用了薪点制的表示方式，将薪酬矩阵(表)中的薪酬以薪点这种相对数的方式进行表示，实际上的薪酬标准＝薪点×薪点基数，例如在薪点制下的 1-2 档的实际薪酬标准＝1. 04×5 000＝5 200 元。薪点基数是根据国家宏观经济发展、通货膨胀以及公司经营情况等多方面进行确认与调整的。传统的薪酬矩阵表在处理公司统一普涨(主要应对通货膨胀与物价上涨)时，需要将整个薪级矩阵进行更新与调整，而对于采用薪点制的公司，其只需要调整薪点基数即可，在实际操作中拥有一定的操作灵活性与便利性。

19. 薪酬曲线、回归拟合效度检测曲线

薪酬曲线是一种将公司结构具象化的表现方式，是公司各职位的市场薪酬水平与内部岗位等级之间关系的一条曲线，其中薪酬曲线的横坐标为职位等级、纵坐标为薪酬金额。正常情况下的薪酬曲线呈现出指数函数的特征，符合函数 $y=e^{ax+b}$ 的函数特性，这种函数的特征是增长率相对固定，与薪酬增长的普遍规律相一致。一般薪酬调研所得到的数据都能较好地拟合该曲线特征，如图 6-2 所示。

回归拟合效度检测曲线用于检验我们设计的薪酬矩阵是否合理所用的一种曲线，它是通过专业统计软件 SPSS 或数据处理工具 Excel，按照统计学方法进行曲线拟合，然后根据拟合指数 R 来判断我们构建的薪酬矩阵的合理程度。

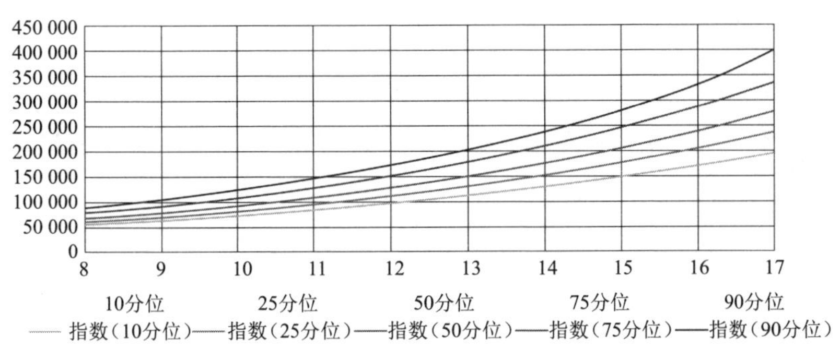

图 6-2　薪酬曲线

20.薪级幅度、薪酬档差、薪酬叠幅

我们在学习或阅读其他公司的薪酬管理制度时，在制度正文或附件中一般会看到一张薪酬矩阵表，而在表格中总会有横纵两列标题数字，这两列数虽然看似简单，但实际上确是一家公司薪酬体系设计的精髓之一，同时这两列数字也有它们自己的名字，分别是薪级和薪档，具体要看薪酬矩阵表的排布形式，一般情况下，纵向的序号数字是薪级，而横向的序号数字代表薪档。关于薪级与薪档还有更深一层的概念，它们比薪级、薪档本身具有的作用更加有意义，它们就是薪级幅度、薪酬档差以及薪酬叠幅，通过它们可以判断与分析一家公司薪酬矩阵的设计合理程度。

(1)薪级幅度

薪级幅度指某一薪级中薪酬的最大值与最小值之间的差距，用来衡量某一薪级的“宽度”，一般而言薪级越高，薪级幅度越大，其计算公式为：

$$薪级幅度=薪级薪酬最大值-薪级薪酬最小值$$

(2)薪酬档差

薪酬档差指在某一薪级中各薪档之间的差距，在某一薪级中各薪档之间的差值是固定的，通常有两种方法设计档差，分别为等差值法和等比例法。等差值法是使各薪档之间的差距金额为相同的数值，而等比例法则是使各薪档之间的差距为相同的比例。在设计薪酬矩阵时，一般在确定薪级幅度后完成薪酬档差的设计。其计算公式为：

薪酬档差＝某一薪档值－某一薪档下一档值

(3)薪酬叠幅

薪酬叠幅指相邻两个薪级之间重叠部分所占的比例，根据比较对象的部分，分为向下叠幅和向上叠幅两种。向下叠幅指相邻两个薪级之间重叠部分占下一级薪酬幅度的比例值，而向上叠幅则是相邻两个薪级之间重叠部分占上一级薪酬幅度的比例值。薪酬叠幅代表着相邻薪级的重叠程度，一般不宜过大也不宜过小，叠幅过大容易导致相邻薪级之间的差距较小，不利于激励员工晋升薪级，叠幅过小容易导致相邻薪级之间差距较大，容易激化不同薪级之间的员工矛盾，并使得人力成本增长过快，一般较为合适的薪酬叠幅应控制在35％～75％。薪酬叠幅的计算公式为：

向下叠幅＝(下一级薪酬最大值－上一级薪酬最小值)÷下一级薪级幅度

向上叠幅＝(下一级薪酬最大值－上一级薪酬最小值)÷上一级薪级幅度

下面以表6-4所示薪级矩阵来说明薪级幅度、薪酬档差以及薪酬叠幅的计算方法：

表6-4　薪酬矩阵实例

薪　级	1档	2档	3档	4档	5档	6档	7档
10	196 600	216 200	235 800	255 400	275 000	294 600	314 200
9	165 600	182 200	198 800	215 400	232 000	248 600	265 200
8	145 200	157 300	169 400	181 500	193 600	205 700	217 800
7	122 300	132 500	142 700	152 900	163 100	173 300	183 500
6	103 100	111 700	120 300	128 900	137 500	146 100	154 700
5	86 900	94 100	101 300	108 500	115 700	122 900	130 100
4	74 700	80 300	85 900	91 500	97 100	102 700	108 300
3	63 000	67 700	72 400	77 100	81 800	86 500	91 200
2	54 200	57 800	61 400	65 000	68 600	72 200	75 800
1	45 600	48 700	51 700	54 800	57 900	61 000	64 100

以薪级4为例进行计算，计算结果如下。

薪级4的薪级幅度＝108 300－74 700＝33 600(元)

薪级4的薪酬档差＝80 300－74 700＝5 600(元)

薪酬 4 的向下叠幅＝(91 200－74 700)÷(91 200－63 000)＝58.5％

21.薪酬套改

薪酬套改又可以称为工资套改，指在进行薪酬体系变革或优化过程中，将公司现有员工依据一定的套改规则，从原薪酬体系套入至新薪酬体系的过程。在进行薪酬套改时会使公司人工成本发生变化，一般为了便于薪酬改革或优化顺利进行，人工成本会有一定幅度的增加。

对于薪酬套改，其核心是套改规则，通常有以下三种方法在套改时进行使用。

(1)收入就近套入法

此方法不考虑员工在公司的个人历史因素，如学历、在岗工作年限、绩效结果等因素，只根据员工现任职岗位以及现收入水平，直接在新体系中寻找高于员工现薪酬水平的最近的薪级薪档进行套入，此种方法操作简单、容易理解，人工成本增长幅度可控且最小。

(2)岗位因素套入法

此方法根据员工现任职岗位，结合岗位价值评估结果，确定员工所在的薪级。再根据员工的学历、任职年限、职业资格情况等因素综合确认所在薪档，从而得到员工在新薪酬体系下的薪酬水平。此种方法操作相对容易，但是在薪档确定的建模方面需要根据公司实际情况选择因素，并赋予相应的权重比例与分值标准，从而对公司现有员工进行评分套入薪档。岗位因素套入法可能会在一定范围内使人力成本产生波动，同时也使某部分员工的薪酬有所降低，从而使薪酬体系变革增加一定阻力。

(3)综合因素套入法

此方法通过员工在公司的全部历史因素进行量化并赋予权重与分值标准的方式确定其在新薪酬体系中的薪级薪档，可选择要素包括学历、在岗工作年限、历史绩效结果、重大贡献事件等。此方法因与原薪酬体系定薪依据存在较大变化，可能会导致员工薪酬变化较大，原有价值格局发生变化，变革冲击相对较大，可能会因个别员工变化较大而产生变革阻力，除非原薪酬体系存在价值偏离的严重问题，否则一般不推荐采用此种薪酬套改方法。

22. 薪酬调整、薪酬晋级、弹性加薪

（1）薪酬调整

薪酬调整，也就是我们平日所说的调薪。薪酬调整是薪酬体系中的必要组成部分，因为薪酬体系不是一个静态系统，需要根据管理的实际情况进行适当动态变化，而薪酬调整正是动态调整的机制之一。员工在公司内任职、工作、成长、晋升等都会伴随着薪酬的调整与变化，薪酬调整可分为涨薪与降薪两种，其中涨薪又分为薪酬晋级、薪档提升，降薪可分为薪酬降级和薪档下调。

（2）薪酬晋级

薪酬晋级指员工在现薪酬等级上调一级，并在上一级薪酬等级中就近选择薪档，保证现有薪酬水平不降低。薪酬晋级多发生在员工职位晋升或者连续多年绩效表现优异的时候；薪档提升指员工在现有的薪酬档位上调一个或两个档位，多发生在员工某一个工作年度内绩效表现良好或有优异结果时。

（3）弹性加薪

弹性加薪是根据员工当年度对公司贡献程度的高低来决定薪酬调整的幅度，其激励性相对较高，能够充分调动员工的工作积极性，体现“按劳分配”的原则。通常情况下，弹性加薪对公司有重大贡献者或绩效优异人群使用，可以突破正常加薪规则而单独申报，由公司领导批复后执行。

23. 人力成本、薪酬成本、薪酬预算

（1）人力成本

人力成本是公司在一定时期内（通常是年度），在生产、经营和提供劳务活动中，因使用劳动者而支付的所有直接费用与间接费用的总和，其主要包括招聘成本、员工工资总额、社会保险费用、培训成本等，公司对人力成本的管理体现出现代人力资源管理的效率，市场中多数对人力成本的管理倾向于降低，但实际上应着重于人力成本的投产比，提升人力成本的利用率。

(2)薪酬成本

薪酬成本是人力成本的重要组成部分之一,也是其中比重占据相对较高的部分,指在一定时期内(通常是年度)与劳动者支付薪酬类项目而发生的直接费用与间接费用总和,其主要包括员工工资总额、社会保险费用、员工福利费用、劳动保护费用、薪酬系统维护费用等,其中员工工资总额是薪酬成本中的最主要构成。

(3)薪酬预算

薪酬预算指公司管理者在薪酬成本管理过程中进行的一系列成本开支方面的权衡和取舍。薪酬预算是薪酬成本控制的重要环节,准确的预算可以保证公司在未来一段时间内的薪酬支付受到一定程度的协调与管控。薪酬预算需要综合考虑公司的财务状况、薪酬结构、未来公司发展人员增加及公司所处的市场环境因素的影响,从而确保公司的薪酬成本能够得到有效控制,避免公司因薪酬控制不当而产生经营问题。薪酬预算需要综合、系统地对公司未来的薪酬成本进行增长预测,倒置法和最大限额法是进行薪酬预算时常用的两种方法。

24.公司战略

相信各位读者对公司战略一定不陌生,现在公司发展离不开科学、正确的战略指引,在公司内的各种会议、领导讲话中也一定离不开对公司战略的讲解、说明和强调,那么公司战略究竟是什么?

公司战略是公司根据所在环境变化,依据自身资源和实力选择适合的“经营领域”和“业务产品”,并通过独具特点的资源配置方式形成自己的核心竞争力,从而在市场竞争中生存与发展。

公司战略一般由使命、愿景、公司层战略、业务层战略、职能层战略组成,在制定公司战略时,一般先确定公司层的“发展战略”,这里的“发展战略”指公司是前进“发展”,还是倒退“发展”,即公司根据实际情况来决定公司未来的路该走向哪里,是继续融资投资,还是保持稳定,还是停止不前呢? 最后,根据公司层战略选择业务层战略和职能层战略。

公司战略也可以进行综合理解,其中包括竞争战略、营销战略、发展战略、品牌战略、融资战略、技术开发战略、人才开发战略、资源开发战略等，虽然内容种类繁多，但是公司战略都是对公司未来发展整体性、长期性以及基本性问题的计谋。通话来说，公司战略可以分为发展型战略、稳定型战略、收缩型战略、成本领先型战略、差异化战略以及集中化战略，各种战略各具特点，具体而言有如下方面。

(1)发展型战略

发展型战略指公司以快于过去的增长速度来增加公司或某个组织现有产品或业务的销售额、营业收入、利润额及市场占有率，发展型战略可细分为市场渗透战略、市场开发战略与产品开发战略。

(2)稳定型战略

稳定型战略也称为防御型战略，指公司或某个组织维持现有产品或业务的销售额、营业收入与市场占有率，公司本身的增长幅度保持与行业整体发展水平相一致即可，稳定型战略可以细分为暂停战略、无变化战略、维持利润战略与谨慎前进战略。

(3)收缩型战略

收缩型战略又称为撤退性战略，指公司逐渐减少对现有产品或业务的投入，逐步减少销售额、利润额及市场占有率，是公司在转型或放弃时常采用的战略类型。收缩型战略可细分为转变战略、放弃战略和清算战略。

(4)成本领先型战略

成本领先型战略指公司通过较低的单位成本实现以较低价格向客户提供质量相当、功能相似的产品或服务，凭借低价格获得市场占有率并阻挡新的竞争者加入市场的一种战略。成本领先战略需要精细化的成本管理，通过发挥管理效率以保证产品或服务在生产或提供过程中，能够比其他竞争者成本更低。实行成本领先型战略对公司的资本投入与融资能力具有一定要求。

(5)差异化战略

差异化战略也称为特色优势战略，指公司通过力求满足顾客需求中的某一些方面，通过提供独具特色的产品或服务而获得市场占有率的一种战略。差异化战略因不断追求产品品质的优异化，需要公司保持创新与技术方面的能力与优势。

（6）集中化战略

集中化战略又称为专一化战略，指公司通过专攻某一特殊的客户群，或某一产品线的细分区段，或某一地区的市场，从而在某一领域内获得竞争优势的一种战略，集中化战略可以细分为集中成本领先型战略和集中差异化战略。

不同的公司战略自然需要与之相匹配的薪酬策略，从而才能最大程度保证公司战略的实现，例如实行成本领先型战略的公司，应在追随型或混合型薪酬策略中进行选择，差异化战略则应在领先型或混合型薪酬策略中选择。

25.管控模式

管控模式是主要用于说明集团对下属企业基于分权程度不同而形成的管控策略，即集团总部与各下属企业、分/子公司之间的定位与分工事宜，管控模式需要与集团总部的功能定位相适宜。根据集团公司对下属企业的权力分配方式不同，可分为财务控制型、战略控制型以及运营控制型三种。

（1）财务控制型

财务控制型是一种分权程度较高的管控模式，集团总部只负责财务和资产运营、财务规划、投资决策及相应的实施监控，集团总部主要对下属企业每年各自的财务目标完成情况进行监督，而不对各下属企业的内部管理进行过多干预，下属企业可根据自己所在行业的特点采用不同的管理体系，一般实行非相关多元化战略的集团公司采用财务控制型的管控模式。

（2）战略控制型

战略控制型是一种综合型的管控模式，集团总部主要负责财务、资产运营以及集团整体的战略规划，各下属企业需要根据集团总部的整体规划制定自己的业务规划战略，并提出对应所需的资源与预算。在战略管控型中集团总部的规模不大，主要集中于进行内部资源的综合平衡，在资源分配以及关键项目或工作节点进行协调与审批把控，通过总部管理提高综合效益，解决各下属企业之间的矛盾，从而保证各下属企业之间的运营与合作良好、高效，一般实行相关多元化战略的集团公司采用战略管控型的管控模式。

(3)运营控制型

运营控制型是一种集权程度较高的管控模式,集团总部从战略规划到具体执行实施均要进行管理,在财务、人力、市场、风控等多个方面,集团均要对各下属企业进行深入管理,从而保证总部能够对各种问题进行正确决策并予以解决。运行控制型的总部相比于前面两种管控模式要大得多,因其总部承接了多项管理职能。运营控制型要求集团总部人员拥有较高的管理水平与管理能力,以保证其遇到各类问题能够得到正确的解决方案与决策意见,通常各所属企业之间业务关联紧密的集团公司采用操作管控型的管控模式。

财务控制型、战略控制型以及运营控制型三种管控模式之间的对比关系如表 6-5 所示。

表 6-5　公司管控模式

影响因素	管控模式		
	财务控制型	战略控制型	运营控制型
集/分权程度	分权	居中	集权
集团领导管理要求	纯财务指标	综合指标	操作运营指标
多种经营化程度	高	较高	低
业务国际化程度	全球	适中	本地
领导风格	低	适中	高
经营业务重点	资产经营	综合经营	商品经营
日常管理事务比重	低	适中	高

集团与下属企业的管控模式不同,对应设置的薪酬体系的管辖范围以及管理内容也会有所区别,通常来说财务控制型的集团总部的薪酬体系的管辖范围仅限于总部人员,对各下属企业的薪酬体系通常以备案为主;战略控制型的薪酬体系的管辖范围通常也是限于总部人员,但是下属企业的薪酬体系要求参照集团总部薪酬体系的思路框架进行调整与制定,在执行之前需要经过集团总部相关领导的审批同意;运营控制型的集团总部的薪酬体系管辖范围是企业全体人员,总部人员与下属企业使用同一薪酬体系,内容、框架、规则在同一制度或同一系列制度中,薪酬体系制度也是由集团总部统一制定、发布与执行。

26.组织结构

组织结构是企业全体成员为实现组织目标而进行的分工协作，在职务范围、责任、权利方面所形成的动态结构体系，其本质是一种为了实现企业战略目标而采取的分工协作体系，一般情况下企业战略如果发生调整，组织结构也需进行相应调整。组织结构是现代企业进行专业分工的产物，也是现代企业管理的典型特征，发展至今已经形成了多种制度形式，如直线制、职能制、直线职能制、事业部制、矩阵制等，不用的组织形式代表了企业内的部门分工、运作方式、工作流程方面的差异，从而影响企业内的岗位职责设置。

组织结构在企业内主要表现为两个方面的内容，即组织结构图与部门职责说明书，企业管理水平高一些的企业还会有各部门主要工作流程与权限分布图。不同的组织结构会影响企业内的岗位价值分布，从而影响薪酬体系的设计。

27.职业发展通道、职等、职级

职业发展通道是公司职位体系中的重要构成，指一个员工在公司内的职业发展计划或道路。公司通过对员工职业发展进行系统性的规划，从而使员工的个人成长能够与公司发展所需相匹配，实现双方的共同前进与发展。

职业发展通道目前主要分为三种类型，即单通道模式、双通道模式以及多通道模式。

(1)单通道模式

单通道模式也即为传统的职业发展通道，员工进入公司之后想要得到职位的晋升与发展，只能通过进入管理岗位，如部门负责人或小组长等才能实现个人的职业发展，如果个人所在部门的直线领导在职或无编制，那么就无法晋升，而这也是单通道模式的主要弊端之一。

(2)双通道模式

考虑到单通道模式的弊端，随着发展便产生了双通道模式，一般情况下双通道为管理序列通道与专业序列通道，它打破了员工只能通过担任管理者，即当“官”的发展路径，员工在管理通道拥挤或个人不适宜管理工作时，可以选择进入专业通道，在个人专业职能工作或业务工作中继续精进与发展。一般情况下为了避免单通道拥挤而影响员工个人发展的问题，专业通道中员工个人的前进与发展多与个人能力的增长、业绩完成情况等存在关联，当员工符合岗位任职资格时即可晋升至相应的岗位或职务。同时在双通道模式下，员工在符合要求时可实现管理序列与专业序列之间的同级别调动。

(3)多通道模式

多通道模式是在双通道模式基数上的进一步细化与延伸，根据专业通道中各项专业技能的显著差异，划分出更多的子序列，并允许员工在符合条件的情况下在各子序列之间进行移动，从而达到综合培养后备干部的目的，并满足员工多面成长的需求，最大可能地挖掘公司人力资源。

对于职业发展通道中存在的不同职位或职务，在整个职位体系中还有两个与之相关的概念，即职等与职级。

职等是对岗位的等级划分，各个职位序列下的岗位可根据职等进行横向比较，表示各岗位之间的高低位置关系。职级是同一序列岗位薪酬维度在级别上的区分，是对岗位根据薪酬高低而进行的进一步细分，例如销售代表岗位可划分为普通销售代表、中级销售代表与高级销售代表三个职级，并在任职资格与薪酬标准方面加以区分。职级与职等相互存在，但是体现了工作的不同方面，职级着重于代表工作的深度，由工作所需要的专业素质所决定，而职等表达工作的跨度，在同一专业素质水平上对能力的综合运用情况。

职等与职级是职位的重要属性，同时也是连接薪级、薪档的关键要素，详细内容可在本书“第二章第三节:2.薪级—职级的匹配”中查看。

28.职位、岗位、职位说明书

(1)职位

职位指在一个特定的公司组织中、一个特定的时间内、由一个特定的人所担负的一个或数个任务所组成，执行一定任务的位置。

(2)岗位

岗位指公司组织要求个体完成的一项或多项责任以及为此赋予个体的权利总和。岗位通常与人对应,只能由一个人担任,也称为一人一岗,而一个或若干个岗位的共性体现就是职位,即职位可以由一个或多个岗位组织。在现代企业管理中,因专业分工进一步细化,职位和岗位的概念在企业中可以近似理解与使用。

(3)职位说明书

职位说明书,又可称为岗位说明书,是通过职位描述的工作把直接的实践经验归纳总结上升为理论形式,使之成为指导性的管理文件,职位说明书是现代企业管理的典型特征之一。职位说明书的撰写通常在工作分析的基础上完成,对岗位的设置目的、职责范围、任职条件、上下级指挥关系、内外沟通关系、能力素质要求等内容进行详细说明。

职位说明书是人力资源管理的核心基础,对人力资源管理各个模块提供管理依据与基础信息,为招聘录用、绩效考核、员工培训与晋升发展等提供重要依据,并且通过对岗位职责、任职资格等方面内容开展岗位价值评估,为公司制定薪酬策略提供重要信息,所以高质量的职位说明书是公司拥有良好人力资源管理的核心保障。

29.岗位价值评估

岗位价值评估又可称为职位价值评估或工作评价,是公司薪酬体系搭建的重要基础依据,岗位价值评估是通过采用一定的评价方法,对岗位在组织中的影响范围、职责大小、工作强度、工作难度、任职条件、工作环境等因素进行评价,从而确定岗位在公司内部的相对价值,并据此建立岗位价值矩阵的过程。

岗位价值评估拥有多种方法,如分类法、简单排序法、因素计分法与因素比较法等多种方法,使用的难易程度、耗费时间、人力与精力各不相同,公司在进行岗位价值评估时需要根据自己公司的实际情况,选择适宜的方法。岗位价值评估目前已经有相对成熟的模型与工具,例如美世岗位价值评估模型、海氏岗位价值评估模型等。

因为岗位价值评估对公司有十分重要的作用与意义,所以在进行岗位价值评估时公司通常需要选取一组专家人员作为岗位价值评估的评价人员,并根据岗位价值评估模型的评价标准,完成对各岗位价值评估工作。

岗位价值评估涉及的具体内容较多,包括各种方法的比较、操作步骤、操作环节、过程中主要问题的解决方法等,具体内容可在本书“第二章第二节:内部岗位价值评估”中查看。

(二)薪酬体系设计常见问题

1.新成立公司如何开展薪酬设计工作

对于新成立公司在薪酬设计体系方面的工作有两个主要问题,即要不要做薪酬体系和如何设计薪酬体系。

(1)要不要做薪酬体系

对于这一问题的回答,答案是肯定的,即便是新成立的公司或初创公司进行薪酬体系设计也是十分必要的。无论简易还是复杂,只要公司内部有薪酬体系和薪酬制度,就能做到薪酬管理有所依据,可以在一定程度上减少管理中的随意性,例如定薪随意性、调薪随意性,避免管理过程中因随意而导致的各类问题和员工的不公平感受,即便在员工询问和质疑时也可以用制度来进行解释说明,并且其可以优先自行阅读薪酬制度来解决,大幅度减少公司薪酬管理的沟通成本。

制定较完善的薪酬体系,对岗位的薪酬宽带进行明确规定与限制,有助于公司进行人工成本的日常控制以及对年度薪酬预算的整体管控,通过加强内部管理的方式为公司产生额外利润。无论从公司角度还是从员工角度,构建薪酬体系都是有益的,所以在公司成立之初是需要我们花费一定时间和精力来建设公司的薪酬体系的。

(2)如何在公司初创期设计薪酬体系

对于这个问题,我们首先需要明确薪酬体系要表达公司什么样的价值观念,是强调结果导向、还是平均主义,再或者能者多劳?价值观念的确定是十分重要的,这是我们对于新成立公司设计薪酬体系的根基。在此基础上我们便可以进行详细的薪酬体系设计,对于新成立公司的薪酬体系我们尽量建议按照“简单、明确、易操作”的原则进行建设，这主要出于以下三个方面的考虑。

①前期薪酬体系设计相对简单，有助于公司内员工理解，不用花费太多时间在思考自己收入获得的规则，可以更加集中精力与公司业务和公司发展，同时因为公司成立初期所面临的主要问题是在市场中的生存发展，商业模式、业务发展情况尚不完全确定情况下，薪酬体系设置太过完整与详细也是不切合实际的，反而会造成一些不必要的问题。

②规则虽然简单，但一定要描述和说明清晰，将各种可能的情况都提前说好，利益分配之事不得含糊。只有对公司和员工利益都考虑充分，对双方都负责的薪酬体系，才能使员工为公司发展倾心贡献，成年人是十分精明的，大家都会衡量自己的收益之后才决定自己应付出多少的时间、精力与努力，所以在薪酬体系和薪酬制度的内容方面，一定要明确。

③前期的薪酬体系设计务必应易于操作、核算与解释，因为在公司成立初期，一切的管理行为都是为了公司能够在激烈的市场中生存发展，而市场的情况时刻在发生着变化，相应公司内的很多内容会进行调整，尤其是与员工利益最为密切的薪酬收入，建立之初可能更多的时间是用于思考如何随着变化，逐渐优化薪酬体系，使之更能够在激励员工的同时保证公司获利，在二者之间通过不断地磨合与改进从而寻找到最佳的平衡点，所以主要精力是投入在薪酬体系的优化以及应对各种实际工作中的问题，而在核算时应该尽可能易于操作，减少精力分散。对新成立公司的薪酬结构，建议在各薪级之间保持差异，而在薪级内保持一致，而薪酬项目方面不宜设置过多，以便于员工理解和降低核算操作难度。

总而言之，对于新成立公司的薪酬体系设计，一切事项均应围绕公司的生存与发展，从而保持公司内的高效运转。

2.发展中公司如何进行薪酬体系的变革

公司经过一段时间的经营和发展，逐渐从初创期过渡到成长期并呈现快速增长的趋势，这种变化可能会导致在初创时期薪酬体系系统层面的问题逐渐暴露，例如公司内部公平性矛盾变多、员工对薪酬水平的不满程度提高、新老员工之间的薪酬问题开始出现，而系统性问题也不能再像初创期时用临时性方案来解决，需要进行体系性的变革与调整，才能满足公司进一步发展的需要。

发展中公司的薪酬体系变革需要面临两个方面的问题，一个是对原薪酬体系的影响，另一个是公司员工的接受程度。在进行变革设计时，首先，需要对原有薪酬体系进行梳理，将其在执行过程中逐步新增和作废的各项补充制度、管理办法和专项激励方案等进行汇总和整理，还原公司薪酬体系现状。其次，需要对其中存在的矛盾以及执行过程中产生过的问题进行分析，找到现行体系下存在的各种漏洞。最后，根据公司发展而产生的对薪酬体系的新需求，寻找现行体系所存在的差距。

将以上三部分内容进行整合、提炼与总结，通常就可以完成薪酬体系变革的实施方案了，这样就可以做到新体系满足新需求，并且对原有体系的问题进行改善。

关于员工对新体系的接受程度，是体系改革推进过程中相对困难的部分，尤其是薪酬体系涉及员工的切身利益，触及了一部分人的“奶酪”，更加敏感，这就对我们的变革推进提出了更高的工作要求。需要我们在前期从侧面了解并告知各部门负责人要开展相关工作，整体的思想导向以及他们作为管理者需要给予一定的支持与配合，同时在薪酬体系设计完成后应注意对全公司员工进行详细宣贯，对薪酬体系变革的主要部分进行说明与解释，包括薪酬项目、薪酬结构、核算方式等方面的变化。

关于员工对新体系的接受程度，这里还会涉及一个关键内容，如果变革之后员工当期的工资收入会有降低，但是业绩正常完成后总体收入会有所增加，一定要适当艺术地表达这部分内容，以防止员工对当期工资下降产生强烈的抵抗情绪而不接受体系变革。那么有读者会想这么大风险要不要就不做宣贯了，这实际上是一种逃避的方式，毕竟薪酬体系变了，员工工资会发生变化，如果事先不做告知说明，相信之后一定会带来更大的麻烦和问题，所以即便是会产生一些问题，我们也建议让它先产生，而且还是在我们可以控制的情况下产生，这样处理起来反倒较容易。

3. 为什么要进行薪酬体系变革

薪酬体系变革有很多原因，比如公司内员工缺乏活力，员工激励程度不足，员工因薪酬水平问题离职率增加，优秀人才无法引进等，但是当这些问题真正出现以后，我们的薪酬体系就已经到了必须做出改变的时刻了，而对于变革工作来说，基于问题的变革往往是一种被动的状态，使我们陷入“救火”的状态之中，容易导致我们在进行变革时过度关注于表面问题，出现“头痛医头、脚痛医脚”的现象，而使得更深层次的问题不能得到解决。

所以，我们建议应该在问题真正发生之前，定期采取一些积极的预防措施，努力在问题发生之前就将其扼杀在摇篮中。另一方面，大型的整体变革总是会引起公司高管、部门负责人、员工等多方的关注，使得变革受到各方观点的约束与影响，有可能会导致最终的变革结果有所偏离，而小型的优化与变革则是通过渐进地方式实现整个薪酬体系的迭代更新，逐步地让对方接受，最终可以有效地实现对方接纳薪酬体系的变革，所以作为薪酬变革工作，我们应该定期对现行体系进行检查与反思，提前做好相应的工作安排，如果公司中发现以下现象，则应该着手开始进行薪酬体系自检并准备变革工作。

(1)年度内物价水平产生大幅波动。

(2)年度内发生对行业产生冲击或推进发展的政策或事件等。

(3)行业内厂商格局发生重大改变。

(4)行业市场内人才供给情况发生变化，例如标杆企业倒闭、新技术产生等。

(5)行业整体薪酬水平或价值分布产生变化。

(6)企业发展战略、组织结构或者内部价值导向发生变化。

(7)员工私下讨论或议论薪酬的频率增加。

(8)员工发放年终奖或定期奖金后没有明显感受到满意度提高。

(9)员工经常抱怨公司福利、过节礼品、休假等。

(10)短时间内某一部门或某类员工离职率骤增。

4.如何确定岗位工资总额

在计算岗位工资总额时，我们通常对在职员工直接薪酬成本、新增员工直接薪酬成本以及全体员工间接薪酬成本三个主要部分进行测算，其中直接薪酬成本包括员工的固定工资、正常完成情况下的绩效工资、提成金额、年终奖、各项福利、管理津贴等，而间接薪酬成本主要是员工缴纳社会保险（养老保险、医疗保险、生育保险、失业保险、工伤保险）以及住房公积金的公司承担部分。

（1）直接薪酬成本测算

在职员工的直接薪酬成本相对容易测算，通过员工的现有直接薪酬成本的月度情况进行列出，求得月度的现有直接薪酬成本总额，之后乘以 12 个月并根据历史年终奖发放情况，核算出员工正常情况下当年度的年终奖金额，即可求得在职员工的直接薪酬成本。如果公司每年有相对稳定的调薪人数和调薪幅度比例，则在直接薪酬测算成本过程中，可根据员工所在层级分布将调薪情况，通过层级平均薪酬水平×层次人数×调薪人数比例×调薪幅度的计算方式完成进一步的测算，从而使当年度的直接薪酬成本测算结果更加准确。

（2）新增员工直接薪酬成本测算

新增员工直接薪酬成本测算的目的在于将公司发展人员增量所带来的薪酬成本增量纳入岗位工资总额之中，其计算需要依据全年的员工编制计划和招聘计划编制，因为新增员工不会在全年的同一时间到岗，会影响月度薪酬的发放月份数和年终奖的金额比例。通常在计算新增员工的直接薪酬成本时，我们以招聘员工岗位所在层级的月度平均薪酬为基数，按照员工预计到岗的月份求出员工的在职月份（12－预计到岗月份），并同时求出年终奖月份比例（在职月份÷12），之后我们变可以求出新增员工的直接薪酬成本，计算公式为：

新增员工直接薪酬成本＝层级月度平均薪酬水平×在职月份＋年终奖×年终奖月份比例

最后，我们将公司每个新增员工的直接薪酬成本进行加总求和，就可以得到公司整体新增员工的直接薪酬成本。

（3）间接薪酬成本测算

全员间接薪酬成本测算也是十分重要的一部分，其在岗位工资总额中占有相当比例。一般情况下员工的五险一金（社会保险五项和住房公积金）缴纳基数是一样的，但是也有的员工是不同的，比如有些城市的社保上限和住房公积金上限金额是不同的，会使得高于上限的员工基数有所差异。同时因为各地区、城市在社会保险和住房公积金的缴纳比例均有不同，所以我们需要根据员工缴纳五险一金所在城市的具体缴纳比例和缴纳基数上下限进行测算，其计算公式为：

间接薪酬成本＝(∑社保缴纳基数×社保缴纳比例＋住房公积金缴纳基数×公积金缴纳比例)×在职月份

其中缴纳基数＝员工近12个月的平均薪酬水平，当年度入职员工的缴纳基数为其劳动合同上约定的薪酬标准，当缴纳基数小于缴纳基数下限时，按照缴纳基数下限计算，当缴纳基数大于缴纳基数上限(通常是当地社会平均工资三倍)时，按照缴纳基数上限计算；社保缴纳比例和公积金缴纳比例指公司承担的缴纳比例。

在测算间接薪酬成本时，我们还需要注意一点，一般情况下各个地区、城市会在每年的4月～7月分别进行社保基数和住房公积金基数的统一调整，所以如果我们希望测算精准程度更高，则需要对员工基数在中间进行调整并测算，但是这种方式难度、时间与成本也相对较高，公司可以根据自己的实际情况决定是否使用。

计算完以上三部分成本并求和之后，我们就可以得出公司的岗位工资总额了，并可以通过对其进行进一步分析，例如层级占比、间接薪酬成本所占比重、涨薪金额在岗位工资总额中所占比例等，为公司发展决策提供一定的支持。

5.如何获取和处理薪酬调查数据

在信息时代中我们拥有多重途径以获取薪酬调查数据，我们可以通过专业薪酬调查机构，例如韦莱韬悦、太和、海氏、美世等，也可以通过人力资源行业协会或交流沙龙活动，再者通过询问身边的HR同事、参加公司的岗位应聘者，还可以发动员工填写公司自制的薪酬调研问卷，收集员工在同业内的相似职能的朋友的信息等，很多方法可都可以帮助我们获取到薪酬调查的数据。

对于收集的数据，我们通常将收集到的薪酬数据与其岗位相匹配，并将同一岗位的薪酬水平数据从高到低进行排序，且以分位值的方式呈现，最终将公司相同岗位或类似岗位的薪酬水平找到其在市场薪酬中的定位，从而帮助公司确定薪酬策略。

关于薪酬调查数据的获取以及处理方式，详细可见本书“第二章第一节：薪酬调查与薪酬策略”相应内容。

6.如何设置薪级差距和薪档数量

在我们确定薪级之间的差距(叠幅)时,主要考虑一个问题,即希望薪级之间的员工体现出何种差异,是希望加大薪级之间的差异性,强化薪级变动带来的收益,从而引导员工努力工作实现薪级提升,还是希望减小薪级之间的差异性,弱化薪级变动带来的收益,从而激励员工在当前薪级之中发展,减缓薪级晋升压力,这是我们通过薪级设置所表达出企业文化以及内部价值导向的核心问题。此部分内容为核心内容,也比较专业,可详见本书“第二章第三节:薪酬矩阵绘制”相关内容。

(1)薪级差距设置

薪级差距会在很大程度上影响我们人力薪酬成本的增长速度,因为薪级差距越小,每一薪级之间的薪酬跨度就会越大,从而导致员工的人力薪酬成本增速较快,增加公司的薪酬成本压力,所以在薪级差距确定时还需要综合考量公司的人力薪酬成本承受能力。

一般情况下薪级差距我们推荐控制在35%~75%,这一范围是相对合理的,如果低于35%,通常会导致薪级金额的增速较快,使高薪级的薪酬下限与薪酬上限值都较高,给公司经营带来较大负担,同时也对公司职位体系管理提出了较高要求,因为高薪则自然带来了对任职人员选拔与任命的更高要求。如果高于75%会导致薪级之间差异过小,员工之间的薪酬比较接近,造成类似于“大锅饭”的现象,使得员工激励不足,工作积极性下降并且很可能导致“混日子”的工作氛围,对公司发展产生阻碍。

(2)薪档数量设置

对于薪档的设置,我们一般建议设置为7档或9档的方式,有的公司体量规模较大,设置为11档或13档也是可以的,但是再多我们就不推荐了。薪档设置较少,例如有的公司只设置5档薪酬,会让员工感受提升空间十分有限,并且档位较少的公司通常薪档上升的条件也较为苛刻、周期也相对长,会让员工在个人调薪方面期望降低,从而影响工作积极性;薪档设置较多,一方面会使薪档之间的档差差距较小而使员工在薪档提升时成就感下降,另一方面会使薪酬在档差管理工作方面时间与精力增加，增加管理成本。所以我们在设置具体的薪档数量时还应以公司的具体管理需要进行考虑，关于薪档设置的其他内容可详见本书“第二章第三节：薪酬矩阵绘制”相关内容。

7.如何选择合适的岗位价值评估方法

目前市面上可供选择的岗位价值评估方法很多，例如美世岗位价值评估法、海氏岗位价值评估法、二八因素法、排序法等，很多咨询机构也在借鉴其他方法论的基础逻辑上研发出了自己的岗位价值评估方法，例如韦莱韬悦、太和顾问等，那么在众多方法论中我们应该如何选择自己公司进行岗位价值评估的方法论呢?

如果我们在进行岗位价值评估工作后，需要与市场中的薪酬等级情况进行横向对比时，建议选择美世岗位价值评估、韦莱韬悦、太和顾问等咨询机构的岗位价值评估方法，因为他们的岗位价值评估工具与其薪酬调研的数据处理方式是一致的，所有参与调研公司的岗位价值以及薪酬数据是存在匹配关系的，所以我们在使用对应的方法论完成岗位价值评估后就可以横向进行薪酬水平的对比与调整工作。如果仅是在公司内进行岗位间的价值比对，并且希望体现出公司特有的价值体系，操作方面也希望相对容易(一般外部咨询机构的方法论评选因素、标准、核算方式都比较复杂)，推荐使用海氏岗位价值评估、二八因素法、排序法等。

8.如何确定高级管理者薪酬

高级管理者薪酬在薪酬体系设计中属于相对特殊的一个部分，其主要是由于高层管理者在整个公司经营中发挥作用的特殊性决定的，高层管理者决定着公司的发展战略、前进方向、业务范围，其决策很大程度上影响着公司在市场中的生存与发展，所以针对高层管理者的薪酬设计通常情况下是与公司的经营结果相关联的，且关联程度很高。

一般情况下，公司在高层管理者的薪酬策略上都会采取有竞争力性的、甚至是领先型的薪酬策略，从而保证公司的发展能够吸引或保留优秀的高层管理者，同时也是公司对高层管理者贡献价值的重视与认可，但是在薪酬构成方面，高层薪酬的固浮比是相当低的，其固定薪酬可能只占到其全部收入的10%～30%，有的公司甚至低于10%，其绝大部分收入都是浮动薪酬，并且与其管辖范围的业务完成情况以及公司整体经营情况相关联，而固定薪酬的水平也仅仅只是能够保证高层管理者的基本生活需要，在市场中对于固定薪酬基本各公司的水平是相对稳定的。

同时，为了避免高层管理者利用职务之便，为自己创造短期的高收入而损害了公司的长期利益，在高层管理者中会引入像股权激励、任期激励等薪酬长期激励项目以将其个人长期受益与公司绑定，通过构建利益共同体的方式使二者的长期利益保持一致。而在福利项目的设置方面，因高层管理者的价值与地位的重要性，在福利方面也有一些针对高层管理者的特殊项目，例如年度高级体检套餐、专用公车、黄金降落伞等。

9.职能类、营销类、技术类岗位固浮比如何确认

公司内的专业岗位通常根据其岗位职责性质的不同，划分为不同的序列，常见的专业序列可划分为营销序列(或业务序列)、技术序列(开发、设计、IT技术等)、职能序列(财务、人力、行政等)，因为各个序列和岗位对公司主营业务收入的影响程度不同，所以推荐在各类岗位采用不同的固浮比，以体现岗位风险与收益对等原则。同时岗位的层次性也会在一定程度上影响其责任大小，进而影响其固浮比设置，如表6-6所示为公司对各类岗位和对应层级的固浮比的建议设置范围，供读者参考。

表6-6 薪酬固浮比设置示例

岗位层级	营销类		技术类		职能类	
	固定薪酬	浮动薪酬	固定薪酬	浮动薪酬	固定薪酬	浮动薪酬
部门负责人	30%～50%	50%～70%	50%～60%	40%～50%	60%～75%	25%～40%
专家	40%～50%	50%～60%	70%～80%	20%～30%	70%～80%	20%～30%
专业经理	40%～60%	60%～40%	75%～100%	0%～25%	70%～85%	15%～30%
普通专员	60%～80%	20%～40%	80%～100%	0%～20%	80%～90%	10%～20%

10.多长时间涨薪一次较为恰当

阅读此节请优先阅读“附录(一)基本词汇定义：18.薪酬矩阵、薪级、薪档、薪点”

中相应概念，并理解相关样表示例。涨薪分为薪档提升和薪级提升两种方式，在当下发展和变化较为迅速的社会环境中，我们建议薪档调整的频率一般控制在 1 次/年，即对于员工而言，每一年都可以根据自身工作完成情况在所在薪级内进行调整的机会。

薪级提升的时间周期则建议在 2～3 年较为适宜，这也是与个人能力和素质提升的时间周期相匹配，同时也与 7 档或 9 档的薪级体系下员工的薪酬发展空间相匹配，一般员工表现优秀 2～3 年其工资水平到达所在薪级内的高档位，薪级内的上升空间开始变得有限，而此时获得薪级提升的机会，则又为员工提供了新的上升空间，可以继续对员工工作进行激励。

这里所说的涨薪机会一定是基于员工优秀或良好地完成了本人当年度的工作任务，而不是所有员工都可以获得涨薪机会，只有这样才能够激励员工努力工作，积极努力创造高业绩成果，发挥薪酬的激励作用。

另一方面，因为市场物价每年都会上升，所以除了根据员工个人业绩进行的调薪外，在公司正常经营情况下应给予全体员工一次整体性普涨，用以弥补通货膨胀给员工收入带来的损失。还有一种特殊情况，当员工对公司发展做出重大贡献或在业务方面实现重大创新，通常除了给予一次性的奖金激励外，我们建议对其薪级或薪档同时进行调整，承认其对公司的价值贡献，而不仅仅是一次性支付奖金的方式，这种方式可以持续性地对公司内员工进行激励。

互联网行业在涨薪方面周期相比传统行业更短，一般为 3～6 个月，其激励员工水平强度更大，从而能够保证公司对快速变化的市场能够以更加快速的方式进行响应，在这方面值得许多传统企业正在进行互联网转型过程中予以借鉴。

后记

我自幼喜爱读书。高中时，在我的学校附近有一个大型连锁超市，里边摆满了各种各样的书籍，每天放学之后我都会前往那里，在超市中阅读各种书籍成为我当时学习之余的快乐时光。也就是在那时，我接触到了管理学并对此产生了浓厚的兴趣，立志将来一定要做一位管理方面的讲师。高中毕业后，我来到北京，进修学习了人力资源管理和企业管理专业，并开始从事这方面的工作，在我的职业生涯里，从事过人事专员、人事经理、人事总监和企业管理咨询师。我决定写这本书的原因很简单，就是想写一本我认为对 HR（人力资源从业者）可以真正提升技能，帮助其掌握薪酬设计本质的书，我曾在知乎发表过《HR 怎么制定薪酬体系》一文，其中均为薪酬体系设计的干货知识，这篇文章目前全网阅读量10 万+，很多 HR 在阅读后私信找我学习，并希望我可以写这么一本书，但是只因平时工作忙碌，非常遗憾写书之事久久没能落实。

很幸运地是，当我在中国人民大学就读期间，认识到了我的同学张磊，我们经常就人力资源管理各个方面的理论与实践展开深入讨论与交流，而且非常巧合的是，我们同样在咨询行业工作，拥有较为丰富的项目经验，见识到国内企业各种各样的人力资源管理问题，伴随着我们之间每一次的讨论，在我心中想要撰写有关人力资源管理图书的想法愈发清晰起来。

市面上关于人力资源薪酬体系的书籍不少，我也购买了很多且一一仔细阅读，从中学习到很多专业老师的薪酬管理思想与知识，我自己的薪酬理念也是在各位“巨人”的肩膀上，结合自己的实践经验构建起来的。但自从与张磊相识，在和他讨论问题的过程中，他可以将事物的本质、推演过程讲解地非常详细，充满逻辑性也通俗易懂，于是我便想将薪酬体系设计作为自己第一部书籍的选择主题。当我将这一想法与张磊沟通后，两人不谋而合，经过长时间的奋力撰写与反复讨论、斟酌，最终有了当下的这一本书。

在本书的创作过程中，出版团队也发挥了十分重要的作用。王佩编辑在本书撰写过程中提供了大量的指导意见与专业建议，使本书行文语句与目录结构更加规范，逻辑更为通畅与易读，在这一过程中我们受益匪浅。在编辑老师的敬业帮助下，使书中的观点得以更好地呈现给各位读者，在此表达我们由衷的感谢。

薪酬作为公司与员工之间重要的利益分配纽带，在公司日常经营与人力资源管理过程中发挥着十分重要的作用，其伴随时代发展与分配制度的改变，在未来也会呈现出新的趋势与形态。我们也将继续坚持在此方面的学习与研究，使薪酬体系的设计与时代相匹配，让薪酬能够有效地发挥其应有的作用，成为企业与员工之间的良好纽带，促进员工与企业可以共同前进与发展。

读者意见反馈表

亲爱的读者：

感谢您对中国铁道出版社有限公司的支持，您的建议是我们不断改进工作的信息来源，您的需求是我们不断开拓创新的基础。为了更好地服务读者，出版更多的精品图书，希望您能在百忙之中抽出时间填写这份意见反馈表发给我们。随书纸制表格请在填好后剪下寄到：北京市西城区右安门西街8号中国铁道出版社有限公司大众出版中心 王佩 收（邮编：100054）。或者采用传真（010-63549458）方式发送。此外，读者也可以直接通过电子邮件把意见反馈给我们，E-mail地址是：1958793918@qq.com。我们将选出意见中肯的热心读者，赠送本社的其他图书作为奖励。同时，我们将充分考虑您的意见和建议，并尽可能地给您满意的答复。谢谢！

所购书名：______________________________

个人资料：

姓名：____________性别：__________年龄：__________文化程度：__________________

职业：____________________电话：________________E-mail：______________________

通信地址：______________________________________邮编：________________

您是如何得知本书的：

□书店宣传 □网络宣传 □展会促销 □出版社图书目录 □老师指定 □杂志、报纸等的介绍 □别人推荐

□其他（请指明）______________________________

您从何处得到本书的：

□书店 □邮购 □商场、超市等卖场 □图书销售的网站 □培训学校 □其他

影响您购买本书的因素（可多选）：

□内容实用 □价格合理 □装帧设计精美 □带多媒体教学光盘 □优惠促销 □书评广告 □出版社知名度

□作者名气 □工作、生活和学习的需要 □其他

您对本书封面设计的满意程度：

□很满意 □比较满意 □一般 □不满意 □改进建议

您对本书的总体满意程度：

从文字的角度 □很满意 □比较满意 □一般 □不满意

从技术的角度 □很满意 □比较满意 □一般 □不满意

您希望书中图的比例是多少：

□少量的图片辅以大量的文字 □图文比例相当 □大量的图片辅以少量的文字

您希望本书的定价是多少：

本书最令您满意的是：

1.

2.

您在使用本书时遇到哪些困难：

1.

2.

您希望本书在哪些方面进行改进：

1.

2.

您需要购买哪些方面的图书？对我社现有图书有什么好的建议？

您更喜欢阅读哪些类型和层次的书籍（可多选）？

□入门类 □精通类 □综合类 □问答类 □图解类 □查询手册类

您在学习计算机的过程中有什么困难？

您的其他要求：